国家精品课程

21世纪高职高专会计学系列教材

会计学原理与实务

K U A I J I X U E Y U A N L I Y U S H I W U

（第五版）

主　编　张艳萍
副主编　夏维朝
　　　　刘津杉

厦门大学出版社 XIAMEN UNIVERSITY PRESS | 国家一级出版社 全国百佳图书出版单位

图书在版编目（CIP）数据

会计学原理与实务 / 张艳萍主编 ；夏维朝，刘津杉副主编. -- 5 版. -- 厦门 ：厦门大学出版社，2022.9
21 世纪高职高专会计学系列教材
ISBN 978-7-5615-8687-7

Ⅰ. ①会… Ⅱ. ①张… ②夏… ③刘… Ⅲ. ①会计学—高等职业教育—教材 Ⅳ. ①F230

中国版本图书馆CIP数据核字(2022)第140296号

出 版 人 郑文礼
策划编辑 陈丽贞
责任编辑 陈丽贞
封面设计 吴立刚
电脑制作 张雨秋
技术编辑 朱 楷

出版发行 厦门大学出版社
社　　址 厦门市软件园二期望海路 39 号
邮政编码 361008
总　　机 0592-2181111 0592-2181406(传真)
营销中心 0592-2184458 0592-2181365
网　　址 http://www.xmupress.com
邮　　箱 xmup@xmupress.com
印　　刷 厦门市竞成印刷有限公司

开本 720 mm×1 000 mm 1/16
印张 23.5
字数 362 千字
印数 1～3 000 册
版次 2007 年 12 月第 1 版 2022 年 9 月第 5 版
印次 2022 年 9 月第 1 次印刷
定价 58.00 元(共 2 册)

本书如有印装质量问题请直接寄承印厂调换

厦门大学出版社
微信二维码

厦门大学出版社
微博二维码

总 序

美国经济学家哈比森(F.H.Harbison)认为:“人力资源是国民财富的最终基础。一个国家如果不能发展人民的技能和知识,就不能发展任何别的东西。”二战后的西欧国家和日本,尽管在人力和物质财富上遭受了巨大创伤,但在较短的时期内在经济发展上却取得了巨大的成功。其主要原因之一就在于这些国家重视教育,特别是通过高等职业技术教育来提高劳动者的素质,使他们能很快地与引入的资本、新的生产技术和工艺,以及管理技能相结合,把本国经济很快地推向前进。例如,在德国,职业技术教育被认为是战后国家重新崛起的“秘密武器”;在日本,职业技术教育被看成是“经济发展的柱石”。

随着中国经济的高速发展,对高素质的技能型、应用型人才的需求越来越大。通过职业技术培训和教育,提高劳动者的生产技能和管理水平,切实提高人力资本的质量,已是一个非常迫切的现实问题。进入21世纪后,高等职业教育的改革和发展呈现出前所未有的发展势头,学生规模已占我国高等教育的半壁江山,成为我国高等教育的一支重要的生力军。与大学教育相比,高等职业教育的基本目标是培养适合社会需求的技能型、应用型专业人才,其教学特点是设计以“技术应用”为主、理论够用的课程体系。因此,高等职业教育本身具有鲜明的职业特征,这就要求我们在课程体系设计上体现职业教育的特色,认真研究和改革课程教学内容及教学方法,努力加强教材建设。而高等职业会计专业教育是财经类高职教育的一个重要组成部分，其教育目标是培养高素质的应用型会计技术职业人才。但迄今为止，大多数高职会计专业教材只是大学本科教材的简化和重复，符合职业特点和需求的教材还不多。为此，我们尝试编写了本系列高职会计专业教材。

本系列教材的编写正值新企业会计准则及中国注册会计师审计准则施行之时，因此本系列教材相关内容均按照新准则编写，同时根据高职教育的特点重新规划了教材体系，重组系列课程的教材结构，突出人才培养的实践性、应用性的原则。按照教育部制定的“高职高专教育基础课程教学基本要求”，教材的基础理论以“必要，够用”为度，突出基础理论的应用和实践技能的培养。

深圳职业技术学院是我国首批高职类示范性院校，其会计专业是该校重点专业，拥有一支较强的师资力量，在全国各高职院校中享有较高的声誉。本系列教材由该专业长期从事高等职业教育、有丰富教学经验和实践经验的资深教师精心编写，由厦门大学出版社陆续向广大读者推出。相信本系列教材在为我国培养高职会计专业技能型、应用型人才中将会发挥其重要的作用。

闫红玉

第五版前言

本教材是在我们多年的教学改革实践和前期教材建设成果的基础上凝练而成的。它紧扣高职教育培养技能型专业人才的目标,打破了按会计核算方法构造的理论教学内容体系,转向以实际会计工作任务作为驱动,按工作过程的需求来选取和重构知识体系;以职业实践为依托,将割裂的会计核算方法融于实际工作中,突出其应用性,为学习者搭建了更为清晰的全盘账务处理框架。具体而言,要想从事会计工作,必须对会计职业有一个基本的认识,掌握会计要素和会计等式等基础知识,本教材以此为起点。无论在哪一个会计工作岗位,都必须会使用借贷复式记账法,因此,本教材接着介绍借贷记账法,并通过其在企业中的实际运用,训练和培养学习者的会计数据处理能力。在此基础上,以模拟工业企业的相关资料为背景,要求学习者采用真实的账证单表,完成其一个月的各项会计工作,教材即以完成此工作任务的实际工作过程为主线,按建账、日常会计凭证填制、日常会计账簿登记、期末处理、编制会计报表等工作步骤划分任务,指导学习者按实际工作流程和步骤依次完成相关工作内容,并根据具体工作的需要,引入相关知识,教、学、做有机结合,让学习者通过完成工作任务的具体实践,掌握主要会计岗位的基本知识、操作方法和技能,建立会计工作的整体框架。

本教材自出版以来,承蒙广大读者厚爱,已多次印刷并修订,也不断收到来自各方面的诸多反馈信息。此次,我们综合各种意见和建议,对本教材内容进行了修改完善,再版发行。和上一版相比,本次修订主要从两个方面进行:一是根据我国近年会计准则的修订和应用变化、营改增的全面推进实施、增值税率的多次调整以及税收征管方式的变化等，对本教材中相关内容进行修改、调整，使其与当前会计工作实践相一致。二是根据职业教育理念的发展，对体现课程教学特色的配套教学资源，包括课件、微视频、课程实训指导等进行了修改和完善，以便于本课程的教与学。

编者主讲的本教材对标课程“实用会计基础”，先后被评定为国家级精品课程和国家级资源共享课程，读者可以从以下两个途径获取丰富的课程教学资料，一是访问“爱课程”网站上的“实用会计基础”网络课程，网址为 https://www.icourses.cn/sCourse/course_3535.html；二是使用邀请码“12209801”或扫描下方二维码，加入“学习通”平台上的“实用会计基础”课程，下载丰富的课程和教材配套资源。

本教材内容操作性强，既可作为高职高专各专业的会计基础课程教材，也可以为从事会计实践的人员提供指导。

本教材由张艳萍担任主编，夏维朝、刘津杉担任副主编。具体编写分工如下：任务 3、任务 4、任务 6、任务 7 由张艳萍编写，任务 1、任务 2 由夏维朝编写，任务 5、任务 8 由刘津杉编写。

由于我们水平有限，书中难免有疏漏和不当之处，敬请读者批评指正，以便在下一版中继续修改、完善。

编　者

2022 年 9 月

扫描二维码加入“学习通”课程

目　　录

任务1 认知会计职业

任务 1.1 会计概述

情境案例1

日常生活中，常有人发出这样的赞叹："这个人很有钱啊！"请问做出这种判断的依据是什么？有人会说："因为他有房、有车，花钱随意啊！"那么，下面这两个人，你能判断出谁更有钱吗？

甲有一套市值 550 万元的房子，有一辆价值 45 万元的车，有 5 万元的存款，每月花费 5 000 元。乙有 300 万元存款，每月花费 8 000 元。

看起来，甲似乎更有钱。如果告诉你，他的房子还欠着 400 万元的贷款，那结论就不同了，原来更有钱的应该是乙。

也就是说，要想知道谁现在更有钱，我们不仅要了解他拥有的财产，还要考虑他的债务状况，从而计算出他拥有的财产净额，才能据以做出准确的比较和判断。同时，这些财产和债务的构成，也反映出每个人相应的生活状态，支撑着我们据以做出其他的分析和判断。

情境案例2

有个欢乐的网帖：是什么限制了你的想象力？

摘录两段：

公司有一同事买了房，贷款 50 万元，每月等工资还贷。有天去他家玩，发现他住的是中心豪宅区一大复式房子。他说买这房子花了 2 050 万元，他爸交了 2 000 万，怕他不上班，贷了 50 万元让他自己还。

公司有位打杂大妈，月工资 3 000 元，开宝马车上下班。后来才知道她是本地人，家里有几栋楼，每月房租可以收几十万元。问她为啥还上班，她说我有那么多名牌衣服和包包，上班才能有更多人看到呀。

上面描述的这些人，如果仅从前面提到的评价指标来看，都很有钱，但人们在看到这些段子会心一笑的同时，脑海里可能会浮现出"富二代""包租婆"这些名词。原来我们评价一个人是否有钱时，还会关注其赚钱的能力和获取财富的方式；同时，结合其消费支出，判断他（她）的财富积累情况，以及未来财富增长趋势。

仍以上面甲乙两人为例，补充以下信息：

甲　月工资 2 万元　月消费支出 0.5 万元　每月可以结余 1.5 万元

乙　月工资 3 万元　月消费支出 0.8 万元　每月可以结余 2.2 万元

可以看出，两人均为工薪一族，乙比甲更能赚钱，也比甲更会攒钱。

情境案例3

房价，是这些年来的一个热点话题，在房价开始起飞的 2009 年，有篇《月入万元的悲惨生活》的文章，描述了一位高收入的房奴，从买房前花钱随意、追求享受的生活，到买房后戒烟、戒酒、戒应酬，处处精打细算的窘迫生活，引起了很多人的共鸣。

让我们一起来看看前面的甲，作为一个房奴，他的的生活状况是这样的：

房子总价 550 万元，已付 150 万元，欠房贷 400 万元，按还房贷期限 30 年、利率 5.5%计算，每月需还房贷 2.27 万元。而其月收入 2 万元，还需负担房屋管理费，水费、电费、煤气费、有线电视收视费等固定开支，以及养车、吃饭、通信……好在他还有 5 万元存款，但很快也会消耗殆尽，他最期盼的大概就是加薪和年终奖了——老板，多发点，这日子马上就撑不下去了！

他有房有车，会赚钱也能积累，前面提供的相关指标无法反映他生活的窘况，但为什么他的日子就悲惨到快要过不下去了？原来，是他的现金流出了问题，很明显，他目前的现金流入不足以支撑现金流出，当手头的现金存量也消耗殆尽时，生活就将无以为继了。

通过以上案例可以看出，我们要想对一个人的财富状况进行比较和评价，需要一个指标体系来反映他目前的财富状况、赚钱和积累能力，以及现金流入流出情况，才能做出全面、准确的判断和结论。如果我们将比较的对象换成两个企业，道理一样，同样需要以上这些必不可少的指标。

在实际经济生活中，企业投资者、债权人、内部管理者、政府及相关部门、社会公众等，需要通过以上指标体系来对企业进行分析、比较、决策，但这些指标并不是静止不变的，企业发生的各项经济活动会引起这些指标发生增减变化，复杂多样、频繁发生的经济活动，需要更加系统专业的方法来处理其引起的相关指标增减变化的过程和结果，会计就充当了这一角色，并在反映这些指标的同时，对这些经济活动本身是否真实可靠、合理合法、有效进行必要的监督。因此，可以说：会计是以货币为主要计量单位，连续地、系统地、完整地核算和监督一个单位经济活动的一种经济管理工作。也就是说，会计人员需采用专门的方法，监督企业发生的各项经济活动的合法、合理性，并对其引起的相关指标的变化过程和结果进行处理加工，分期将相关数据以会计报告的形式提供给信息使用者。会计提供的信息应与信息使用者的需求相关，应有助于其对企业过去、现在或者未来的情况做出评价或者预测。前已述及，它们是一个指标体系，包括资产、负债、所有者权益、收入、费用和利润，被称为会计要素。前三个指标反映了企业的财务状况，后三个指标反映了企业的经营成果，这些指标之间存在一定的数量平衡关系，并在经济活动引起其变化的过程中产生现金流量。如图 1-1 所示：

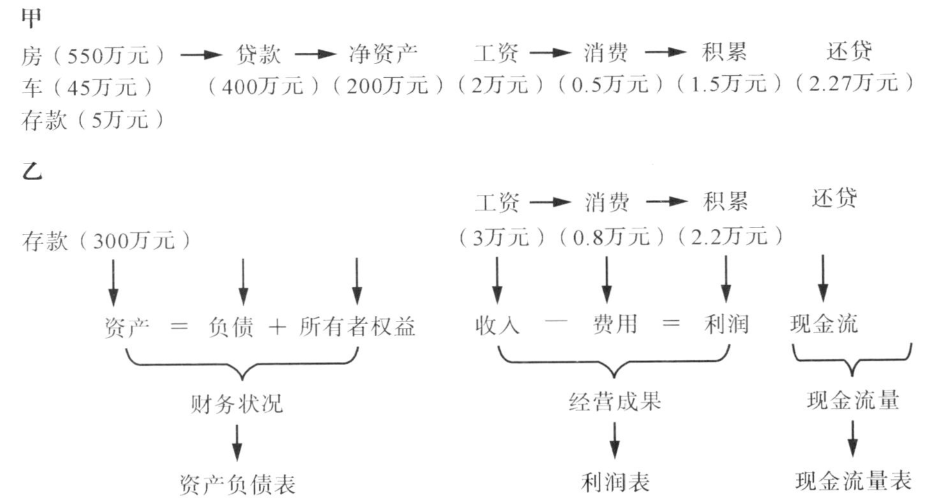

图 1-1　会计指标体系

一、会计的起源与发展

早期的会计只是生产活动的附带部分，随着生产活动的进一步发展，社会分工越来越具体，专职于对生产过程和劳动成果进行记录活动的簿记逐渐从生产中分离出来，成为专门的职业，于是就产生了会计。

原始社会的“结绳记事”和“刻木记数”等对生产过程和劳动成果进行记录和计量是最初的会计萌芽。

我国西周时设置的“司书”和“司会”专职负责朝廷财政收支的记录与检查；唐宋时期的“四柱结算法”表明我国古代会计已经发展到相当高的水平，在办理钱粮报销或移交时要编造“四柱清册”，其“旧管”“新收”“开除”和“实在”，相当于现代会计的“期初余额”“本期增加发生额”“本期减少发生额”和“期末余额”；明清时期民间商业的“龙门账”[①]和“四脚账”，标志着我国复式记账法的正式产生；清代学者焦循在其著作《孟子正义》中指出“零售算之为计，总合算之为会”。

在欧洲，系统的复记簿记诞生于资本主义萌芽的意大利，1211 年，佛罗伦萨银行采用借贷记账法；1494 年，意大利数学家卢卡·巴其阿勒出版了《算术、几何和比例概要》，详细地阐述了借贷记账原理，标志着现代会计的正式产生[②]；工业革命的成功引发了大量固定资产投资，产生了“折旧会计”与“成本会计”；股份公司的出现催生了独立审计制度，1854 年苏格兰成立了世界上第一个皇家特许会计师协会。20 世纪 20 年代后，以“泰罗制”为标志的管理科学进一步推动了会计向财务会计和管理会计两个方向发展。20 世纪 50 年代以来，电子计算机开始在会计领域里运用，以手工簿记为特征的传统会计正逐步让位于电算会计。新中国建立后，会计制度经历了从计划经济向市场经济转变的历程。新中国成立之初，主要借鉴苏联高度集中的计划经济体制，形成

---

① 明末清初，山西商人傅山参考官厅会计的“四柱清册”记账方法，设计出一种应用于民间商业的“龙门账”。龙门账将全部账目划分为进、缴、存、该四大类。“进”指全部收入；“缴”指全部支出；“存”指全部资产；“该”指负债和业主的投资。在年终办理结算时，计算“进”与“缴”的差额和“存”与“该”的差额，平行计算盈亏。“进”大于“缴”就是盈利，反之则为亏损，它与“存”“该”的差额相等。即：进－缴＝存－该。傅山将这种双轨计算盈亏、检查账目平衡关系的方法，称为“合龙门”，“龙门账”因此而得名。“龙门账”的诞生标志着我国复式簿记的产生。

② 卢卡·巴其阿勒是意大利文艺复兴运动时期的著名数学家，主要研究数学与簿记学，1494 年在威尼斯出版《算术、几何与比例概要》（又称《数学大全》），这标志着现代会计的形成。该著作的第三部分“计算与记录详论”共 37 章，是“为及时向商人提供关于资产和负债的信息”而编排的簿记学内容，集中论述了现代会计的借贷记账法等内容。卢卡·巴其阿勒也因此被后人尊为会计学之父。

了分行业分所有制的统一会计制度；改革开放后，我国会计向国际惯例接轨与趋同，1992 年以企业会计准则为核心的会计制度改革开启了与国际会计的接轨，2019 年政府会计准则的实施，则标志着我国会计与国际会计的全面趋同。

会计发展的实践证明，经济越发展，会计越重要。

二、会计的特点

1.以货币作为主要计量单位

会计的计量单位主要是货币。计量单位是指用来度量事物数量的尺度标准，通常包括三种计量单位，即：实物计量、时间计量和货币计量。其中，实物单位是用来度量实物数量的单位，如一盏灯的“盏”、50 公斤大米的“公斤”、15 件商品的“件”等；时间单位如“小时”“星期”“月份”等，通常劳动单位也用时间单位，如工作小时等。会计之所以要以货币作为计量单位，是因为可以对不同形态的资产进行汇总与分割，具有其他计量单位所无法比拟的统一价值尺度的优势，可以满足会计核算中综合反映经济业务的需要。需要说明的是，会计在以货币为计量单位的同时，有时还需要辅之以其他计量单位，来进一步补充说明货币单位的具体内容，如用实物单位反映原材料和库存商品的数量，用时间单位作为计算劳动报酬的基础等。所以，会计以货币为主要计量单位，并不排除同时运用其他计量单位，货币不是会计的唯一计量单位。

2.对经济活动连续、系统和完整地进行核算和监督

连续是指会计需要按照经济业务发生的时间顺序来进行记录；系统是指会计需要按照经济业务的内容分门别类地记录与报告，即通过设置一系列的账户分别记录不同类型的经济业务；完整是指会计需要将一个单位的全部经济活动，毫无遗漏地进行记录和报告。

3.以合法凭证为依据

凭证是经济活动的书面证明，用以记载经济活动的内容和明确经济责任。经济活动发生时，业务经办人员必须取得或填制凭证，经会计人员审核无误后，才能据以进行会计核算，从而保证会计信息的客观性、真实性和可验证性。

4.有专门的方法体系

会计在其发展过程中，形成了划分会计科目、设置会计账户、复式记账、编制会计凭证、登记会计账簿、编制会计报表等专门的方法，形成一个完善的方法体系。

三、会计的职能

会计职能是指会计所能完成的功能，会计的基本职能是核算和监督，随着社会经济的发展，会计又产生了预测、决策、控制、分析等新职能。

1.核算职能

核算职能，又称反映职能，是指会计对经济活动进行确认、计量、记录与报告。简单地说，就是记账、算账与报账。会计首先是对原始凭证进行审核，在真实完整的基础上进一步在账簿中进行登记，最后再将账簿记录进行分析汇总，编制会计报表，通过会计报表向单位内部和外部的有关方面提供本单位的财务信息，这就是会计的核算职能。

我国会计法第十条对需要进行核算的会计事项做了明确的规定，主要内容是：

(1)款项和有价证券的收付；

(2)财物的收发、增减和使用；

(3)债权债务的发生和结算；

(4)资本、基金的增减；

(5)收入、支出、费用、成本的计算；

(6)财务成果的计算和处理；

(7)需要办理会计手续、进行会计核算的其他事项。

会计核算的基本要求是真实、准确、完整、及时。

2.监督职能

会计监督是指会计在反映经济活动时，对会计资料的真实性、完整性，以及会计事项的合理性、合法性所进行的检查与审核。

检查会计资料的真实性和完整性是审查有关会计事项是否确实发生、有关会计凭证的内容与手续是否完整，防止手续不全、内容虚假的会计事项进入会计处理系统，以免产生虚假不实的会计信息，避免对信息使用者的决策产生误导。检查会计事项的合理性，主要是依据该单位的相关规章制度及有关计划、预算等内部控制的要求，审核经济业务是否有超支浪费及低效或无效事项，实现高效与控制费用成本的目标。检查会计事项的合法性，主要是依据国家及地方有关法律法规，审查经济业务的合法性与合规性，督促单位及相关人员合法经营，杜绝违法乱纪的事项。

会计的核算职能和监督职能是相辅相成、辩证统一的关系。会计核算是会计监督的基础，没有核算所提供的各种信息，监督就失去了依据；而会计监督又是会计核算质量的保障，只有核算、没有监督，就难以保证核算所提供信息的真实性、可靠性。

随着经济的发展，企业对管理的要求也越来越高，这也推动了会计职能的进一步发展，现代会计在原有的核算与监督基本职能的基础上，又进一步在参与管理方面产生了很多新的职能，主要包括参与预测、参与决策、参与控制和参与分析与考核等。

任务 1.2　会计工作的对象

一、会计对象

会计对象是指会计所要反映和监督的内容。经济活动引起了会计指标的变化，因此，一个单位能够用货币表现的经济活动就成为会计的工作对象。以货币表现的经济活动又称为资金运动，具体包括资金的进入和退出、资金在单位内部的循环和周转。

资金进入是企业生产经营活动的起点，企业具有一定数量的资金，才能进行生产经营活动。资金进入企业主要包括投资人投入的资本、从银行等债权人处获得贷款等。企业在进行生产经营活动中，必然会有一部分资金退出，如支付税款、支付股利、偿还贷款的本金和利息等，这些资金进入和退出企业所产生的资金运动，都是会计所要反映和监督的内容，是会计的对象。

资金在企业内部的循环与周转运动，是会计对象的另一方面内容。在生产经营活动中，首先需要购买原材料，形成生产储备，资金形态由货币资金转化为生产储备资金。在生产活动中，原材料转化为在产品，通过生产加工形成完工的产成品，资金形态由储备资金转化为生产资金，然后再转化为成品资金。在销售过程中，通过销售商品，收回货款，资金形态又由成品资金转化为货币资金，这种由货币资金开始，通过储备资金、生产资金、成品资金，最后又回到货币资金形态上的过程，就称作资金循环，周而复始的资金循环就是资金周转。企业资金的运动过程如图 1-2 所示。

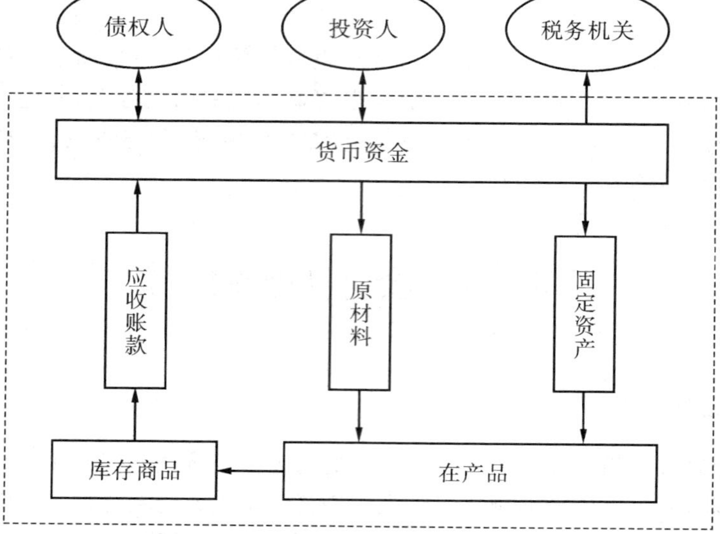

图 1-2 企业资金的运动过程

二、会计要素

会计要素是对会计对象的基本分类，是会计核算的具体内容。根据会计准则的规定，会计要素主要包括两大类六个要素，即反映财务状况的资产、负债和所有者权益三项会计要素；反映经营成果的收入、费用和利润三项要素。

1.资产

资产是指企业过去的交易或事项形成的、由企业拥有或者控制的、预期会给企业带来经济利益的资源。

企业要进行生产经营活动，必须有一定的生产经营条件和物质资源，这些为企业所拥有或控制的经济资源，在会计核算中称作资产。

(1)资产的特征

根据资产定义，一般具有以下特征：

①资产必须是由过去的交易或事项所形成的经济资源。企业的资产必须是现实的资产，是在过去的时期里通过交易或事项所形成的，是过去已经发生的交易或事项的结果，而不能是预期的资产。

②资产应当为企业所拥有或控制。企业应当对其资产具有所有权，可以按照自己的意愿使用或处置；如果不具有所有权，应能被企业所控制，如融资

租入的固定资产，企业虽然不具有所有权，但由于租赁期占该项租入资产可使用期限的绝大部分，实际上企业已经拥有该项资产的全部收益和风险，可以支配这些资产，此时按照实质重于形式的要求，也应视同自有资产。

③资产预期会给企业带来经济利益，包括直接或间接导致现金和现金等价物流入企业的潜力。有些资产，如存货，通过交换获取经济利益；有些资产，如厂房设备等，能够为企业提供生产经营环境，为获得经济利益创造条件。

(2)资产的确认

企业应将符合资产定义的资源，在同时满足以下两个条件时确认为资产：

①与该资源有关的经济利益很可能流入企业。

②该资源的成本或价值能够可靠地计量。

(3)资产的分类

按照资产的流动性的大小或变现能力的强弱，资产可划分为流动资产和非流动资产两类。

①流动资产。指可以在一年或者超过一年的一个营业周期内变现或耗用的资产，如现金、银行存款、应收及预付款项和存货等。

②非流动资产。指流动资产以外的资产，一般不能在一年内或长于一年的一个营业周期内变现或耗用，如长期投资、固定资产、无形资产等。

2.负债

负债是指企业过去的交易或者事项形成的、预期会导致经济利益流出企业的现时义务。

企业在进行生产经营活动时，通常都会向企业外部举借债务，如向银行取得借款、向债权人发行债券筹集资金等等。

(1)负债的特征

根据负债的定义，企业负债一般具有以下特征：

①负债是基于企业过去的交易或事项所形成的。企业的负债应当是已经发生的事项或交易所产生的，如购入原材料后未支付的材料款，产生了一项企业负债；而没有发生的交易或事项，如计划向银行借款或只是签订了借款合同，由于借款尚未收到，债务没有形成。

②负债是企业承担的现时义务。现时义务是指企业在现行条件下已承担的义务。未来发生的交易或者事项形成的义务，不属于现时义务，不应当确认为负债。

③企业现时义务的履行将会导致企业经济利益的流出。债务可以用现有资产来偿还，如以银行存款偿还银行借款，也可以通过提供劳务的方式来偿

债，但不论以什么方式清偿债务，都必然导致企业未来经济利益的流出。

(2)负债的确认

企业应将一项符合负债定义的现时义务，在同时满足以下两个条件时确认为负债：

①与该义务有关的经济利益很可能流出企业。

②未来流出的经济利益的金额能够可靠地计量。

(3)负债的分类

按照流动性大小，可以将负债分为流动负债和非流动负债两类。

①流动负债。指预计在一年(含一年)或超过一年的一个营业周期内偿还的债务。企业的流动负债项目很多，具体包括短期借款、应付票据、应付账款、预收账款、应付职工薪酬、应付股利、应交税费等。

②非流动负债。指流动负债以外的负债，一般偿还期在一年以上或者超过一年的一个营业周期以上，具体包括长期借款、应付债券和长期应付款等。

3.所有者权益

所有者权益又称业主权益，是指企业的资产扣除负债后由所有者享有的剩余权益。因此，所有者权益的确认和计量主要依赖于资产和负债的确认和计量。公司的所有者权益称为股东权益。

(1)所有者权益的特征

虽然负债和所有者权益都是企业资产的形成来源，共同构成了企业资产所对应的权益，但与负债相比，所有者权益又有自己的特征：

①所有者权益不具有偿还性。负债是企业向债权人借入的，所以需要到期偿还，在企业的总权益中属于优先权益。而企业在正常经营活动中，所有者权益不需要偿还，只有在企业破产清算时，在企业全部资产清偿负债后若有剩余，才向所有者分配剩余资产，属于剩余权益。

②所有者权益是所有者借以分配企业利润的重要依据。债权人向企业提供债务，企业需要偿还债务本金，同时也需要支付债务利息，但债权人不会参与企业经营成果的分配；相反，所有者则凭借其向企业投入了资本而参与企业利润的分配。

(2)所有者权益的来源

所有者权益的来源包括所有者投入的资本、直接计入所有者权益的利得和损失(其他综合收益)、留存收益等。

直接计入所有者权益的利得和损失，是指不应计入当期损益、会导致所有者权益发生增减变动的、与所有者投入资本或者向所有者分配利润无关的利得或者损失。

利得是指由企业非日常活动所形成的、会导致所有者权益增加的、与所有者投入资本无关的经济利益的流入。损失是指由企业非日常活动所发生的、会导致所有者权益减少的、与向所有者分配利润无关的经济利益的流出。

(3)所有者权益的构成

①投入资本,来源于所有者投入的资本、直接计入所有者权益的利得和损失,主要包括实收资本、资本公积和其他综合收益。

实收资本:指投资者按照企业章程,或合同、协议的约定,实际投入企业的资本。在股份公司,实收资本即为股本,即按股票面值或核定的股本缴入的资本部分。实收资本(股本)是投资人分配利润的依据,投资各方通常需要按照各自投资的份额分配利润。

资本公积:指归所有者所共有的,非收益转化而形成的资本。包括企业收到投资者出资额超过其在注册资本或股本中所占份额的部分,以及其他资本公积。

其他综合收益:指不应计入当期损益,直接计入所有者权益的利得和损失。

②留存收益,来源于企业资本增值,是指企业从历年实现的利润中提取或形成的留存于企业的积累。留存收益主要包括盈余公积和未分配利润。

盈余公积:指企业按税后利润的一定比例提取的法定盈余公积,以及按投资人确定的比例从税后利润中计提的任意盈余公积。

未分配利润:指企业历年来结存的尚未分配的税后利润。

4.收入

收入是指企业在日常活动中形成的、会导致所有者权益增加的、与所有者投入资本无关的经济利益的总流入。

(1)收入的特点

收入一般具有以下几个特点:

①收入是从日常经营活动包括企业为实现其经营目标而进行的活动中产生的,而不是从偶发交易或事项中产生的。如加工制造类企业的生产与销售产品收入、商品流通类企业的销售商品收入等。出售自己使用的固定资产所得,属于偶发事项,不属于收入的范畴,应当计入利得。

②收入能导致经济利益流入企业,但该流入不包括所有者投入的资本。所有者向企业投入资本,应直接确认为所有者权益的增加。收入只包括本企业经济利益的流入,不包括为第三方或客户代收的款项。例如企业销售商品,收取的增值税销项税额和代垫的运费,就不能确认为收入。

③收入能导致所有者权益增加。例如企业销售商品能够赚取利润，会导致所有者权益增加，该经济利益流入可以确认为收入。企业向银行借入款项，虽然也有经济利益流入企业，但并不导致所有者权益增加，此时，应将其确认为负债，而不能确认为收入。

(2)收入的构成

收入主要包括主营业务收入、其他业务收入和投资收益等。

①主营业务收入：指企业日常活动中主要经营活动获得的收入。如工商企业的商品销售收入、服务性企业的劳务收入。

②其他业务收入：指通过主营业务外其他经营活动获得的收入。如工业企业销售原材料收入、出租固定资产收入等。

③投资收益：指企业对外投资活动获得的净收益。

(3)收入的确认

企业应当在履行了合同中的履约义务，即客户取得相关商品（或服务）控制权时，将其取得的符合收入定义的经济利益流入确认为收入。其中，在某一时点履行的履约义务，企业应当在客户取得相关商品控制权时点确认收入。例如企业采用赊销方式销售不需要安装的产品，在根据销售合同发出产品时，即将该产品的控制权转移给了购买方，此时可以确认该产品销售收入。

在某一时段履行的履约义务，企业应当在该段时间内按照履约进度确认收入。例如企业接受了一项设备安装任务，工期 6 个月，合同总收入 100 万元，本月完成了 20%的安装工程量，则在月末按已完成的履约进度，确认收入 20 万元。

5.费用

费用是指企业在日常活动中发生的、会导致所有者权益减少的、与向所有者分配利润无关的经济利益的总流出。

(1)费用的特点

①费用是企业在日常经营活动中产生的经济利益的流出。如加工制造类企业采购原材料或商品流通类企业采购商品的支出，都属于费用；企业发生的行政管理费、广告营销费等，都是为了获得收入而发生的日常活动支出，也属于费用的范畴。而企业生产经营过程中发生的偶然事项支出，则不属于费用范围，应当计入损失。

②费用能导致经济利益流出企业，但该流出不包括向所有者分配的利润。费用可以表现为资产的减少或负债的增加，或二者兼而有之。例如，企业消耗了水电向供水、供电公司支付水电费，导致货币资金的减少；企业生产中消耗

了原材料，使用了机器设备，导致原材料的减少和固定资产的损耗。企业在生产过程中消耗了职工的劳务，但尚未向其结算支付工资，导致了应付职工薪酬这一负债的增加。企业向投资者分配利润，应直接确认为所有者权益的减少。

③费用能导致所有者权益减少。例如企业支付本期的广告费用，会导致所有者权益减少，该经济利益流出可以确认为费用。企业向银行归还借款，虽然也有经济利益流出企业，但并不导致所有者权益减少，此时，应将其确认为偿还负债，而不能确认为费用。

(2)企业应将符合费用定义的经济利益流出，在同时满足以下条件时确认为资产

①与费用相关的经济利益很可能流出企业。

②经济利益流出企业的结果会导致资产的减少或负债的增加。

③经济利益的流出额能够可靠地计量。

6.利润

利润是指企业在一定会计期间的经营成果，包括收入减去费用后的净额、直接计入当期利润的利得和损失等。

直接计入当期利润的利得和损失，是指应当计入当期损益的、会导致所有者权益发生增减变动的、与所有者投入资本或者向所有者分配利润无关的利得或损失。

利润可以划分为营业利润、利润总额和净利润。

营业利润是企业日常经营活动的利润，由营业收入、营业成本、税金及附加、期间费用(销售费用、管理费用和财务费用)、投资收益等项目构成。

利润总额又称税前利润，是在营业利润的基础上，加上营业外收入，再减去营业外支出后的金额。

净利润是指利润总额减去所得税费用后的金额，又称税后利润。

三、会计等式

1.会计等式

上述各项会计要素之间存在着一定的数量关系，具体地表现为两个会计等式：

(1)资产＝负债＋所有者权益

“资产＝负债＋所有者权益”是会计第一等式，也是最基本的会计等式。等式的左侧为企业从事生产经营活动的经济资源，是企业进行经营活动和投

资活动的基础。等式右侧是权益，即经济资源的归属权，包括两部分：一部分是债权人权益，另一部分是所有者权益。其中，债权人权益是企业的负债，属于优先权益，所有者权益则属于剩余权益。这一会计等式反映了企业在一定时点的财务状况，从而是编制资产负债表的理论依据。

(2)收入－费用＝利润

“收入－费用＝利润”是会计第二等式，它是从动态的角度反映了企业经营活动的过程与结果。企业在经营过程中会发生收入，同时，为了获得收入也需发生相应的费用，将一定期间发生的收入与当期发生的费用相减后，就是该期实现的财务成果，即利润。会计第二等式反映了企业在一定期间的经营活动业绩，它是编制利润表的理论依据。

一定期间实现的利润属于所有者权益的一部分，所以，从动态的角度来看，以上两个会计等式可以合并为：

资产＝负债＋所有者权益＋(收入－费用)

2.会计等式的恒等性

企业各项会计要素之间，始终保持着相应的恒等关系。虽然在生产经营活动中，某项业务发生后会引起资产、负债或所有者权益等会计要素的增减变化，但都不会破坏会计等式的平衡关系。因此，企业发生的经济业务类型，概括起来主要有四种：

(1)等式两边的项目以相等的金额增加；

(2)等式两边的项目以相等的金额减少；

(3)等式左边项目以相等的金额一增一减；

(4)等式右边项目以相等的金额一增一减。

【例 1-1】投资者甲出资 100 万元设立了深港公司，并以深港公司名义向乙借入了 100 万元，款项均已存入深港公司银行账户。

站在深港公司的立场，该项经济业务的发生，使得公司银行存款增加了 200 万元，即资产增加了 200 万元；一部分来源于投资者甲投入的资本金 100 万元，即所有者权益增加了 100 万元，另一部分来源于向债权人乙的借款，即负债增加了 100 万元。

经过这一变化，会计等式的左、右两边增加了相等的金额，会计等式保持平衡如下：

资产(200 万元)＝负债(100 万元)＋所有者权益(100 万元)

【例 1-2】乙因资金紧张，向深港公司收回借款 50 万元，深港公司以银行存款支付。

从深港公司来看，该项经济业务的发生，使得公司银行存款减少了50万元，同时，欠债权人乙的债务减少了50万元，资产和负债以相等的金额同时减少，会计等仍保持平衡如下：

资产(150万元)＝负债(50万元)＋所有者权益(100万元)

【例1-3】深港公司以银行存款购入一台设备，价值50万元。

该项经济业务的发生，使得公司银行存款减少了50万元，同时机器设备这项固定资产增加了50万元，资产内部的两个项目以相等的金额一增一减，资产总额仍保持不变。因此，会计等式仍保持平衡如下：

资产(150万元)＝负债(50万元)＋所有者权益(100万元)

【例1-4】经协商，债权人乙将深港公司尚欠的50万元，转为对深港公司的投资。

从深港公司角度分析，该项经济业务的发生，债权人乙转变为公司投资者，原欠债权人乙的债务转变为其向公司投入的资本金，负债减少了50万元，所有者权益增加了50万元，等式右边的项目以相等的金额一增一减，总额不变，会计等式仍保持平衡如下：

资产(150万元)＝所有者权益(150万元)

通过对企业发生的各类经济业务的分析可以发现，经济业务发生后，虽然会引起有关会计要素的数额发生增减变动，但不会破坏会计等式的平衡关系。这一恒等关系，对于会计核算工作具有十分重要的意义，它是设置账户、复式记账和编制会计报表的理论依据。

任务1.3 会计工作的规范

我国的会计工作应遵循相关法规制度的规定，目前的会计法规制度体系，是以《中华人民共和国会计法》(以下简称《会计法》)为基础，以《企业会计准则》为核心，包括各单位内部会计核算制度在内的会计核算法规与制度所组成的会计规范体系。

1.《会计法》

《会计法》是我国会计工作的基本法规，是会计行为的最高法律规范，是为了规范会计行为，保证会计资料真实、完整，加强经济管理和财务管理，提高经济效益，维护社会主义市场经济秩序而制定的会计法规。

《会计法》起草于1980年8月，1985年1月21日第六届全国人大常委会第九次会议审议通过了《会计法》，自1985年5月1日起施行。《会计法》实施后经过多次修订，最近一次修订是在2017年11月4日，经第十二届全国人大常委会第三十次会议表决通过，自2017年11月5日起施行。

修订后的《会计法》由七章五十二条组成，包括"总则""会计核算""公司、企业会计核算的特别规定""会计监督""会计机构和会计人员""法律责任"和"附则"七章内容。《会计法》规定了会计核算的基本要求，对会计核算的内容、会计资料的真实性与完整性等有着明确的规定，同时还规定了违反相关条款的法律责任。

2.会计准则

会计准则是会计人员从事会计工作必须遵守的基本原则和行为规范。我国的会计准则包括企业会计准则、小企业会计准则、事业单位会计准则和政府会计准则。

企业会计准则的实施范围主要是上市公司及大中型企业，目前已发布实施的企业会计准则包括1项基本准则、40项具体准则及企业会计准则应用指南和解释，如图1-3所示。

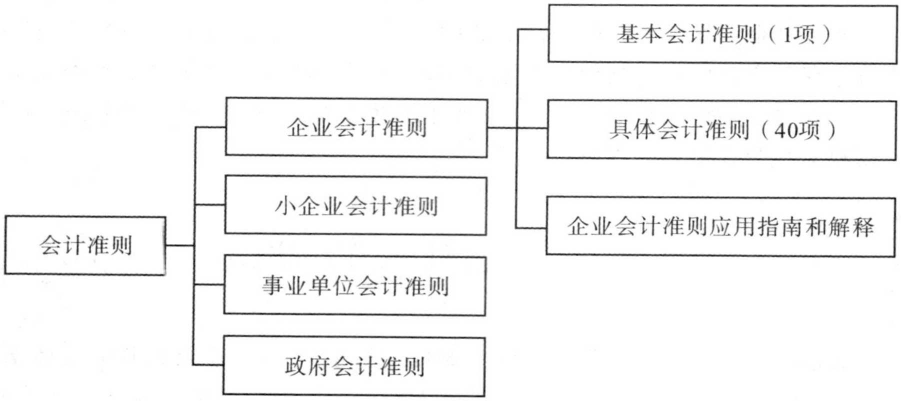

图1-3　会计准则体系

基本会计准则规范了会计确认、计量和报告等一般要求，为具体会计准则的制定提供理论依据和指导，它对各具体准则的制定起着统驭作用，可以确保各具体准则的内在一致性。具体准则是依据基本准则的要求对具体交易事项或报告做出的具体规定，为企业处理会计实务问题提供具体而统一的标准。应用指南是补充，是对具体准则的操作指引，主要包括对每项具体准则进行的应用指南、企业的会计科目和主要账务处理，以及针对会计准则执行过程中存在的争议和普遍性问题，进行规范明确的企业会计准则解释。

小企业会计准则用于规范小企业的会计行为，它在原则上遵循企业会计准则中的基本准则的前提下，对会计确认、计量和报告进行了适当的简化。

事业单位会计准则为事业单位会计体系建立统一的概念基础和框架，内容包括财务报告目标、会计基本假设、会计信息质量要求、会计要素的分类、各类会计要素的定义、计量原则及财务报告等，为事业单位会计制度的制定提供理论依据和指导，对事业单位会计制度的制定发挥统御作用。

政府会计准则是对各级政府机构的会计工作进行规范，目前已发布实施1项基本准则和6项具体准则。

3.会计制度

会计制度是进行会计工作所遵循的规则、方法和程序的总称。我国会计制度是国家财政部门通过一定的行政程序制定的，具有一定的强制性。我国现阶段正处在一个会计制度改革时期，会计制度最终框架不是十分明确，目前仍在执行的有各类企业会计制度、医院会计制度、高校和中小学会计制度、政府会计制度及民间非营利组织会计制度等部分会计制度。

另外，各单位根据上述国家统一的会计制度，结合自身生产经营特点和管理要求制定的单位内部会计制度，也作为会计制度体系的一部分。

练习题

一、填空题

1.1494年意大利数学家__________出版了____________________，详细地阐述了__________原理，标志着__________的正式产生。

2.随着经济的发展，会计进一步分成__________和__________两大分支。

3.会计是以__________为主要计量单位，连续地、系统地、完整地__________和__________一个单位__________的一种__________工作。

4.会计的基本职能是__________和__________，会计的对象是一个单位能以__________表现的__________。

5.我国的会计准则包括__________、__________和__________。前者由1项__________、40项__________和__________构成。

6. __________、__________、__________、__________、__________、

__________六项会计要素，是会计核算的对象，是会计核算和监督的内容。

7.资产是指企业__________形成的、由企业__________的、预期会__________的__________。按其流动性可分为__________和__________。

8.负债是指企业__________形成的、预期会__________的__________。按其偿还期的长短可分为__________和__________。

9.所有者权益是指企业的__________扣除__________后由__________享有的__________。公司的所有者权益称为__________。企业的所有者权益由__________、__________、__________、__________和__________构成。

10.收入是指企业在__________中形成的、会__________的、与__________无关的__________。收入主要包括__________、__________和__________。

11.费用是指企业在__________中发生的、会导致__________的、与__________无关的__________。

12.利润是指企业在一定__________的__________，包括__________、__________和__________。

13.会计等式的内容包括基本等式__________＝__________＋__________，以及从动态的角度反映了企业经营活动的过程与结果的__________－__________＝__________。

二、单项选择题

1.唐宋时期我国已出现了__________，成为中式会计的精髓。

A.龙门账　B.四柱结算法　C.四脚账　D.复式记账法

2.我国最早出现的复式记账法是__________。

A.四柱结算法　B.龙门账　C.四脚账　D.借贷记账法

3.我国会计行为的最高法律规范是__________。

A.会计法　B.基本会计准则

C.具体会计准则　D.会计制度

4.可以在一年或超过一年的一个营业周期内变现或耗用的资产，称为__________。

A.费用　B.流动资产　C.存货　D.短期资产

5.以下项目中属于流动资产的是__________。

A.仓库中原材料　B.机器设备

C.商标权　D.借出三年期款项

6.以下项目中属于流动负债的是__________。

A.借入6个月期借款　　B.借入3年期借款
C.发行的公司债券　　D.收外单位投资款

7.企业向投资者分配利润的重要依据是________。
A.实收资本　B.资本公积　C.盈余公积　D.未分配利润

8.由企业非日常活动所形成的、会导致所有者权益增加的、与所有者投入资本无关的经济利益的流入称为________。
A.主营业务收入　　B.其他业务收入
C.营业外收入　　D.得利

9.由企业非日常活动所发生的、会导致所有者权益减少的、与向所有者分配利润无关的经济利益的流出称为________。
A.费用　B.营业外支出　C.损失　D.亏损

10.直接计入所有者权益的利得和损失,应记入所有者权益中的________。
A.实收资本　B.资本公积　C.盈余公积　D.未分配利润

11.企业在日常活动中形成的、会导致所有者权益增加的、与所有者投入资本无关的经济利益的总流入称为________。
A.收入　B.收益　C.利得　D.利润

12.工业企业将闲置的固定资产出租取得的租金属于________。
A.销售商品收入　　B.提供劳务收入
C.让渡资产使用权收入　　D.主营业务收入

13.企业在日常活动中发生的、会导致所有者权益减少的、与向所有者分配利润无关的经济利益的总流出称为________。
A.损失　B.亏损　C.费用　D.成本

14.下列事项中,一个会计主体不可能发生的有________。
A.资产与所有者权益以相等金额同时增加或同时减少
B.资产与负债以相等金额一增一减
C.两个资产项目以相等的金额一增一减
D.负债与所有者权益以相等的金额一增一减

15.将要在一年或超过一年的一个营业周期内偿还的债务,称为________。
A.短期负债　B.流动负债　C.非流动负债　D.长期负债

16.当一笔经济业务只涉及负债或所有者权益项目时,会计等式两边的金额________。
A.同增　　B.同减
C.不增不减　　D.一边增加,一边减少

17.企业收到前欠账款存入银行的业务属于__________。

A.一项资产增加，另一项资产减少

B.一项资产增加，另一项负债增加

C.一项资产增加，另一项所有者权益增加

D.一项资产增加，另一项负债减少

18.以下经济业务中会使企业资产总额增加的是__________。

A.以银行存款购买设备　　B.从银行借入三年期借款

C.以银行存款偿还到期借款　　D.以盈余公积转增资本

19.以下经济业务中会使企业负债总额变化的是__________。

A.赊购机器设备　　B.用盈余公积转增资本

C.将现金送存银行　　D.投资者投入资本金存入银行

20.企业资产总额为 80 万元，发生如下经济业务后，企业资产总额为__________万元。

从银行提取现金 1 万元；

以银行存款偿还前欠账款 10 万元；

收回客户前欠账款 15 万元存入银行；

以银行存款 30 万元对外投资；

投资者投入 40 万元存入银行。

A.90　　B.95　　C.110　　D.125

三、多项选择题

1.现代会计的两大分支是__________。

A.财务会计　　B.成本会计　　C.决策会计　　D.管理会计

E.电算化会计

2.我国的会计准则包括__________。

A.企业会计准则　　B.基本准则

C.具体准则　　D.小企业会计准则

E.事业单位会计准则

3.以下会计要素中，反映企业财务状况的是__________。

A.资产　　B.负债　　C.所有者权益　　D.收入

E.费用　　F.利润

4.以下会计要素中，反映企业经营成果的是__________。

A.资产　　B.负债　　C.所有者权益　　D.收入

E.费用　　F.利润

5.下列各要素中,因收入的取得可能发生影响的是__________。
A.资产 B.负债 C.所有者权益 D.费用
E.利润

6.下列各要素中,因费用的发生可能发生影响的是__________。
A.资产 B.负债 C.所有者权益 D.收入
E.利润

7.以下项目中属于流动资产的是__________。
A.银行存款 B.应收账款 C.固定资产 D.长期投资
E.存货

8.以下项目中属于流动负债的是__________。
A.应付账款 B.应付债券 C.短期借款 D.长期借款
E.应付职工薪酬

9.所有者权益包括__________。
A.实收资本 B.资本公积 C.盈余公积 D.利润
E.未分配利润

10.收入按其性质可分为__________。
A.销售商品收入 B.提供劳务收入
C.让渡资产使用权收入 D.主营业务收入
E.其他业务收入

11.对企业资产享有权益的有__________。
A.投资人 B.债务人 C.债权人 D.企业职工
E.国家

12.一项所有者权益增加的同时,引起的另一方面变化可能是__________。
A.一项资产增加 B.一项资产减少
C.一项负债增加 D.一项负债减少
E.另一项所有者权益减少

13.以下经济业务中,属于资产内部一增一减的有__________。
A.从银行提取现金 B.投资者向企业投入设备
C.从银行借入三个月期限借款 D.收回应收账款
E.以银行存款购买机器设备

14.下列项目中能够引起资产和负债同时变化的有__________。
A.以银行存款购买设备 B.从银行借入三年期借款
C.以银行存款偿还到期借款 D.以盈余公积转增资本

E.赊购原材料

四、判断题

1.会计以货币作为唯一的计量工具。（ ）

2.会计核算是会计监督的基础，会计监督是会计核算质量的保障。（ ）

3.企业发生的全部活动均是会计反映和监督的对象。（ ）

4.我国会计法是国家财政部门通过一定的行政程序制定的，具有一定强制性。（ ）

5.企业对其资产享有所有权。（ ）

6.资产包括固定资产和流动资产。（ ）

7.负债是债权人权益，与所有者权益一起构成企业的权益。（ ）

8.企业破产清算时，在企业全部资产清偿负债后若有剩余，才向所有者分配剩余资产，因此，所有者权益属于剩余权益。（ ）

9.企业发生的利得或损失应记入所有者权益。（ ）

10.实收资本即是投资者按照企业章程，或合同、协议的约定，实际投入企业的出资额。（ ）

11.资产和权益在数量上总是相等的。（ ）

12.任何经济业务的发生都不会破坏会计基本等式的平衡关系。（ ）

13.所有经济业务的发生，都会引起会计等式两边发生变化。（ ）

14.经济业务发生可在一个资产项目增加的同时，使一个负债项目减少。（ ）

15.经济业务的发生可在一个所有者权益项目增加的同时，使一个负债项目减少。（ ）

五、综合业务题

练习会计要素的辨认及其平衡关系

资料：三江企业某年5月末有关资产与权益情况如下(金额单位：元)：

项　目	金额
出纳员保管的现金	4 000
银行账户中存款	250 000
销售产品应收客户账款	35 100
借给职工的款项	6 000
库存原材料	250 000

续表

项目	金额
正在加工的产品	36 000
仓库库存的产成品	85 000
房屋建筑	520 000
机器设备	420 000
购入的股票、债券	50 000
购买的财务软件	36 000
向银行借入的款项	200 000
尚未发放给员工的工资	28 000
应付供货单位的购料款	151 700
客户借用包装物的押金	4 000
欠银行的借款利息	2 600
应交而尚未申报缴纳的税款	5 800
预收客户的订货款	20 000
投资者投入的本金	1 000 000
以前年度赚取并留在企业的利润	250 000
本年度赚取的利润	80 000
本年度分配给投资者的利润	50 000

要求:将以上各项划分为资产、负债和所有者权益,并计算三个会计要素的总额,验证会计等式。

任务2 掌握借贷记账法

任务2.1 划分会计科目

情境案例1

会计要素是会计信息使用者对相关企业进行分析、比较、判断的依据，下面两家企业，你能看出孰好孰坏吗？

甲公司	乙公司
资产　1 000万元	资产　1 000万元
负债　400万元	负债　400万元
所有者权益　600万元	所有者权益　600万元

从表面看，这两个公司没什么不同，但如果提供如下更详细的指标（见表2-1），就可以看出孰好孰坏。

表2-1　甲、乙两公司对比

单位：万元

甲公司			乙公司		
资产	1 000	银行存款　400 房产　500 原材料　50 产成品　50	资产	1 000	生产设备　500 应收账款　500
负债	400	应付账款　400	负债	400	应交税费　400
所有者权益	600	投入资本　100 留存收益　500	所有者权益	600	投入资本　1 000 留存收益　−400

你会发现：拥有同样的资产、负债和所有者权益数据的甲公司，持有的资产结构正常，债务风险不大，能维持经营，历史盈利积累良好；乙公司却资产结构不佳，债务紧迫，未来回款压力巨大，存在较大历史累积亏损，陷入经营困境。

由此可以看出，如果仅以会计要素作为会计数据的归类标准，过于系统、概括，不能充分反映企业的财务状况和经营成果等信息。为了满足信息使用者的需求，需要对会计要素进行进一步的细分，提供更加详细的指标数据。例如资产要素反映了企业的经济资源，但这些经济资源所发挥的效能、变现能力、保值和增值能力等各不相同，而同一形态的资源在这些特性上较为类似，因此，可以按资产的形态来细分资产要素，向信息使用者提供各类不同形态的资产及其金额。同为企业的债务，不同的期限和不同的债权人，对企业来说偿债压力大不相同，因此，可以按照债务的期限和债权人的不同来划分负债，反映企业的短期和长期偿债需求。不同来源的所有者权益稳定性不尽相同，同时也反映出原始投入和盈利积累等状况，因此所有者权益可以选择按其来源进行划分。

这种根据会计信息使用者的需求，对会计要素进行进一步细分出来的类目，就称为会计科目。通过划分、设置会计科目，可以将各类经济业务所引起的会计要素的变化，细化为各个会计科目的增减变化，并提供一系列更加具体、分类的指标。

一、会计科目的概念

会计科目是指对会计要素按照其具体内容进行分类核算的标志或项目。

二、会计科目的设置

1.设置会计科目的原则

任何企业都必须设置一套适合自身特点的会计科目体系。无论国家有关部门统一制定会计科目，还是企业单位自行设计会计科目，均应按照一定的原则进行。设置会计科目时应该遵循以下几项原则：

(1)会计科目必须全面反映会计对象的内容

由于会计科目是会计核算的具体分类，因此会计科目的设置必须能够全面地反映会计核算对象的内容。首先会计科目应当能够覆盖一个单位的全部经济活动内容，即所有应当核算的经济业务都必须有相应的会计科目来归集与核算，不能出现没有会计科目而遗漏经济业务的现象出现。其次，会计科目所覆盖的经济内容之间不能相互重叠和交叉，不能出现既可以用这一会计科目核算，又可以用另一会计科目核算的现象。

(2)设置会计科目必须满足统一报告的要求

设置会计科目时,要根据有关会计法规的规定,特别是企业会计准则应用指南中对会计科目的规定,使用统一的会计核算指标与口径。这就可以保证通过统一口径的核算,提供在不同企业、不同地区和不同行业之间相互可比的会计信息,以支持财务信息使用者对本企业的财务状况和经营成果有全面真实的了解,也便于做出相关决策;同样,也为国家宏观管理部门提供相应的企业财务信息。

(3)设置会计科目必须适应会计对象的特点

各企业单位的经济业务复杂多样,这就要求会计科目的设置必须充分地考虑到具体企业经济业务的特点。在服从统一核算指标的前提下,可根据本企业自己的经营特点和规模、增减变化情况及投资者的要求,对统一规定的会计科目做必要的增补或合并。如在材料按实际成本核算收发的企业,可以不设置“材料采购”和“材料成本差异”科目,而增设“在途材料”科目;在商品流通企业,由于它不生产产品,而是以商品买卖作为主要经营业务,可以不设置“生产成本”和“制造费用”等会计科目。

(4)设置会计科目的名称要含义明确、通俗易懂,并要保持相对的稳定性

含义明确是指设置会计科目时要尽可能明确简洁地反映经济业务特点与内容,不至于产生误解;通俗易懂是指要避免使用晦涩难懂、歧义的文字,便于大多数人正确理解,从而避免了误解和混乱。同时,为了便于不同时期的会计资料进行对比分析,会计科目应保持相对的稳定,以便在一定范围内综合汇总和在不同时期对比分析其所提供的核算指标。

2.主要会计科目

在《企业会计准则应用指南》的“会计科目和主要账务处理”部分,对企业的会计要素划分出了156个具体会计科目,规范了其名称和编号。

这些会计科目涵盖了各类企业的交易或事项,企业在实际会计工作中应根据实际经营情况使用。对于不存在的交易或事项,可以不设置相关会计科目,也可以在不违反会计准则中确认、计量和报告规定的前提下,增设、分拆、合并会计科目。会计科目的编号供企业填制会计凭证、登记账簿、查阅会计账目、采用会计软件系统时参考,企业可以结合实际情况自行确定会计科目编号。企业可以比照主要账务处理部分对各科目明细核算的规定,自行设置明细科目。表2-2列出了企业最常用的会计科目。

表 2-2 企业主要会计科目表

序号	编号	会计科目名称	序号	编号	会计科目名称
		一、资产类	30	2231	应付利息
1	1001	库存现金	31	2232	应付股利
2	1002	银行存款	32	2241	其他应付款
3	1012	其他货币资金	33	2501	长期借款
4	1101	交易性金融资产	34	2502	应付债券
5	1121	应收票据			
6	1122	应收账款			三、共同类
7	1123	预付账款			
8	1131	应收股利			四、所有者权益类
9	1132	应收利息	35	4001	实收资本
10	1221	其他应收款	36	4002	资本公积
11	1231	坏账准备	37	4101	盈余公积
12	1401	材料采购	38	4103	本年利润
13	1403	原材料	39	4104	利润分配
14	1405	库存商品			
15	1411	周转材料			五、成本类
16	1501	债权投资	40	5001	生产成本
17	1511	长期股权投资	41	5101	制造费用
18	1601	固定资产			
19	1602	累计折旧			六、损益类
20	1701	无形资产	42	6001	主营业务收入
21	1702	累计摊销	43	6051	其他业务收入
22	1801	长期待摊费用	44	6111	投资收益
23	1901	待处理财产损溢	45	6301	营业外收入
			46	6401	主营业务成本
		二、负债类	47	6402	其他业务成本
24	2001	短期借款	48	6403	税金及附加
25	2201	应付票据	49	6601	销售费用
26	2202	应付账款	50	6602	管理费用
27	2203	预收账款	51	6603	财务费用
28	2211	应付职工薪酬	52	6711	营业外支出
29	2221	应交税费	53	6801	所得税费用

三、会计科目的分类

会计科目按不同分类标准，可分为不同的种类。

1.按经济内容分类

从表2-2中可以看到，企业会计科目按照经济内容可以分为六大类，即资产类、负债类、共同类、所有者权益类、成本类和损益类。

需注意的是，会计科目按经济内容分类的名称，和会计要素的名称有部分相同，但并不是完全对应关系，例如资产类会计科目，除了能够反映资产要素外，某些科目也可以用以反映负债要素。根据本书涉及的经济业务和会计核算方法，可以先简单理解为：

资产类会计科目用以反映资产类会计要素；负债类会计科目用以反映负债类会计要素；所有者权益类会计科目用以反映所有者权益和利润要素；成本类会计科目用以反映企业在产品生产中发生的各种耗费，即企业在产品的成本，属于资产要素；损益类会计科目分为两种，"损"反映企业的费用和损失，"益"反映企业的收入和利得；共同类会计科目既可以反映资产要素，又可以反映负债要素，主要适用于金融企业，在本书中暂不涉及。

2.按详细程度分类

为了既能提供总括的会计核算指标，又能提供详细的会计核算指标，会计科目应分层次设置，按会计科目提供指标的详细程度不同，可分为总分类科目和明细分类科目两类。

(1)总分类科目

总分类科目，亦称总账科目，是对会计要素具体内容进行的总括分类，是反映会计核算资料总括指标的科目。如"库存现金""银行存款""库存商品""固定资产""短期借款""实收资本"等。

(2)明细分类科目

明细分类科目，亦称明细科目或细目，是对总分类科目的经济内容所做的进一步分类，是用来辅助总分类科目反映会计核算资料详细、具体指标的科目。如在"应付职工薪酬"总分类科目下设置"工资""职工福利""社会保险费""住房公积金""工会经费""职工教育经费""非货币性福利""辞退福利""股份支付"等明细科目，分类反映应付职工薪酬的具体情况。

明细分类科目的设置，要根据经济管理的具体需要来进行。有的总分类科目需要设置明细科目，如"应收账款""应付账款""管理费用"等；有的总分类科目无须设置明细分类科目，如"累计折旧""本年利润"等。在实际的会计核算工作中,若一个总分类科目下设置的明细分类科目过多,往往会给记账、稽核、查对等带来诸多不变。这时,就可在总分类科目与明细分类科目之间增设二级或多级科目。此时,最明细级科目称为细目,总分类科目与细目之间的科目,统称为子目。也可以按科目由上至下的隶属关系,从总账科目开始依次称为一级科目、二级科目、三级科目等。

同一会计科目内部的纵向级次关系如表 2-3 所示,它们之间是总括与详细、统驭与从属的关系。

表 2-3　同一会计科目内部的纵向级次关系

总分类科目(一级科目)	明细分类科目	
	子目(二级科目)	细目(三级科目)
应交税费(2221)	应交增值税(222101)	进项税额(22210101)
		转出未交增值税(22210104)
		销项税额(22210107)
		出口退税(22210108)
		进项税额转出(22210109)
		转出多交增值税(22210110)
	未交增值税(222102)	
	应交消费税(222111)	
	应交城建税(222112)	
	应交教育费附加(222113)	
	应交所得税(222114)	

任务 2.2　设置会计账户

情境案例2

深南贸易公司某月初会计科目的相关金额如下(单位:万元):

资　产		负债及所有者权益	
银行存款	850	应付账款	300
应收账款	400	应付职工薪酬	80
原材料	50	实收资本	1 000
库存商品	200	盈余公积	120

本月发生了如下几笔经济业务：

(1)1 日，收到投资者投入的资本金 200 万元存入银行。

(2)1 日，收回客户前欠购货款 150 万元存入银行。

(3)1 日，以银行存款购入原材料 250 万元(暂不考虑税费)。

(4)1 日，以银行存款偿还原欠供应单位的材料款 180 万元。

(5)2 日，以银行存款支付本月广告宣传费 20 万元。

(6)2 日，从银行借入期限为 6 个月的借款 300 万元，存入银行账户。

(7)2 日，以银行存款支付本月行政管理部办公用房租金 24 万元。

(8)2 日，以银行存款发放工资 80 万元。

作为一个会计人员，你该如何反映这些经济业务所引起的会计要素变化呢？

首先，我们通过设置会计科目，将经济活动引起的会计要素变化细化成科目的增减变化，如以上 8 笔业务的发生，使会计科目发生了如下变化：

(1)银行存款 ↑	实收资本 ↑	200 万元
(2)银行存款 ↑	应收账款 ↓	150 万元
(3)银行存款 ↓	原材料 ↑	250 万元
(4)银行存款 ↓	应付账款 ↓	180 万元
(5)银行存款 ↓	销售费用 ↑	20 万元
(6)银行存款 ↑	短期借款 ↑	300 万元
(7)银行存款 ↓	管理费用 ↑	24 万元
(8)银行存款 ↓	应付职工薪酬 ↓	80 万元

然后，我们采用专门的方法来科学地记录、处理这些数据，以全面反映企业各会计科目的增减变化过程和结果，它就是会计账户。具体方法如下：

使用一个专门的数据记录簿，我们称其为“账簿”，其每一页用来记录某个特定会计科目的增减变化数据，例如在这个记录簿的第一页上方写上“库存现金”，表示这一页只用来登记库存现金这个科目的增减变化，在第二页上方写上“银行存款”，表示这一页只用来登记银行存款这个科目的增减变化，依此类推，将企业经济业务会涉及的每个会计科目都指定一个登记页记录。

在经济活动发生后，根据其引起的会计科目的变化，将相关数据写入对应的记录页中，如第一笔业务，我们在这个账簿中找到“银行存款”这一页，记录银行存款增加了 200 万元，再找到“实收资本”这一页，记录实收资本增加了 200 万元。按此方法登记其他经济业务，从而将经济业务引起的会计科目增减变化数据，全部按会计科目分类记入该账簿。

从某一账页来看，凡是引起了该会计科目的增减变化的业务数据，都记入了该页，从而可以连续地反映该科目的增减变化过程和结果。而经济活动引起的会计科目的变化不外乎就是增加和减少两种情况，有些经济业务发生后引起该科目的金额增加，有些经济业务发生后引起该科目的金额减少，因此，我们进一步将该记录页的金额记录栏分成左、右两部分，人为地规定某一边用来登记增加，另一边用来登记减少。例如“银行存款”记录页，规定左边用来登记增加，右边用来登记减少，则深南公司在发生以上经济业务后，记入“银行存款”页的数据，如表 2-4 所示：

表 2-4 “银行存款”账户

左方	银行存款		右方
期初余额	850		
(1)	200		
(2)	150		
		(3)	250
		(4)	180
		(5)	20
(6)	300		
		(7)	24
		(8)	80
本期增加发生额	650	本期减少发生额	554
期末余额	946		

这个根据“银行存款”科目开设的具有左、右两个金额记录栏，用来记录经济活动引起的银行存款增减变化过程和结果的记录页，我们称之为“银行存款”账户。

在账户中，可以提供四项核算指标：期初余额、期末余额、本期增加发生额和本期减少发生额。经济活动发生后，将其引起的本科目的增加额或减少额记入相应栏目内，称为发生额；一定期间记入账户增加方的发生额合计数，称为本 期增加发生额；一定期间记入账户减少方的发生额合计数，称为本期减少发生额；本期增加发生额、本期减少发生额统称为本期发生额，表示各账户反映的会计科目本期内变化的情况。账户增加发生额和减少发生额之间的差额称为余额，期初余额是本期会计科目变化的起点，期末余额是会计科目本期变化的结果，本期期末余额为下期的期初余额。这四项指标的平衡公式为：

期末余额＝期初余额＋本期增加发生额－本期减少发生额

一、账户的概念

账户是根据会计科目开设的，具有一定的结构，用来分类并系统、连续地记录各项经济业务所引起的会计要素增减变动过程和结果的工具。

会计科目是按照会计要素的具体内容进行分类的项目，是账户的名称；账户则是在会计科目的基础上，通过一定的结构详细反映该类经济业务或事项增减变动的过程和结果。通过设置相应的账户，将会计科目的变化集中反映在同一个账户里，这样就便于对经济业务数据进行信息处理，以提供对决策有用的信息。

设置和运用账户，是会计核算的重要方法之一，其意义主要集中在两个方面：

1.通过设置和运用账户，可以将原始的经济业务数据进行过滤和甄别，对无序的数据进行集中处理，将相同业务的数据集中到同一个账户中，为进一步整理出符合有关各方决策需要的信息奠定基础。

2.将相同业务数据连续地、全面地、系统地在账户中进行登录，把大量的、单个的业务数据通过汇总整理计算，压缩数据量，使之系统化、有序化，完整清晰地反映各类经济业务增减变动的过程和结果，以满足决策需要。

二、账户的一般结构

账户包括账户的名称和账户的结构两部分，前已述及，账户的名称又称为会计科目，科目是账户分类的标志。

一个账户的金额记录栏，通常分为左右两部分，一部分反映金额的增加，另一部分反映金额的减少，这两个部分构成了账户的基本结构。不同的记账方法对这两部分的具体称法各不相同，如借贷记账法将左边称为借方，右边称为贷方。需要注意的是，这两边到底哪一边用来登记增加，哪一边用来登记减少,是由账户的性质,即账户所记录的会计科目的经济内容决定的。

为了对引起该账户增减变化的相关经济业务进行简单记录,在账户中除了记录增加和减少的金额栏外,还要根据需要设置日期、凭证字号、摘要、余额等栏目,如表 2-5 所示。

表 2-5　总分类账

会计科目及编号
ACCOUNT NO.________________　　　　第 1 页

20××年		凭证字号	摘要	借方											贷方											借或贷	余额											√
月	日			亿	千	百	十	万	千	百	十	元	角	分	亿	千	百	十	万	千	百	十	元	角	分		亿	千	百	十	万	千	百	十	元	角	分	

在教学过程中,为了便于说明问题,以及在实际工作中为了对账户数据做临时加工处理,常将上述账户结构简化,如表 2-6 所示,称作"T"型账户或"丁"字账户。

表 2-6　"T"型账户

左方　　账户名称	右方
增加(减少)	减少(增加)

任务 2.3　掌握会计语言:借贷记账法

一、记账方法

记账方法是指在账户中记录经济业务所采用的方法,按其对每笔经济业务记录方式的不同,可分为单式记账法和复式记账法。

1.单式记账法

单式记账法是指对货币资金的往来收付以外的业务，只在一个账户中登记或不予登记的记账方法。其特点是平时只登记现金、银行存款的收付业务和各种往来账项。例如，用银行存款支付了 2 000 元的行政管理部门办公费用，只在“银行存款”账户记录减少 2 000 元，对费用的增加则不予记录。

单式记账法账户设置不完整，只反映部分经济业务，不便于验证账户记录的正确性，它是古代会计所采用的记账方法。

2.复式记账法

复式记账是从单式记账法发展起来的一种比较完善的记账方法。

复式记账是指对任何一笔经济业务都必须同时在两个或两个以上相互关联的账户中进行登记的记账方法。

复式记账要求任何一笔经济业务都需要在至少两个账户中进行登记(即作双重记录，故被称为“复式”)。如上述用银行存款支付办公费的业务，同时涉及“银行存款”和“管理费用”两个账户，一方面要在“银行存款”账户中登记减少 2 000 元，另一方面要在“管理费用”账户中登记增加 2 000 元。购入材料时，既要支付购买材料价款、又要支付国家向该材料销售征收的增值税，此时需要在“原材料”“应交税费”和“银行存款”三个账户中进行登记。

采用复式记账法时，每一笔经济业务所涉及的两个或两个以上的账户之间，有着相互联系的关系，被称为对应关系。一笔经济业务可以将两个或两个以上的账户联系在一起，一方面可以全面而详细地反映该项经济业务的来龙去脉，可以利用资金运动的来龙去脉再现经济业务的全貌，另一方面有助于进行检查，以保证账簿记录结果的正确性。

20 世纪 90 年代以前，我国采用的复式记账法主要有借贷记账法、增减记账法和收付记账法。1992 年 11 月 30 日财政部发布了《企业会计准则》，将记账方法统一为借贷记账法。

二、借贷记账法

借贷记账法是以“借”和“贷”为记账符号，对每一笔经济业务，同时在两个或两个以上相互关联的账户中以借贷相等的金额进行登记的复式记账方法。

1.借贷记账法的记账符号

在借贷记账法下，账户的左方用借方表示，账户的右方用贷方表示，如表 2-7 所示。

表 2-7 借贷记账法下账户的结构

借方	银行存款	贷方

在此,“借”和“贷”仅作为记账符号,本身没有确切的含义,只代表了相应的金额记录方向,一方用来登记增加,另一方用来登记减少,但到底由“借方”还是“贷方”来登记增加,是由该账户记录的会计科目经济内容,即账户的性质决定的。

根据发生的经济业务记入借方或贷方,反映其引起的该科目增减变化的金额称为“发生额”,凡是记入账户借方的金额称为“借方发生额”,凡是记入账户贷方的金额称为“贷方发生额”。

在一个会计期间内(月、季、年),借方记录的金额合计数称为“本期借方发生额”,贷方记录的金额合计数称为“本期贷方发生额”。

某一时点上账户借方累计发生额和贷方累计发生额的差额称为余额,若借方累计发生额大于贷方累计发生额,余额在借方,称“借方余额”;若贷方累计发生额大于借方累计发生额,则余额在贷方,称为“贷方余额”。一般来讲,账户的余额在其登记增加的那一方。上一会计期间的期末余额,即为下一会计期间的期初余额。

2.借贷记账法下的账户结构

会计要素间存在动态的平衡关系:资产=负债+所有者权益+利润(收入-费用),我们可以将等式右边的减项“费用”移动到等式左边成为增项。在借贷记账法下,凡是用以记录等式左边会计要素增减变化的账户,借方登记该要素增加;凡是用以记录等式右边会计要素增减变化的账户,贷方登记该要素增加。前已述及,本书中会计科目与账户的对应关系如图 2-1 所示,据此我们可以判断出各类账户的结构。

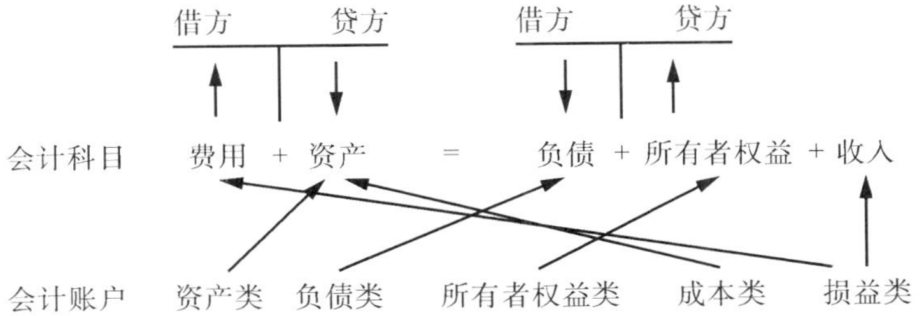

图 2-1 会计科目与账户的对应关系

(1)资产类账户的结构

资产类账户借方登记增加,贷方登记减少,期末余额在借方,如表2-8所示。

表2-8 资产类账户的结构

借方	会计科目		贷方
期初余额	×××		
	×××(增加)		×××(减少)
	×××(增加)		×××(减少)
本期发生额	×××	本期发生额	×××
期末余额	×××		

资产类账户的余额应根据下列公式计算:

期末(借方)余额=期初(借方)余额+本期借方发生额-本期贷方发生额

(2)负债类账户的结构

负债类账户借方登记减少,贷方登记增加,期末余额在贷方,如表2-9所示。

表2-9 负债类账户的结构

借方	会计科目		贷方
		期初余额	×××
	×××(减少)		×××(增加)
	×××(减少)		×××(增加)
本期发生额	×××	本期发生额	×××
		期末余额	×××

负债类账户的余额应根据下列公式计算:

期末(贷方)余额=期初(贷方)余额+本期贷方发生额-本期借方发生额

(3)所有者权益类账户的结构

所有者权益类账户借方登记减少,贷方登记增加,期末余额在贷方,如表2-10所示。

表2-10 所有者权益类账户的结构

借方	会计科目		贷方
		期初余额	×××
	×××(减少)		×××(增加)
	×××(减少)		×××(增加)
本期发生额	×××	本期发生额	×××
		期末余额	×××

所有者权益类账户的余额可根据下列公式计算：

期末(贷方)余额＝期初(贷方)余额＋本期贷方发生额－本期借方发生额

(4)成本类账户的结构

成本类账户借方登记增加，贷方登记减少及转出，期末一般无余额，若有余额则在借方，表示期末在产品的生产成本，如表 2-11 所示。

表 2-11 成本类账户的结构

借方	会计科目		贷方
期初余额	×××		
×××(增加)		×××(减少)	
×××(增加)		×××(转出)	
本期发生额	×××	本期发生额	×××
期末余额	×××		

(5)损益类账户的结构

损益类账户包括收入和费用两小类账户，这两小类账户的结构正好相反。

收入类账户借方登记减少和转出，贷方登记增加，期末没有余额，如表 2-12 所示。

表 2-12 收入类账户的结构

借方	会计科目		贷方
×××(减少)		×××(增加)	
×××(转出)		×××(增加)	
本期发生额	×××	本期发生额	×××

费用类账户借方登记增加，贷方登记减少和转出，期末也没有余额，如表 2-13 所示：

表 2-13 费用类账户的结构

借方	会计科目		贷方
×××(增加)		×××(减少)	
×××(增加)		×××(转出)	
本期发生额	×××	本期发生额	×××

需要注意的是，在资产类和所有者权益类中，有一些用以调整相关会计科目账页余额而设置的账户，是相关会计科目的减项，称为备抵账户。如企业购入一台价值 100 万元、可使用 5 年的机器设备，购入时“银行存款”减少了 100

万元，记入“银行存款”账户的贷方，“固定资产”增加了100万元，记入“固定资产”账户的借方。1年后，由于使用该设备企业发生了20万元的费用，费用增加记入相关费用账户的借方，同时该机器设备仍保持原有实物形态，固定资产并未减少，但实际价值降低了20万元。为了反映固定资产价值的损耗，设置了“累计折旧”账户，专门用来反映固定资产的损耗价值，固定资产的实际价值（净值）为固定资产账户的余额（原值）减去累计折旧账户的余额（损耗价值）。因此，累计折旧增加，表示资产实际价值减少，应记入账户的贷方。

也就是说，备抵账户反映的是所属类别会计要素的减少，因此，其账户结构与所属的账户类别相反。除“累计折旧”外，常见的备抵账户还包括：“坏账准备”用以抵减“应收账款”，“累计摊销”用以抵减“无形资产”，“利润分配”用以抵减“本年利润”。

3.记账规则

在会计等式的恒等性中已述及，企业发生的各项经济业务会引起资产、负债或所有者权益等会计要素发生增减变化，但不会破坏会计等式的平衡关系。因此，企业发生的经济业务所引起的会计要素变化，可以归纳为四大类，并可进一步细分成九小类。

对这九小类业务引起的会计科目变化，按照借贷记账法的账户结构进行记录时，会发现有如表2-14所示的记账规律。

表2-14　借贷记账法的记账规则

经济业务类型	各类账户应记方向			记入金额	记账规则
	资产类	负债类	所有者权益类		
1.资产、负债同时增加	借	贷		等量增加	有借必有贷 借贷必相等
2.资产、负债同时减少	贷	借		等量减少	
3.资产、所有者权益同时增加	借		贷	等量增加	
4.资产、所有者权益同时减少	贷		借	等量减少	
5.资产一增一减	借、贷			一增一减	
6.负债一增一减		贷、借		一增一减	
7.所有者权益一增一减			贷、借	一增一减	
8.负债增加、所有者权益减少		贷	借	一增一减	
9.所有者权益增加、负债减少		借	贷	一减一增	

每笔经济业务，都以相等的金额，在记入一个或若干个账户借方的同时，记入另一个或若干个账户的贷方。这一规律可概括为：有借必有贷，借贷必相等。我们称之为借贷记账法的记账规则。

记账规则既是每笔经济业务记录是否正确的基本标准，也为全部的账户记录是否正确提供了验证方法。

4.试算平衡

试算平衡是指通过验算账户之间的数量平衡关系是否存在，来检验账户记录是否正确的方法。

在借贷记账法下，对每笔经济业务，都遵从“有借必有贷，借贷必相等”的记账规则，因此，在一定时期内（如一个月），所有账户的借方本期发生额合计数与贷方本期发生额合计数必然相等，用公式表示为：

全部账户借方发生额合计＝全部账户贷方发生额合计

以上公式称为发生额试算平衡公式，由于发生额属于动态的会计指标，因此，又称为动态平衡公式。

此外，借贷记账法下的账户结构，只有资产类账户才有借方余额，所以全部总分类账户借方余额的合计数就表示全部资产总额，而只有负债类账户和所有者权益账户存在着贷方余额，因此全部总分类账户的贷方余额合计数就表示企业的负债和所有者权益总计。根据“资产＝负债＋所有者权益”的会计等式，资产总额等于负债加所有者权益，所以所有账户的借方余额合计与所有账户的贷方余额合计也必然相等。用公式表示为：

全部账户期初借方余额合计＝全部账户期初贷方余额合计

全部账户期末借方余额合计＝全部账户期末贷方余额合计

以上公式称为余额试算平衡公式，由于余额是某一时点的静态会计指标，因此，又称为静态平衡公式。

但是，在运用借贷记账法对经济业务进行记录的过程中，难免会发生各种记账错误，从而破坏上述的各种平衡关系。为了及时发现账户记录中的错误，保证会计核算资料的正确性，需要定期对账户的发生额及余额进行是否保持以上平衡关系的验算，即进行试算平衡。在实际工作中，试算平衡通常是通过编制试算平衡表来进行的。

“总账科目试算平衡表”是借贷记账法最重要的试算平衡工具，它是将该企业的全部会计账户分“期初借方余额”“期初贷方余额”“本期借方发生额”“本期贷方发生额”“期末借方余额”“期末贷方余额”六个专栏，通过汇总计算，以确定账簿记录的正确性。其格式见表2-15。

表 2-15　试算平衡表

会计科目	期初余额		本期发生额		期末余额	
	借方	贷方	借方	贷方	借方	贷方
库存现金 银行存款 ……						
合计	A1	A2	B1	B2	C1	C2

经过计算后，如果总分类账户本期发生额及余额表中的“期初借方余额”（A1）与“期初贷方余额”（A2）相等，“本期借方发生额”（B1）与“本期贷方发生额”（B2）相等，“期末借方余额”（C1）和“期末贷方余额”（C2）相等，说明过账基本正确；反之，说明存在着账簿登记错误。

通过总分类账户试算平衡表来试算，如果上述三对汇总数据相等，说明记账基本正确，但不是绝对正确，因为有些错误并不能通过试算平衡表来检查出来，这些错误主要包括：

（1）漏记或重记某项业务；

（2）一笔经济业务的借贷双方，在编制会计分录时，金额上发生同样的错误；

（3）一笔业务在编制会计分录时，应借应贷的账户颠倒，或用错了账户；

（4）一笔业务过账时记账方向相反登录，或账户登录错误，或将借贷方金额同时多记或少记；

（5）两笔或多笔经济业务金额登录错误，但借方金额合计正好等于贷方金额合计，或恰好相互抵消。

对于这些记账错误，通过编制总分类账户本期发生额及余额表无法甄别，需要通过其他方法来进一步检查。

三、会计工作初体验

情境案例3

已知大发公司 20××年 5 月 1 日账户期初余额如表 2-16 所示。

表 2-16 大发公司 20××年 5 月 1 日账户期初余额

资 产	期初余额	负债及所有者权益	期初余额
库存现金	1 000	应付账款	40 000
银行存款	50 000	应交税费	26 000
应收账款	45 000	长期借款	160 000
原材料	70 000	实收资本	500 000
库存商品	160 000		
固定资产	400 000		
合 计	726 000	合 计	726 000

大发公司本月发生如下经济业务：

(1)投资者投入资本 100 000 元,存入银行；

(2)购入 50 000 元机器一台(暂不考虑税费),以银行存款支付货款20 000元,其余暂欠；

(3)从银行提取现金 5 000 元；

(4)职工预借差旅费 4 000 元；

(5)以银行存款偿还所欠供货单位材料款 20 000 元；

(6)以银行存款缴纳上月税金 26 000 元；

(7)收到购货单位偿还前欠货款 30 000 元；

(8)经批准,将长期借款 100 000 元,转为投入资本。

请以一个会计人员的身份,采用借贷记账法,完成大发公司的会计核算工作。

工作步骤如下：

(1)设置账户并登记各账户期初余额。在会计账簿中对企业需使用的所有会计科目,按编码顺序依次写入各账页,并写入期初余额,如表 2-17 所示。

(2)根据发生的经济活动编制会计分录。经济活动发生后,需分析其引起的会计科目增减变化情况及金额,再根据会计科目的经济内容确定账户结构,判断该科目的增减变化应记入的账户方向及金额。这一分析结论的书面记录,称为会计分录。

会计分录,简称“分录”,是指用来反映每一笔经济业务所应借应贷的账户及其金额的记录。

例如大发公司本期发生的第一笔经济业务:投资者投入资本 100 000 元,存入银行。企业收到投资者投入货币资金,一方面银行存款增加,记入“银行存款”账户借方;另一方面,投资者投入企业的资本增加,记入“实收资本”账户贷方。上述分析结果以会计分录形式记录如下：

借：银行存款　　10 000
　贷：实收资本　　10 000

①会计分录在实际工作中，是通过填制记账凭证来实现的，它是保证会计记录正确可靠的重要环节。会计核算中，不论发生什么样的经济业务，都需要在登记账户之前，按照记账规则，通过填制记账凭证来确定经济业务的会计分录，以便正确地进行账户记录和事后检查。

②会计教学中，采用前述格式书写会计分录，应注意：

先借后贷，每个会计账户及金额占一行；借、贷方的文字和金额应错开两格，借前贷后；金额后不写计量单位，默认单位为元；在多借或多贷的情况下，借方或贷方账户的文字和数字应对齐；若有二、三级明细分类账户，应在总分类账户后依次划杠（破折号）书明。

③会计分录中各账户间形成的应借应贷关系称为“账户的对应关系”，存在对应关系的账户相互称为“对应账户”。如上述投资者投入资本金的经济业务，使“银行存款”与“实收资本”账户形成了对应关系，“银行存款”的对应账户为“实收资本”，“实收资本”的对应账户为“银行存款”。

④会计分录有简单分录和复合分录两种。其中简单会计分录是指只涉及两个会计账户，即一借一贷的会计分录，如第一笔经济业务编制的就属于简单会计分录。复合会计分录是指涉及三个或三个以上账户的会计分录，包括一借多贷、多借一贷或多借多贷的会计分录。

例如大发公司本期发生的第二笔经济业务，购入 50 000 元设备，以银行存款支付 20 000 元，余款暂欠。这笔经济业务的发生一方面使得固定资产增加，应记入“固定资产”账户的借方；另一方面以银行存款支付了部分账款，银行存款减少，应记入“银行存款”账户的贷方，尚未支付的账款使得应付账款增加，应记入“应付账款”账户的贷方。以上分析结果以会计分录形式记录如下：

借：固定资产　　50 000
　贷：银行存款　　20 000
　　　应付账款　　30 000

上述会计分录涉及三个会计账户，所以属于复合会计分录。由于该项经济业务的发生，使“固定资产”“银行存款”“应付账款”账户间形成了对应关系，“固定资产”的对应账户是“银行存款”和“应付账款”，“银行存款”的对应账户是“固定资产”，“应付账款”的对应账户也是“固定资产”，而“银行存款”和“应付账款”账户间没有对应关系。

可见，账户的对应关系是由特定经济业务形成的，通过账户的对应关系，可以反映经济业务的来龙去脉，便于检查经济业务本身是否合理合法，以及对经济业务的处理是否正确。由于"多借多贷"的会计分录不能清楚地反映账户之间的对应关系，不便于揭示经济业务的详细内容，所以，在实际工作中应尽可能不编制"多借多贷"的会计分录，以保持账户的对应关系清楚。

通常，一个复合会计分录可以分解为多个简单会计分录，如上例，可以分解为两个一借一贷的会计分录：

借：固定资产　　20 000
　贷：银行存款　　　20 000

以及：

借：固定资产　　30 000
　贷：应付账款　　　30 000

大发公司本月发生的其他业务编制的会计分录如下：

业务(3)

借：库存现金　　5 000
　贷：银行存款　　　5 000

业务(4)

借：其他应收款　　4 000
　贷：库存现金　　　4 000

业务(5)

借：应付账款　　20 000
　贷：银行存款　　　20 000

业务(6)

借：应交税费　　26 000
　贷：银行存款　　　26 000

业务(7)

借：银行存款　　30 000
　贷：应收账款　　　30 000

业务(8)

借：长期借款　　100 000
　贷：实收资本　　　100 000

(3)根据会计分录过账，登记相应账户，如表 2-17 所示。

(4)结计各账户的本期发生额和余额，如表 2-17 所示。

表 2-17 大发公司的相应账户

库存现金

借	贷
期初余额:1 000	
(3)5 000	
	(4)4 000
本期发生额:5 000	本期发生额:4 000
期末余额:2 000	

银行存款

借	贷
期初余额:50 000	
(1)100 000	
	(2)20 000
	(3)5 000
	(5)20 000
	(6)26 000
(7)30 000	
本期发生额:130 000	本期发生额:71 000
期末余额:109 000	

应收账款

借	贷
期初余额:45 000	
	(7)30 000
	本期发生额:30 000
期末余额:15 000	

其他应收款

借	贷
(4)4 000	
本期发生额:4 000	
期末余额:4 000	

原材料

借	贷
期初余额:70 000	

库存商品

借	贷
期末余额:160 000	

固定资产

借	贷
期初余额:400 000	
(2)50 000	
本期发生额:50 000	
期末余额:450 000	

应付账款

借	贷
	期初余额:40 000
(5)20 000	(2)30 000
本期发生额:20 000	本期发生额:30 000
	期末余额:50 000

应交税费

借	贷
	期初余额:26 000
(6)26 000	
本期发生额:26 000	

长期借款

借	贷
	期初余额:160 000
(8)100 000	
本期发生额:100 000	
	期末余额:60 000

实收资本

借	贷
	期初余额:500 000
	(1)100 000
	(8)100 000
	本期发生额:200 000
	期末余额:700 000

(5)根据账户记录,编制"总账科目试算平衡表"进行试算平衡,如表2-18所示。

表2-18 总账科目试算平衡表

20××年5月31日 单位:元

会计科目	期初余额		本期发生额		期末余额	
	借方	贷方	借方	贷方	借方	贷方
库存现金	1 000		5 000	4 000	2 000	
银行存款	50 000		130 000	71 000	109 000	
应收账款	45 000			30 000	15 000	
其他应收款			4 000		4 000	
原材料	70 000				70 000	
库存商品	160 000				160 000	
固定资产	400 000		50 000		450 000	
应付账款		40 000	20 000	30 000		50 000
应交税费		26 000	26 000			
长期借款		160 000	100 000			60 000
实收资本		500 000		200 000		700 000
合　计	726 000	726 000	335 000	335 000	810 000	810 000

(6)编报会计报表,在检查账户记录无误后,将账户中相关数据以会计报表的方式提供给信息使用者,具体方法在本书其后详述。

四、总分类账户与明细分类账户的平行登记

1.总分类账户与明细分类账户

前述大发公司开设的账簿,包括了企业所需使用的全部会计账户,这些账户是根据总分类会计科目开设的,用来反映某一类经济业务的总括资料,称为总分类账户,记录总分类账户的账簿称为总分类账,简称总账。总分类账户一般只需提供货币量指标,账页格式较为统一,可以将其全部设于一本总账中。

根据经济管理的需要,有些总分类科目进一步细分出了明细科目,企业还需要使用另外的账簿用以登记明细分类科目的增减变化。这些根据明细科目设置的账户称为明细分类账户,记录明细分类账户的账簿称为明细分类账,简

称明细账。由于明细分类账户提供的是较为详细的核算指标，除了货币量指标外，有时还需实物量等辅助指标，以及金额以外的其他详细信息，所以明细分类账页的格式较为多样，如金额式、数量金额式、多栏式等。一般将相同格式的账页装订成册，将使用相同格式账页的明细分类账户设置在同一本明细账中。因此，企业一般会设有多本明细账。

2.总分类账户与明细分类账户的平行登记

为了保证总分类账户资料与明细分类账户资料的一致性，需要采用平行登记法来登记总账账户和明细账账户。平行登记法的主要内容如下：

(1)同时登记。一笔业务在登记到总分类账户的同时，在同一会计期间内要在该总账账户所属的明细分类账户中进行登记。

(2)同方向登记。如果在总分类账户的借方登记，也要在相应的明细分类账户的借方登记。如果在总分类账户的贷方登记，也应在明细分类账户的贷方登记。登记到总分类账户的方向应与登记到明细分类账户的借贷方向相同。

(3)等金额登记。一笔经济业务发生后，登记到总分类账户的金额应与登记到明细分类账户的金额相等。如果涉及多个明细分类账户，各明细分类账户的金额合计数应等于总分类账户的金额。

情境案例4

已知深南公司20××年5月1日"其他应收款"总账账户余额为10 000元，为企业职工预借的差旅费，其所属明细账户为：王芳4 000元，李勇6 000元。

公司本月发生的与差旅费预借及报销相关的经济业务及会计分录如下：

(1)王芳报销差旅费4 500元，补付现金500元。

(2)王芳、李勇各借差旅费2 000元，以现金支付。

(3)李勇报销差旅费7 600元，余款退回现金400元。

(4)李勇预借差旅费5 000元，以现金支付。

要求：采用平行登记的方法，登记"其他应收款"及其所属明细分类账户

工作步骤：

(1)在总账中设置"其他应收款"总分类账户，在明细账中设置"其他应收款——王芳"和"其他应收款——李勇"明细分类账户，如表2-19所示。

(2)经济活动发生后，编制会计分录：

①借：管理费用　　4 500

　贷：其他应收款——王芳　　4 000

　　　库存现金　　500

②借:其他应收款——王芳　　2 000
　　　　　　　——李勇　　2 000
　贷:库存现金　　　　　　　　4 000

③借:库存现金　　400
　　管理费用　　7 600
　贷:其他应收款——李勇　　8 000

④借:其他应收款——李勇　　5 000
　贷:库存现金　　　　　　　　5 000

(3)采用平行登记方法,登记"其他应收款"总账和"其他应收款——王芳"、"其他应收款——李勇"明细分类账户,如表 2-19 所示。

表 2-19 登记"其他应收款"总账和明细分类账户

借　其他应收款	贷
期初余额:10 000	
	① 4 000
② 4 000	
	③ 8 000
④ 5 000	
本期发生额:9 000	本期发生额 12 000
期末余额:7 000	

借　其他应收款——王芳	贷
期初余额:4 000	
	① 4 000
② 2000	
本期发生额:2 000	本期发生额 4 000
期末余额:2 000	

借　其他应收款——李勇	贷
期初余额:6 000	
② 2 000	
	③ 8 000
④ 5 000	
本期发生额:7 000	本期发生额 8 000
期末余额:5 000	

3.总分类账与明细分类账的核对

为了检查总分类账户与明细分类账户登记的正确性,需要将总分类账户和明细分类账户进行核对,通常是编制明细分类账户本期发生额及余额表来进行核对。

由于总分类账户与明细分类账户之间的隶属关系,其账户记录中相关数据存在数量平衡关系,包括:

总分类账户期初余额＝所属明细分类账户期初余额合计

总分类账户本期借方发生额＝所属明细分类账户本期借方发生额合计

总分类账户本期贷方发生额＝所属明细分类账户本期贷方发生额合计

总分类账户期末余额＝所属明细分类账户期末余额合计

根据上述深南公司“其他应收款”总账账户及明细账户资料，编制明细分类账户本期发生额及余额表如表2-20所示，将其与总分类账户记录核对相符。

表2-20　其他应收款明细分类账户本期发生额及余额表

20××年5月31日

明细分类账户	期初余额	本期发生额		期末余额
		借方	贷方	
王芳	4 000	2 000	4 000	2 000
李勇	6 000	7 000	8 000	5 000
合计	10 000	9 000	12 000	7 000

明细分类账户本期发生额及余额表的格式有两种：一种适用于只需用货币指标反映的“应收账款”“应付账款”等明细分类账户，如表2-20所示的“其他应收款明细账户发生额及余额表”；另一种是适用于需要同时以货币和实物量指标来反映的财产物资，如“原材料”“库存商品”等账户，其格式如表2-21所示。

表2-21　原材料明细分类账户本期发生额及余额表

20××年5月31日

明细账户名称	计量单位	单价	月初结存		本期发生额				月末结存	
					收入		发出			
			数量	金额	数量	金额	数量	金额	数量	金额
甲材料	公斤	100	10	1 000	50	5 000	40	4 000	20	2 000
乙材料	公斤	50	50	2 500	150	7 500	180	9 000	20	1 000
合计				3 500		12 500		13 000		3 000

练习题

一、填空题

1.对会计要素按照其具体内容进行分类核算的标志或项目称为__________。

2.会计科目按其反映的经济内容可分为__________、__________、__________、__________、__________和__________六类。

3.会计科目按详细程序可分为__________和__________两类。总分类科目进行进一步细分出的项目称为__________。

4.账户是根据__________开设的，具有一定的__________，用来__________、__________、__________地记录各项经济业务所引起的__________增减变动过程和结果的__________。

5.借贷记账法下，账户的左边金额记录栏称为__________，右边金额记录栏称为__________。账户中借贷方记录的反映经济业务所引起的该科目增减变化的金额称为__________，其中记入借方的称__________，记入贷方的称__________。本期发生额是一定会计期间该账户借方或贷方__________的合计数。

6.借贷记账法下，账户的哪一方登记增加，哪一方登记减少，是由账户的__________决定的，资产账户的借方表示资产的__________，贷方表示资产的__________，负债及所有者权益账户的借方表示负债及所有者权益的__________，贷方表示负债及所有者权益的__________。

7.借贷记账法下，成本类账户用来登记成本增加的一方是__________，费用账户用来登记费用增加的一方是__________，收入账户用来登记收入增加的一方是__________。

8.资产账户的期末余额＝__________＋本期__________－本期__________；负债及所有者权益类账户的期末余额＝__________＋本期__________－本期__________。

9.根据对每笔经济业务记录方式的不同，记账方法可分为__________和__________两类。

10.复式记账是指对任何一笔经济业务都必须__________在________________的有关账户中进行__________地登记的记账方法。

11.借贷记账法是以__________为记账符号，根据__________的记账规则，对每一笔经济业务，同时在两个或两个以上的有关账户中以借贷相等的金额进行相互联系地登记的记账方法。

12.借贷记账法下，每一项经济业务都要在两个或两个以上的账户中进行登记，由此在账户中形成的应借应贷关系称为__________，有这种对应关系的账户互相称为__________。

13.在会计分录中，凡涉及两个账户的分录为__________，涉及__________或__________账户的分录称为__________。

14.账户按其提供资料的详细程度可分为__________和__________两类。

二、单项选择题

1.“应收账款”科目属于__________。

A.资产类　B.负债类　C.费用类　D.损益类

2.“应付账款”科目属于__________。

A.资产类　B.负债类　C.费用类　D.损益类

3.以下科目中，不属于资产类的是__________。

A.应收账款　B.其他应付款　C.累计折旧　D.交易性金融资产

4.以下科目中，不属于流动资产的是__________。

A.应收账款　B.原材料

C.长期股权投资　D.交易性金融资产

5.以下科目中，不属于流动负债的是__________。

A.应付职工薪酬　B.应付债券　C.应交税费　D.其他应付款

6.以下科目中属于资产类的是__________。

A.生产成本　B.应收票据　C.本年利润　D.管理费用

7.以下不是所有者权益类科目的为__________。

A.本年利润　B.利润分配　C.未分配利润　D.资本公积

8.用来反映来源于盈利中的积累的会计科目为__________。

A.实收资本　B.资本公积　C.盈余公积　D.未分配利润

9.用来反映本年度已分配利润的会计科目为__________。

A.资本公积　B.盈余公积　C.本年利润　D.利润分配

10.用来反映本年度已实现利润的会计科目为__________。

A.实收资本　B.盈余公积　C.本年利润　D.利润分配

11.工业企业销售产品取得的收入应为__________。

A.主营业务收入　B.其他业务收入

C.营业外收入 D.投资收益

12.工业企业销售原材料取得的收入应为__________。

A.主营业务收入 B.其他业务收入

C.营业外收入 D.投资收益

13.工业企业处置固定资产取得的净收入应为__________。

A.主营业务收入 B.其他业务收入

C.营业外收入 D.投资收益

14.企业的会计科目必须反映__________的特点。

A.会计对象 B.会计职能 C.会计本质 D.会计特性

15.会计科目是__________的名称。

A.会计要素 B.会计账户 C.会计账簿 D.会计报表

16.以下会计账户中借方用来登记增加的是__________。

A.实收资本 B.应付票据 C.应收账款 D.应付账款

17.以下会计账户中借方用来登记增加的是__________。

A.生产成本 B.应交税费 C.资本公积 D.主营业务收入

18.以下会计账户中借方用来登记减少的是__________。

A.其他应收款 B.其他应付款 C.制造费用 D.营业外支出

19.以下账户中与资产账户结构相同或类似的是__________。

A.负债 B.所有者权益 C.费用 D.收入

20.以下账户中与所有者权益账户结构相同或类似的是__________。

A.资产 B.成本 C.收入 D.费用

21.借贷记账法下账户的哪一方登记增加数，哪一方登记减少数，是由__________决定的。

A.账户的类别 B.账户的性质

C.账户的结构 D.账户的余额方向

22.借贷记账法下，资产、负债和所有者权益账户在一定时期内借方发生额和贷方发生额应该__________。

A.相同 B.肯定不相同 C.一般不相同 D.无法确定

23.采用借贷记账法记录经济业务时，会在有关账户中形成__________。

A.从属关系 B.对应关系

C.平行关系 D.统驭与被统驭关系

24.下列会计分录中属于简单会计分录的是__________的会计分录。

A.一借一贷 B.一借多贷 C.一贷多借 D.多借多贷

25.借贷记账法下，总分类账户的发生额试算平衡是依据__________确定的。

A.会计恒等式　　B.借贷记账法的记账规则

C.账户的性质　　D.经济业务的内容

26.借贷记账法下，总分类账户的余额试算平衡公式的理论依据是__________。

A.会计恒等式　　B.借贷记账法的记账规则

C.账户的性质　　D.经济业务的内容

三、多项选择题

1.以下科目中属于资产类的有__________。

A.实收资本　B.固定资产　C.预收账款　D.应收账款

E.应付票据

2.以下科目中属于负债类的有__________。

A.应付职工薪酬　　B.累计折旧

C.应付债券　　D.应付账款

E.长期借款

3.以下科目属于成本类的有__________。

A.生产成本　B.制造费用　C.主营业务成本　D.其他业务成本

E.管理费用

4.以下科目中属于所有者权益类的有__________。

A.实收资本　B.资本公积　C.盈余公积　D.本年利润

E.利润分配

5.以下科目中属于损益类的有__________。

A.制造费用　　B.所得税费用

C.长期待摊费用　　D.营业外收入

E.营业外支出

6.下列账户类别中与资产类账户结构相同或类似的有__________。

A.负债类　　B.所有者权益类

C.成本类　　D.收入类

E.费用类

7.下列账户中与“应收账款”账户结构相同或类似的有__________。

A.累计折旧　B.应付账款　C.利润分配　D.坏账准备

E.固定资产

8.下列账户中与“应付账款”账户结构相同或类似的有__________。

A.累计折旧　　B.利润分配　　C.固定资产　　D.长期借款

E.本年利润

9.下列账户类别中与负债类账户结构相同或类似的有__________。

A.资产类　　B.所有者权益类

C.收入类　　D.成本类

E.费用类

10.下列账户中借方用来登记增加的有__________。

A.应收账款　　B.累计折旧　　C.固定资产　　D.应付票据

E.实收资本

11.以下关于借贷记账法的表述正确的有__________。

A.是一种复式记账法

B.以“借”和“贷”为记账符号

C.以“有借必有贷、借贷必相等”为记账规则

D.可以通过试算平衡发现所有记账错误

E.是一种单式记账法

12.借贷记账法下总分类账户的试算平衡公式包括__________。

A.全部账户期初借方余额合计＝全部账户期初贷方余额合计

B.期末借方余额＝期初借方余额＋本期借方发生额－本期贷方发生额

C.期末贷方余额＝期初贷方余额＋本期贷方发生额－本期借方发生额

D.全部账户本期借方发生额合计＝全部账户本期贷方发生额合计

E.全部账户期末借方余额合计＝全部账户期末贷方余额合计

13.下列记账错误中不能通过试算平衡发现的有__________。

A.重记经济业务

B.漏记经济业务

C.会计分录记错应借应贷科目

D.会计分录漏记借方科目

E.会计分录中借贷方同时多记相同金额

14.借贷记账法中允许编制的会计分录有__________。

A.一借一贷　　B.一借多贷　　C.一贷多借　　D.多借多贷

E.只借不贷

15.总分类账户和明细分类账户平行登记的内容可以概括为__________。

A.记账原理相同　　B.记账依据相同

C.同时登记　　　　　　　　D.同方向登记

E.等金额登记

四、判断题

1.企业会计科目可以根据自身的业务特点自行设定。（　　）

2.所有的总分类科目都必须下设明细分类科目。（　　）

3.会计科目的设置必须全面涵盖会计对象，各科目的核算内容可以相互交叉。（　　）

4.会计科目按其反映的经济内容划分的类别，与相同名称会计要素所反映的内容是相同的。（　　）

5.生产成本科目反映的是正在加工中在产品的实际生产成本，属于资产类科目。（　　）

6.一般来说，账户的余额应在其登记增加额的一方。（　　）

7.账户是按照规定的会计科目设置的，会计科目是账户的名称。（　　）

8.在借贷记账法下，账户中登记增加的一方为借方，登记减少的一方为贷方。（　　）

9.若会计期末总分类账户的发生额和余额试算平衡，则说明账簿记录是正确的。（　　）

10.任何一笔复合会计分录都可以分解成若干笔简单会计分录。（　　）

11.总分类账户和明细分类账户是对同一核算内容从不同详细程度进行反映，所以相互之间存在统驭和被统驭关系。（　　）

12.某总分类账户的余额在借方，其所属的明细分类账户的余额也全部在借方。（　　）

五、综合练习题

1.练习会计要素的分类及会计科目的运用

资料：南方汽车制造厂3月1日有关资产和权益项目如下：

内容	会计要素	会计科目	内容	会计要素	会计科目
生产车间用房屋			运输用汽车		
仓库用房屋			库存生产用钢材		
行政管理用房屋			库存生产用燃料		
机器设备			库存其他辅助材料		

续表

内容	会计要素	会计科目	内容	会计要素	会计科目
正在生产装配中的汽车			应付光明厂钢材款		
成品库内的汽车			应交增值税税金		
库存现金			应付职工的工资		
职工借支的差旅费			从中国银行借入5年贷款		
应收东方公司的汽车款			应交职工社会保险费		
存在银行的款项			本年实现的利润		
投资人投入的资本			本年度已分配利润		
从银行借入的三个月借款			从利润中提取的公积金		

要求：在上表"会计要素"和"会计科目"栏目中填入有关会计要素和会计科目。

2.练习账户的结构

(1)根据各类账户的结构要求，将下表的"?"处的数据填齐。

账户名称	期初余额	本期借方发生额	本期贷方发生额	期末余额
应收账款	20 000	56 900	43 800	?
短期借款	50 000	?	40 000	60 000
盈余公积	40 000	25 400	?	48 300
原材料	60 000	?	127 600	85 000
生产成本	?	218 600	234 100	6500
库存商品	13 420	178290	152 100	?
应付账款	7 890	?	41 320	5 800
应交税费	23 100	45 600	?	25 000
固定资产	?	879 000	100 000	1521 000
主营业务收入		?	654 000	
营业税金及附加		?	23100	
管理费用		34 500	?	
财务费用		19 800	?	

（2）根据账户的结构，将下列“T”型账户中的（　　）处数据填写完整。

库存现金

借	贷
期初余额:1 240	
(1) 600	
(2)1 500	
	(3)800
本期发生额(　　)	本期发生额(　　)
期末余额(　　)	

应收账款

借	贷
期初余额:56 780	
	(1) 23 800
(2)12 600	
(3)(　　)	
本期发生额 34 500	本期发生额(　　)
期末余额(　　)	

短期借款

借	贷
	期初余额:500 000
(1) 200 000	
(2) 100 000	
(3)(　　)	(4)(　　)
本期发生额(　　)	本期发生额 600 000
	期末余额 50 000

销售费用

借	贷
(1)15 000	
(2) 50 000	
(3)60 000	
	(4)(　　)
本期发生额(　　)	本期发生额(　　)

3.练习借贷记账法应用

资料：东方公司期初有关账户的余额如下表所示。

东方公司期初有关账户余额

单位：元

会计科目	金额	会计科目	金额
库存现金	47 000	短期借款	5 000 000
银行存款	12 500 000	应付账款	2 600 000
应收账款	6 320 000	应付职工薪酬	500 000
原材料	8 290 000	应交税费	120 000
生产成本	6 120 000	长期借款	20 000 000
库存商品	7 450 000	实收资本	50 000 000
固定资产	45 000 000	盈余公积	7 507 000
资产总计	85 727 000	负债及所有者权益总计	85 727 000

本月发生如下经济业务：

(1)接收投资者投入资本200万元，存入银行；

(2)经批准，将盈余公积500万元转为资本金；

(3)以银行存款支付广告费5万元；

(4)以银行存款缴纳前期税款12万元；

(5)以银行存款100万元购买机器设备(暂不考虑相关税费)，交付使用；

(6)以银行存款偿还到期的短期借款100万元；

(7)收回外单位原欠的销货款241万元，存入银行；

(8)职工预借差旅费1万元，以现金支付；

(9)将2万元现金存入银行；

(10)以银行存款发放上月职工工资50万元。

要求：

(1)根据上述资料，编制会计分录；

(2)开设"T"型账户，登记期初余额资料；

(3)根据会计分录登录有关"T"型账户，并结算出本期发生额和期末余额；

(4)编制总分类账户试算平衡表。

4.练习总分类账户和明细分类账户的平行登记

资料：某公司4月1日"其他应收款"账户及其所属明细账户资料如下：

其他应收款	金额	备注
张强	5 000	预借出差北京差旅费
陈东	3 000	预借出差武汉差旅费
合计	8 000	

4月份该厂发生下列相关经济业务：

(1)陈东报销出差武汉差旅费2 800元，交回现金200元；

(2)陈东出差上海，预借差旅费4 000元；

(3)张强报销出差北京差旅费5 500元，补付现金500元；

(4)陈东、张强出差广州，各借差旅费2 000元；

(5)陈东报销出差上海、广州差旅费共6 400元，补付现金400元；

(6)陈东出差杭州，预借差旅费8 000元。

要求：

(1)开设“其他应收款”的“T”型总分类账户和相关明细分类账户，并登录期初余额资料；

(2)根据4月份发生的相关经济业务编制会计分录，并按照平行登记的方法过入已开设的“T”型账户中；

(3)计算出有关“T”型账户的本期发生额和期末余额；

(4)编制“其他应收款”的明细分类账户本期发生额及余额表，进行试算验证。

任务3 应用借贷记账法

由于工业企业的生产经营活动复杂，涉及的环节多，本章将以工业企业的基本经济业务为例，阐述账户和借贷记账法的应用。

工业企业是从事商品生产和经营，并通过经营活动取得利润的单位。

企业要开展经营活动完成经营目标，就需要从各种渠道筹集一定的资金，投资者投入的资本金是一个重要的资金来源。另外，企业还可以通过负债方式向债权人借入资金。这些资金进入企业后，会随着企业经营过程的开展和经济业务的发生，转换其占用形态。

工业企业的经营过程包括供应过程、生产过程和销售过程。企业的经营资金，依顺序经过这三个过程不断地循环和周转。而会计核算就是要反映、监督经营资金的循环和周转，以及其保值和增值情况。

在供应过程，企业要购置生产所需的机器设备，以及为生产采购准备各种材料，企业经营资金由货币资金转化成储备资金。其主要的经济业务是固定资产的购建、材料采购成本的计算和结转，以及由此产生的相关账款的结算。

在生产过程，企业为制造产品会发生各种耗费，在供应过程采购的原材料，随着生产的领用，由材料储备资金变成生产资金，固定资产随着在生产中的损耗，以折旧的形式逐渐变成生产资金；生产工人在生产中的活劳动形成了工资及福利费等人工费；生产车间为管理和组织生产而发生各种间接耗费。最终经过生产制造过程，形成产成品，生产资金转化为成品资金。其主要的经济业务是生产制造过程中发生的各种费用的归集和分配，以及产品生产成本的计算和结转。

在销售过程，企业销售产品，收回货款，一方面，企业产品的生产成本等形成了产品的销售成本，在销售中发生的各种耗费形成销售费用；另一方面，取得了销售收入，企业的销售成本和销售费用得到了补偿，其超出部分则形成了企业的利润。企业的产品资金转化为货币资金，实现了经营资金的保值和增值。其主要的经济业务为产品销售收入及销售成本的确认，以及由此形成的销售账款的结算，并在此基础上确定利润，按规定的办法和分配顺序进行利润的分配。

以下以深圳佳视达实业有限公司某年12月发生的相关经济业务为例，说明工业企业主要经济业务的核算。

任务3.1 资金投入和退出的核算

工业企业的资金投入主要包括投资者投入的资本金，以及通过负债方式向债权人借入资金两种渠道。而上交税费、向投资者支付利润、偿还各项到期债务等业务，会导致经营资金退出企业。

一、资金投入和退出核算设置的账户

为了反映投资者投入企业的资本金，以及债务的借入和偿还情况，企业应设置的账户有：

1.实收资本。根据所有者权益类“实收资本”科目设置，用以核算企业接受投资者投入的实收资本。根据相关规定，投资者可以货币资金、实物资产和无形资产等形式进行投资，当收到投资者投入的实收资本时，记入该账户的贷方；投资者按相关规定履行相关手续后收回投资时，记入该账户的借方。该账户的期末余额在贷方，反映企业实收资本总额。该账户应按投资者的名称设置明细分类账户进行明细核算。

2.短期借款、长期借款。根据负债类“短期借款”及“长期借款”科目设置，用以核算企业向银行或其他金融机构等借入的各种借款，其中借款期限在一年以下(含一年)的为短期借款，借款期限在一年以上的为长期借款。企业借入的各种借款，记入该账户的贷方；归还借款时，记入该账户的借方。该账户的期末余额在贷方，反映企业尚未偿还的各项借款。

3.应交税费。根据负债类“应交税费”科目设置，用以核算企业按照税法等规定计算应交纳的各种税费。企业按照税法等规定计算出的应交各项税费，记入该账户的贷方；企业实际交纳的各项税费，记入该账户的借方。该账户的期末余额若在贷方，反映企业未交纳的税费；期末余额若在借方，反映企业多交或尚未抵扣的税费。该账户应按税费项目设置明细账户进行明细分类核算。

4.应付股利。根据负债类“应付股利”科目设置，用以核算企业分配的现金股利或利润。企业根据股东大会或类似机构审议批准的利润分配方案，按应支付的现金股利或利润，记入该账户的贷方；实际支付现金股利或利润，记入该账户的借方。该账户的期末余额在贷方，反映企业应付未付的现金股利或利润。该账户应按投资者设置明细账户进行明细分类核算。

二、资金投入业务的核算

1.投入资本

【例 3-1】接受长江电信实业有限公司投入的资本金 500 000 元，存入银行。

此项经济业务一方面使企业银行存款增加，应借记“银行存款”科目；另一方面，收到了长江电信投入的货币资金，投资者投入的实收资本增加，应贷记“实收资本”科目。因此，编制会计分录如下：

借：银行存款　　500 000
　贷：实收资本——长江电信　　500 000

【例 3-2】收到力丰控股有限公司投入机器设备一台，原值 400 000 元，已提折旧 100 000 元，投资协议作价 250 000 元。

此项经济业务一方面使得企业固定资产增加，应按固定资产的成本借记“固定资产”科目；另一方面，收到了力丰控股公司投入的实物资产，投资者投入的实收资本增加，应贷记“实收资本”科目。而投资者投入的固定资产的成本，应当按照投资合同或协议约定的价值确定。因此，编制会计分录如下：

借：固定资产　　250 000
　贷：实收资本——力丰控股　　250 000

【例 3-3】收到力丰控股有限公司投入专利权一项，投资协议作价 100 000 元。

此项经济业务一方面使得企业无形资产增加，应按无形资产的成本借记“无形资产”科目；另一方面，收到了力丰控股公司投入的无形资产，投资者投入的实收资本增加，应贷记“实收资本”科目。投资者投入的无形资产的成本，应当按照投资合同或协议约定的价值确定。因此，编制会计分录如下：

借：无形资产　　100 000
　贷：实收资本——力丰控股　　100 000

2.银行借款

【例 3-4】企业从银行取得流动资金贷款 200 000 元，期限 6 个月，年利率 4.8%，按季付息，到期还本。

根据相关规定，企业向银行借入的贷款，应先转入企业在贷款银行开立的账户后再支用，因而，此项经济业务一方面使得企业银行存款增加，应借记“银行存款”科目；另一方面，企业向银行借入的期限在一年以下的借款增加，应贷记“短期借款”科目。因此，编制会计分录如下：

借：银行存款　　200 000
　贷：短期借款　　200 000

【例 3-5】企业为建造厂房向银行取得固定资产贷款 700 000 元，期限三年，年利率 7.2%，按年付息，到期还本。

此项经济业务一方面使企业银行存款增加，应借记"银行存款"科目；另一方面，企业向银行借入的期限在一年以上的借款增加，应贷记"长期借款"科目。因此，编制会计分录如下：

借：银行存款　　700 000
　贷：长期借款　　700 000

三、资金退出业务的核算

1.缴纳税费

【例 3-6】企业以银行存款缴纳上月增值税 9 800 元、消费税 1 000 元。

此项经济业务一方面使企业银行存款减少，应贷记"银行存款"科目；另一方面企业实际交纳了增值税、消费税，使得应交税费这项负债减少，应借记"应交税费"科目。因此，编制会计分录如下：

借：应交税费——未交增值税　　9 800
　　　　　　——应交消费税　　1 000
　贷：银行存款　　10 800

2.支付利润

【例 3-7】企业以银行存款向长江电信和力丰控股分别支付利润 100 000 元和 150 000 元。

此项经济业务一方面使企业银行存款减少，应贷记"银行存款"科目；另一方面企业实际向投资者支付了现金利润，使得应付股利这项负债减少，应借记"应付股利"科目。因此，编制会计分录如下：

借：应付股利——长江电信　　100 000
　　　　　　——力丰控股　　150 000
　贷：银行存款　　250 000

3.偿还债务

【例 3-8】企业以银行存款偿还到期的短期借款 2 000 000 元。

此项经济业务一方面使企业的银行存款减少，应贷记"银行存款"科目；另一方面企业偿还了到期的借款，使得短期借款这项负债减少，应借记"短期借款"科目。因此，编制会计分录如下：

借：短期借款　　2 000 000
　贷：银行存款　　2 000 000

任务 3.2 供应过程的核算

情境案例 1

王莉莉是个缝纫达人，今天上班时穿了件漂亮外套。有位同事问她："自己做的？真漂亮！""是啊，这个衣服料子很好，我在布料市场买了 2 米，每米 226 元呢，我怕店老板蒙我，还特地开了张发票。"

在日常生活中，发票对我们来说并不陌生，可是王莉莉拿到的发票却让人有点看不懂，该发票如图 3-1 所示。

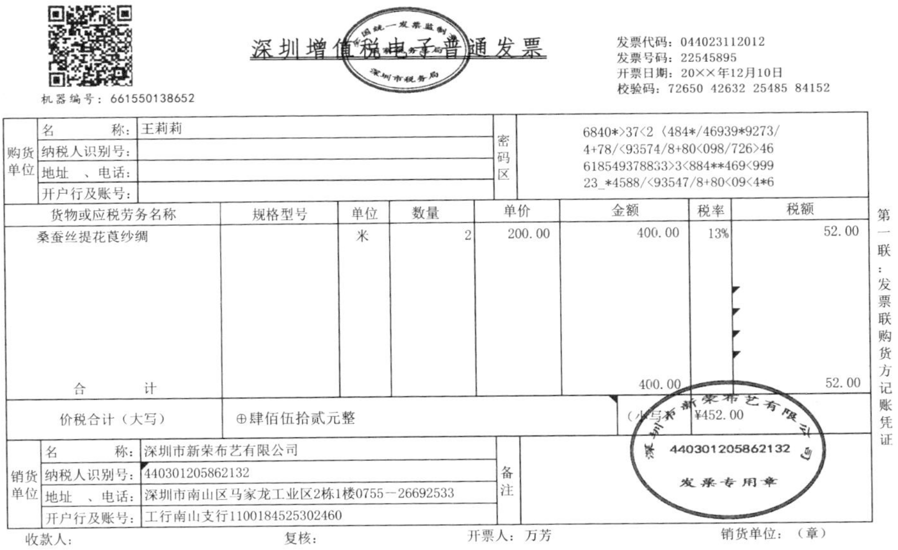

深圳增值税电子普通发票

机器编号：661550138652

发票代码：044023112012
发票号码：22545895
开票日期：20××年12月10日
校验码：72650 42632 25485 84152

购货单位	名称：王莉莉 纳税人识别号： 地址、电话： 开户行及账号：	密码区：6840*>37<2 (484*/46939*9273/ 4+78/<93574/8+80<098/726>46 618549378833>3<884**469<999 23_*4588/<93547/8+80<09<4*6

货物或应税劳务名称	规格型号	单位	数量	单价	金额	税率	税额
桑蚕丝提花莨纱绸		米	2	200.00	400.00	13%	52.00
合计					400.00		52.00
价税合计（大写）	⊕肆佰伍拾贰元整				（小写）¥452.00		

销货单位	名称：深圳市新荣布艺有限公司 纳税人识别号：440301205862132 地址、电话：深圳市南山区马家龙工业区2栋1楼0755—26692533 开户行及账号：工行南山支行1100184525302460	备注

收款人： 复核： 开票人：万芳 销货单位：（章）

第一联：发票联 购货方记账凭证

图 3-1 王莉莉买布料的发票

布料价格不是每米 226 元吗？为啥这发票上的单价不一样？这个增值税是什么？大多数人一般不会深究，认为反正店家只收了 452 块钱，总额没错，具体内容店家怎么填写才不管呢。

实际上，这张发票告诉你，在布料店里支付的 452 元中，400 元是布料店收你的，这是他的卖价、你的买价，而另外的 52 元，是国家按买卖价格的 13% 税率向你征收的增值税。增值税是在商品和劳务交易时向购买方征收的税款，但为了保证税款的征收并降低征收成本，在交易时由卖方向买方收取税款，再由其统一上缴给国家。

如果买方是一个企业，如新星服饰购买了这块布料，将其制作成一件成衣，加工过程中花费了设计、手工等加工费用 100 元，目标利润是 500 元，那么，这件衣服该定价多少？新星服饰在销售时又应向购买方收取多少款项呢？

新星服饰在买入布料时，支付的买价是 400 元，为了实现目标利润，新星服饰应对这件成衣定价 1 000 元，销售时向购买方收取售价 1 000 元，并按 13%的税率收取 130 元的增值税。现在的问题是，新星服饰应向国家上缴多少增值税？

因新星服饰在购入布料时，已经向供应商新荣布艺有限公司支付了布料应负担的增值税 68 元，也就是说这 1 000 元的成衣中，有部分已经向国家纳税了，为了避免因社会分工造成的重复纳税，此时，新星公司从其收取的 130 元税款中，扣除已支付的 52 元，按两者的差额 78 元向国家缴纳税款。这样，从整体看，商品和劳务的增值税由最终消费者承担，企业在销售时应按其产品售价向购买方收取税款，其中一部分在采购原材料时支付给前一级供应商，其差额，即本企业产品增值部分所负担的增值税额，缴纳给税务机关。

为了证明企业向供应商支付了增值税，采购时应取得如图 3-2、图 3-3 所

4403105230　　　　深圳增值税专用发票　　　　No: 0000391

发票联

开票日期：20××年 12 月 06 日

购货单位	名　称：新星服饰有限公司 纳税人识别号：4308726580039254 地址、电话：深圳市宝安新乡工业区24栋0755-27782514 开户行及账号：工行宝安新城支行221400586	密码区	6>5-5738<6*5954/4/1　加密版本01 9758<-54/-,,2940*8+0　4403021140 >58-<95*22485>7711332 -1824>8>>2431</+5>>+/

货物或应税劳务名称	规格型号	单位	数量	单价	金额	税率	税额
桑蚕丝提花莨纱绸		米	2	200.00	400.00	13%	52.00
合　计					400.00		52.00
价税合计（大写）	⊕肆佰伍拾贰元整				（小写）	¥452.00	

销货单位	名　称：深圳市新荣布艺有限公司 纳税人识别号：440301205862132 地址、电话：深圳市南山区马家龙工业区2栋1楼0755－26692533 开户行及账号：工行南山支行1100184525302460	备注	深圳市新荣布艺有限公司 440301205862132 发票专用章

收款人：　　复核：　　开票人：李明　　销货单位：（章）

第三联：发票联　购货方记账凭证

图 3-2　新星服饰有限公司买布料的发票(发票联)

4403105230　　深圳增值税专用发票　　No: 0000391

抵扣联

开票日期：20××年12月06日

购货单位		密码区	
名称：	新星服饰有限公司		6>5-5738<6*5954/4/1　加密版本01
纳税人识别号：	4308726580039254		9758<-54/-,,2940*8+0　4403021140
地址、电话：	深圳市宝安新乡工业区24栋0755-27782514		>58-<95*22485>7711332
开户行及账号：	工行宝安新城支行221400586		-1824>8>>2431</+5>>+/

货物或应税劳务名称	规格型号	单位	数量	单价	金额	税率	税额
桑蚕丝提花莨纱绸		米	2	200.00	400.00	17%	52.00
合计					400.00		52.00
价税合计（大写）	⊕肆佰伍拾贰元整				（小写）	¥452.00	

销货单位		备注
名称：	深圳市新荣布艺有限公司	深圳市新荣布艺有限公司 440301205862132 发票专用章
纳税人识别号：	440301205862132	
地址、电话：	深圳市南山区马家龙工业区2栋1楼0755－26692533	
开户行及账号：	工行南山支行1100184525302460	

收款人：　　复核：　　开票人：李明　　销货单位：（章）

第二联：抵扣联　购货方扣税凭证

图 3-3　新星服饰有限公司买布料的发票(抵扣联)

示的两联增值税专用发票，其中发票联作为经济业务发生的证明，抵扣联作为抵减增值税款的证明。

工业企业在供应过程的主要经济活动是购建固定资产和采购各种原材料，作为商品和劳务的买方，其核算任务包括两方面：一是其支付的款项，部分用来购买商品或劳务，需准确归集、计算固定资产或原材料的成本；部分用来支付增值税，应反映企业上交了税费。二是根据经济合同和相关结算制度，反映采购款项的支付结算情况。

一、材料采购成本的计算

1.材料采购成本的构成

材料采购成本是指为采购原材料而发生的各项费用，具体包括：

(1)材料的买价。指供货发票上记载的销售价格。

(2)运杂费。指材料在运输过程中发生的运输费、装卸费、保险费、包装费、仓储费等。

(3)合理损耗。指材料在采购过程中发生的、在合理损耗范围内的损毁、短缺等。

(4)挑选整理费。指需要经过挑选整理才能使用的购入材料，在挑选过程中发生的工资、费用支出以及物资损耗的价值。

(5)其他费用。指其他可直接归属于材料采购成本的费用,如进口材料的关税等。

以上(2)至(5)项又称为采购费用,材料的买价加上采购费用,就构成了材料的采购成本。

2.材料采购费用的分配

材料在采购过程中发生的采购费用,凡是由某种材料负担的直接计入该材料的采购成本;由几种材料共同负担的采购费用,则需按材料的数量、重量、体积、买价等标准,在这几种材料之间进行分配,根据分配的各材料应负担的采购费用计入材料的采购成本。

【例 3-9】企业从华达电子厂购入甲材料 100 公斤,价格 10 000 元,乙材料 500 公斤,价格 20 000 元,将两种材料运回企业时,发生运杂费 2 400 元。

此笔采购业务中,甲材料的买价 10 000 元和乙材料的买价 20 000 元,均可直接记入甲材料的采购成本和乙材料的采购成本,而运杂费是为采购两种材料而发生的,需采用合理的标准进行分配,此处选择按采购材料的重量进行分配如下:

$$\text{每公斤材料应负担的运杂费}=\frac{2\ 400}{100+500}=4(\text{元/公斤})$$

甲材料负担的运杂费=100×4=400(元)

乙材料负担的运杂费=500×4=2 000(元)

甲材料采购成本=10 000+400=10 400(元)

乙材料采购成本=20 000+2 000=22 000(元)

二、供应过程核算应设置的账户

为了完成供应过程核算的主要任务,需设置以下账户:

1.材料采购[①]。根据资产类"材料采购"科目设置,用以归集和计算企业购入材料的采购成本。企业购入材料的价款和采购费用,按应计入材料采购成

---

① "材料采购"账户适用于采用计划成本进行材料日常核算的企业,其借方登记购入材料的实际成本,贷方登记验收入库材料的计划成本,两者的差额转入"材料成本差异"账户。采用实际成本进行材料日常核算的企业不设置此账户,采购入库的原材料根据其实际采购成本直接记入"原材料"账户的借方;对于货款已付尚未验收入库的材料,设置"在途物资"账户,按其实际采购成本记入该账户的借方,待验收入库时,按实际采购成本从该账户的贷方转入"原材料"账户。本书设置"材料采购"账户,主要为了说明材料采购成本的归集和计算过程,采用实际成本进行核算。

本的金额，记入该账户的借方；当材料完成采购过程验收入库时，按计算出的实际采购成本，记入该账户的贷方。该账户的期末余额在借方，反映企业在途材料的采购成本。该账户可按材料的供应单位和材料品种设置明细账户进行明细核算。

2.原材料。根据资产类"原材料"科目设置，用以核算企业库存原材料的收入、发出及结存的增减变化情况。购入材料验收入库时，按实际采购成本记入该账户的借方；材料发出时，按其实际成本记入该账户的贷方。该账户的期末余额在借方，反映的是企业仓库中结存原材料的实际成本。该账户可按材料的品种、规格设置明细账户进行明细核算。

3.应付账款。根据负债类"应付账款"科目设置，用以核算企业因购买材料、商品等经营活动应支付的款项。企业购入材料、商品等验收入库，但货款尚未支付时，按应付的款项记入该账户的贷方；实际支付前欠款项时，记入该账户的借方。该账户的期末余额在贷方，反映企业尚未支付的应付账款余额。该账户可按债权人设置明细账户进行明细核算。

4.应付票据。根据负债类"应付票据"科目设置，用以核算企业购买材料时开出、承兑的商业汇票，包括银行承兑汇票和商业承兑汇票。企业开出、承兑商业汇票或以承兑商业汇票抵付货款、应付账款时，按票面金额记入该账户的贷方；商业汇票到期支付票款时，按票面金额记入该账户的借方。该账户的期末余额在贷方，反映企业尚未到期的商业汇票的票面金额。

5.应交税费——应交增值税。根据负债类"应交税费——应交增值税"明细科目设置，用以核算增值税的交纳情况。

增值税是对我国境内销售、进口货物，或者提供加工、修理修配劳务的增值额征收的一种流转税。按税法的规定，凡在我国境内销售、进口货物，或提供加工、修理修配劳务的单位和个人为增值税的纳税义务人，应依法交纳增值税。按照纳税人的经营规模及会计核算的健全程度，增值税纳税人分为一般纳税人和小规模纳税人。一般纳税人应纳增值税额，根据当期销项税额抵扣当期进项税额后的差额确定；小规模纳税人应纳增值税额，根据销售额和规定的征收率计算确定。本书以下均以一般纳税人为例，说明应交增值税的核算方法。

根据税法的规定，一般纳税人应纳增值税额的计算公式为：

应纳税额＝销项税额－进项税额

纳税人在销售货物或提供应税劳务时，应按销售额和规定的税率计算并向购买方收取的增值税额为销项税额。

纳税人在购进货物或接受劳务时，所支付的增值税额为进项税额。准予从销项税额中抵扣的进项税额通常包括:(1)从销售方取得的增值税专用发票上注明的增值税额;(2)从海关取得的完税凭证上注明的增值税额。当期的进项税额若抵扣不完,可以留待下期继续抵扣。

为了核算企业应交增值税的发生、抵扣、交纳等情况,应在"应交税费"科目下设"应交增值税"和"未交增值税"明细科目,并在"应交税费——应交增值税"明细账内设置"进项税额""转出未交增值税""销项税额""转出多交增值税"等专栏。企业采购商品、接受劳务时,按可抵扣的增值税额,记入"应交税费——应交增值税"账户的借方(进项税额);销售商品、提供劳务时,按应收取的增值税额,记入该账户的贷方(销项税额);月度终了该账户余额若在贷方,为企业当月应交未交的增值税,应从该账户的借方(转出未交增值税),转入"应交税费——未交增值税"账户的贷方;月度终了该账户余额若在借方,为企业尚未抵扣的增值税,应从该账户的贷方(转出多交增值税),转入"应交税费——未交增值税"账户的借方。企业交纳以前期间未交的增值税时,记入"应交税费——未交增值税"账户的借方。

6.固定资产。根据资产类"固定资产"科目设置,用以核算企业持有的固定资产的原值。企业购建的固定资产以购建成本为原值记入该账户的借方;处置固定资产时,按其账面原值记入该账户的贷方。该账户的期末余额在借方,反映企业持有的固定资产的原值。

7.累计折旧。根据资产类"累计折旧"科目设置,是"固定资产"账户的备抵账户,用以反映企业持有固定资产的累计折旧。企业的固定资产在使用过程中损耗的价值,以折旧的方式按月计提,记入该账户的贷方,反映的是企业固定资产净值的减少;处置固定资产时,按其已计提的累计折旧额,记入该账户的借方。该账户的期末余额在贷方,反映的是企业持有的固定资产已计提的累计折旧,即已损耗的价值,"固定资产"账户的期末借方余额减去"累计折旧"账户的期末贷方余额,即为企业持有的固定资产的净值。

三、供应过程主要经济业务的核算

【例 3-10】向南丰机械厂购入不需安装的设备一台,取得的增值税专用发票上注明价款 30 000 元,增值税额为 3 900 元,设备已运至企业并交付使用,款项尚未支付。

固定资产应按取得时的成本入账,外购固定资产的成本,包括买价和使固定资产达到预定可使用状态前发生的运输、安装费等。

此项经济业务中,一方面企业花费 30 000 元采购固定资产,应作为成本借记“固定资产”科目；同时，为购入该固定资产应支付3 900元的增值税进项税额，可以在增值税销项税额中抵扣，借记“应交税费——应交增值税(进项税额)”科目；另一方面，由于企业尚未支付采购账款，使得应付账款这项负债增加，应贷记“应付账款”科目。因此，编制会计分录如下：

借：固定资产　　30 000
　应交税费——应交增值税(进项税额)　　3 900
　贷：应付账款——南方机械厂　　　33 900

【例3-11】向金众实业公司购入甲材料2 000公斤，单价100元，增值税专用发票上注明的增值税额为26 000元；乙材料3 000公斤，单价20元，增值税专用发票上注明的增值税额为7 800元。款项以商业汇票支付。

此项采购业务一方面发生了采购价款，应记入材料的采购成本，借记“材料采购”科目；同时，增值税专用发票上注明的因采购材料而支付的增值税进项税额，可以在销项税额中进行抵扣，借记“应交税费——应交增值税(进项税额)”科目。另一方面，企业以商业汇票支付了账款，使得应付票据这项负债增加，应贷记“应付票据”科目。因此，编制会计分录如下：

借：材料采购——甲材料　　200 000
　　　　　——乙材料　　60 000
　应交税费——应交增值税(进项税额)　　33 800
　贷：应付票据　　　293 800

【例3-12】向金众实业购入的甲、乙材料已运至企业验收入库，以银行存款支付运费4 000元，增值税360元，取得增值税专用发票。

此项经济业务一方面产生了记入材料采购成本的运费，应借记“材料采购”科目，同时取得了增值税专用发票，支付了增值税进项税额，可以在当期增值税销项税额中抵扣，应借记“应交税费——应交增值税”科目；另一方面使得企业银行存款减少，应贷记“银行存款”科目。

由于材料采购需按材料的供应单位和品种进行明细核算，因此对于由甲、乙材料共同负担的采购费用，按一定的标准进行分配后，分别记入甲、乙材料的采购成本。若选择材料重量为分配标准，则：

$$\text{每公斤材料应负担的运费}=\frac{4\ 000}{2\ 000+3\ 000}=0.8(\text{元/公斤})$$

甲材料负担的运费$=2\ 000\times0.8=1\ 600$(元)

乙材料负担的运费$=3\ 000\times0.8=2\ 400$(元)

因此，编制会计分录如下：

借:材料采购——甲材料　　1 600

　　　　　——乙材料　　2 400

　应交税费——应交增值税(进项税额)　　360

　贷:银行存款　　4 360

【例 3-13】向泰达电子有限公司购入丙材料 5 000 件,单价 16 元,增值税专用发票上注明的增值税额为 10 400 元,代垫运费 2 180 元,增值税专用发票上注明运价 2 000 元,增值税 180 元。款项以银行存款支付,材料尚未运至企业。

此项经济业务与前述采购业务类似,应注意的是其中的代垫运费,它是指由供货方支付但应由购买方负担的运杂费。从购买方的角度看,一方面发生了采购材料的运杂费,应借记"材料采购"科目;另一方面由于此运费已由供货方代为垫付给运输单位,因此,需根据采购账款的结算情况,分别贷记"银行存款""应付账款"或"应付票据"等科目,将运费与购货账款等一并支付给供货单位。此例中,应贷记"银行存款"科目。编制会计分录如下:

借:材料采购——丙材料　　82 000

　应交税费——应交增值税(进项税额)　　10 580

　贷:银行存款　　92 580

【例 3-14】以银行存款支付前欠南方机械厂采购设备账款。

此项经济业务一方面偿还了前欠账款,使得负债减少,应借记"应付账款"科目;另一方面企业的银行存款减少,应贷记"银行存款"科目。因此,编制会计分录如下:

借:应付账款——南方机械厂　　33 900

　贷:银行存款　　33 900

【例 3-15】结转本期验收入库材料的采购成本。

对那些已经完成了采购过程并验收入库的外购材料,应根据材料采购账户归集的买价和采购费用,计算出其实际采购成本,并按实际采购成本将其从"材料采购"账户的贷方,结转到"原材料"账户的借方,以反映库存原材料的增加。由于企业采购业务发生频繁,为了简化入库材料的日常核算工作,企业一般在月末对本月入库材料进行汇总后,编制"收料凭证汇总表",并据以编制结转入库材料成本的会计分录。

根据前述各项经济业务,本月向金众实业购入的甲、乙材料已完成采购过程,验收入库。通过计算,甲材料 2 000 公斤,总成本 201 600 元,单位成本 100.8 元,乙材料 3 000 公斤,总成本 62 400 元,单位成本 20.8 元。对以上材料进行采购成本的结转,编制会计分录如下:

借:原材料——甲材料　　201 600
　　　　——乙材料　　62 400
　贷:材料采购——甲材料　　201 600
　　　　　　——乙材料　　62 400

向泰达电子有限公司购入的丙材料尚未完成采购过程,不能进行采购成本的结转,保留在"材料采购"账户中,反映在途丙材料的实际成本。

根据以上分录登记的"材料采购"相关明细账户如表 3-1 所示。

表 3-1　"材料采购"相关明细账户

借　材料采购——甲材料	贷
(11)200 000	
(12) 1 600	
	(15)201 600
本期发生额 201 600	本期发生额 201 600

借　材料采购——乙材料	贷
(11)60 000	
(12) 2 400	
	(15)62 400
本期发生额 62 400	本期发生额 62 400

借　材料采购——丙材料	贷
(13)82 000	
本期发生额 82 000	
期发生额 82 000	

任务 3.3　生产过程的核算

生产过程是生产工人利用固定资产等劳动手段对劳动对象进行加工,从而生产出企业产品的过程,因此,生产过程是一个资源消耗的过程。其主要核算任务是对生产过程中发生的各项耗费进行归集和分配,最终计算并结转完工产品的生产成本。

一、费用的核算基础

情境案例2

上大一的王小强接到了爸爸打来的电话:"小强,今天吃了啥呀?你那里冷不?有没有好好学习?喂,给你的生活费够不够用啊?你在学校待了一个月了,每个月要花多少钱呀?"

重点来了:你在学校一个月要花多少钱呀?

我们以9月份小强的支出为例来算一算：

1 400元
- 伙食：750元　　文具及日常用品：200元
- 水电：50元　　交通：50元
- 通信：50元　　出游聚会及其他零用：300元

9月2日还有一项支出

大一学费及住宿费：8 000元

分摊到在校的10个月 → 权责发生制

全部计入9月份 → 收付实现制

小强在学校的以上各项支出，在按月计算时出现了疑义，伙食等只在当月发挥效用的支出，计入9月份的开销毫无疑义；但学费和住宿费等支出，虽然在9月份支付，其效用却涵盖了整个学年，它到底算哪个月的费用呢？如果从发挥效用角度看，我们将其分摊到在校学习生活的10个月，每月800元更为合理，这种处理方法就是采用了权责发生制；如果从资金收支安排角度看，我们应当把它计入9月份，这样才能反映实际的资金支付情况，这种处理方法就是采用了收付实现制。

企业的各项资源变动会引起现金的流动，但由于企业在会计核算中，人为地将连续不断的经营过程划分成相等的会计期间，分期来结算账目和编制财务会计报告，导致了资源实际变动的期间和现金的实际收付可能分属于不同的会计期间，由此使得在对各项会计要素进行确认、计量和报告时，出现两种制度选择：一种是收付实现制，即按照期间内实际收付的现金来对相关项目进行确认、计量和报告；另一种是权责发生制，即按照资源实际变动的期间来对相关项目进行确认、计量和报告。

根据会计准则的规定，企业应当以权责发生制为基础进行会计确认、计量和报告。

根据权责发生制，某项耗费是否应作为本期费用进行确认、计量和报告，不取决于该项耗费是否在本期实际支付，而决定于本期是否受益。凡是本期受益的耗费，不管其款项是否已经支付，都应作为当期的费用进行确认；凡是本期未受益的耗费，即使款项已经在当期支付，也不应作为当期的费用处理；凡是由多个会计期间共同受益的耗费，应当在相关期间内采用适当方法进行合理计量。

因此，企业在生产过程中发生的各项耗费可分为以下三种情况：

1.本期支付，本期受益。对于此类耗费，应在其支付时，直接作为当期费用处理。

例如，以银行存款支付本月电费 5 000 元。该项支出为本月受益的耗费，并已在本月实际支付，应在其支付时，直接确认为本月的费用。

2.本期支付，由本期和以后各期受益。对于此类耗费，应在支付时，将该项支出确认为资产，再采用折旧、摊销等方法，将该项支出在受益期内进行分摊，分别确认为各期费用。

例如，企业租入办公用房一套，租期二年，支付该房屋装修费用 60 000 元。由于此项耗费在办公用房的租赁期间均有受益，因此，在实际支付时，不能确认为当月的费用，而是先将其确认为"长期待摊费用"这项资产，并在房屋的租赁期内按月摊销，即每月确认应负担的装修费用 2 500 元。

3.本期受益，在以后期间支付。对于此类耗费，应在受益期内，采用计提的方式，确认本期应负担的费用，一方面计入当期费用，另一方面增加当期负债。在实际支付时，冲减前期确认的负债。

例如企业月初从银行借入短期借款 1 000 000 元，利率 6%，按季付息，到期还本。从款项借入起，企业即占用了该项资金，发生了相应的借款利息，因此，月末应根据借款的本金和利率计算出当月应负担的利息 5 000 元，确认为当月财务费用，同时增加当期的"应付利息"这项负债。季末根据约定实际支付利息时，冲减"应付利息"这项负债。

二、费用的归集

情境案例3

王力 1 月初在油画村租了一个门面，一次性支付了 3 个月房租 6 000 元；支付了 25 000 元请了一个画师，画了 90 幅画，购买的 2 000 元颜料等耗材全部用完；请了一个店员，每月支付工资 3 000 元。该店 1、2、3 月各卖出了 30 幅画，每幅售价 1 000 元。不考虑其他税费，请替王力算一算，他的这个店每个月赚了多少钱？

采用权责发生制，该店 1 月份支付的 6 000 元房租属于先支付后受益的支出，应分摊为每月 2 000 元房租费用；1 月份支付给画师的薪酬和消耗的材料共 27 000 元，只在 1 月份发挥效用，应计入 1 月份的费用；1 月、2 月、3 月还有每月 3 000 元的店员薪酬费用。该店每月的收入相同，为 30 000 元。

根据以上分析，如果我们按"收入－费用＝利润"来计算这个店的利润，会发现该店 1 月份亏损 5 000 元，2 月和 3 月各赚了 25 000 元。各月利润的巨大波动，显然与该店每月均衡的经营状况极不匹配。为了解决这个问题，我们将以上费用分成两类：

一类是与当期产品生产相关的费用，包括画师的薪酬和消耗的材料，不直接在其发生的会计期间计入损益，而是和产品销售相匹配，在销售产品取得销售收入时，将其对应的生产成本计入损益。

另一类是与当期产品生产无直接关联关系的费用，包括店面房租、店员薪酬等，在其发生的会计期间直接计入损益。

按此方法计算该店每月利润，如表3-2所示(单位：元)。

表3-2　王力的店铺每月利润计算

		1月	2月	3月
生产成本	总成本	25 000＋2 000＝27 000		
	单位成本	27 000/90＝300		
期间费用	房　租	2 000	2 000	2 000
	店员薪酬	3 000	3 000	3 000
销售产品的生产成本		300×30＝9 000	300×30＝9 000	300×30＝9 000
销售收入		1 000×30＝30 000	1 000×30＝30 000	1 000×30＝30 000
利　润		16 000	16 000	16 000

可见，这种对利润进行分期计算的方法，能够更好地反映企业的实际经营成果。

企业在一定期间发生的各项耗费，按其与当期产品生产的关联程度，分别计入生产成本和期间费用中。

1.生产成本，又称制造成本。指企业为生产一定种类和数量的产品所发生的各种经济资源的耗费。一般包括直接材料、直接人工和制造费用等成本构成项目。

(1)直接材料。指企业在生产产品过程中消耗的、直接用于产品生产、构成产品实体的原料及主要材料、辅助材料和其他直接材料。

(2)直接人工。指企业直接从事产品生产工人的各种薪酬。

(3)制造费用。指企业为生产产品而发生的各种间接费用，包括车间管理和技术人员的各种薪酬、车间使用固定资产的折旧、车间的办公费、水电费、机物料消耗、劳动保护费等。

企业在生产过程中发生的各种资源耗费，最终转化成企业产品，在企业内部表现为一种资产转变为另一种资产，是企业资产形式的内部转换，因此，当期发生的生产成本不能直接计入当期损益，而需根据企业自身产品生产特点，选择适当的成本计算方法，按照成本核算对象进行归集和分配，计算出各产品的总成本和单位成本，并在产品完工后结转为库存商品。在产品实际销售并确认销售收入时，再将已销售产品的生产成本计入该期损益。

2.期间费用。指不能直接归属于某个特定产品成本的费用，它随着时间的推移而发生，一般与企业当期的产品销售和经营活动的组织与管理有关，而与当期产品生产过程无直接关系，即容易判断其应归属的会计期间，而难以判断其应归属的产品。因此，对于此类费用，按其发生的期间归集，直接计入当期损益。期间费用包括：

(1)销售费用。指企业为销售产品和材料而发生的各种费用。

(2)管理费用。指企业为组织和管理生产经营而发生的各种费用。

(3)财务费用。指企业为筹集生产经营所需资金而发生的筹资费用。

三、生产成本的计算

在生产一种产品的车间中，制造费用可直接计入该种产品成本。在生产多种产品的车间中，需采用合理的分配方法，将制造费用分配计入各种产品成本。

制造费用的分配方法主要有：

1.按生产工人工资比例分配；

2.按生产工人工时比例分配；

3.按机器工时比例分配；

4.按耗用原材料的数量和成本比例分配；

5.按直接成本(原材料、燃料、动力、生产工人工薪费用)比例分配；

6.按产品产量比例分配。

制造费用分配的计算公式如下：

$$分配率=\frac{待分配制造费用总额}{各种产品的分配标准之和}$$

某产品分摊的制造费用＝分配率×该种产品的分配标准

企业应当根据制造费用的性质、产品的性质以及生产方式，结合自身的实际情况，合理选择分配方法。所谓的合理，是指选择的制造费用分配方法，与制造费用的发生具有较密切的相关性，采用该方法分配到各种产品中的制造费用金额基本合理，同时还应适当考虑计算手续的简便。制造费用的分配方法一经确定，不得随意变更。如需变更，则需在财务会计报告的附注中予以说明。

例如，企业生产车间生产A、B两种产品，本月归集的成本费用如下：

A产品：直接材料210 000元　　直接人工50 000元

B产品：直接材料120 000元　　直接人工30 000元

企业的制造费用为150 000元。若企业的制造费用按产品的机器工时比例进行分配，根据生产记录，A产品耗用的机器工时为6 000小时，B产品耗用的机器工时为4 000小时，则：

$$\text{每机器工时应分摊的制造费用}=\frac{150\ 000}{6\ 000+4\ 000}=15(\text{元/小时})$$

A产品分摊的制造费用＝6 000×15＝90 000(元)

B产品分摊的制造费用＝4 000×15＝60 000(元)

A产品生产成本＝210 000＋50 000＋90 000＝350 000(元)

B产品生产成本＝120 000＋30 000＋60 000＝210 000(元)

四、生产过程核算应设置的账户

为了完成生产成本的核算和期间费用的归集任务，需设置以下账户：

1.生产成本。根据成本类“生产成本”科目设置，用以归集和计算产品生产过程中发生的各项生产成本。企业发生的各项直接生产成本，记入该账户的借方；期末分配应负担的制造费用，由“制造费用”账户贷方转入该账户的借方；企业已生产完工并验收入库的产成品，应按其实际生产成本记入该账户的贷方。该账户的期末余额在借方，反映企业尚未加工完成的在产品成本。该账户应按成本核算对象(产品的品种等)设置明细账，并按照规定的成本项目设置专栏进行明细核算。

2.制造费用。根据成本类“制造费用”科目设置，用以归集和分配企业为生产产品而发生的各项间接费用。当企业发生各项间接费用时，记入该账户的借方；期末，按该账户借方归集的间接费用总额，采用一定的方法在各种产品间进行分配，按各种产品分摊的制造费用金额从该账户的贷方，转入“生产成本”账户的借方，结转后该账户无余额。该账户可按不同的生产车间、部门设置明细账，并按照费用项目设置专栏进行明细核算。

3.库存商品。根据资产类“库存商品”科目设置，用以核算企业库存商品的增减变化情况。企业产品生产完工并验收入库时，按其实际生产成本记入该账户的借方；企业对外销售产品出库，结转销售成本时，按销售产品的实际生产成本记入该账户的贷方。该账户的期末余额在借方，反映企业库存商品的实际成本。该账户可按产品的种类、品种和规格设置明细账进行明细核算。

4.销售费用。根据损益类"销售费用"科目设置,用以核算企业销售产品和材料过程中发生的各种费用,包括保险费、包装费、展览费和广告费、商品维修费、预计产品质量保证损失、运输费、装卸费以及为销售本企业产品而专设的销售机构(含销售网点、售后服务网点等)的职工薪酬、业务费、固定资产折旧及修理费等经营费用。企业在产品和材料销售过程中发生的各项销售费用,记入该账户的借方;期末,应将该账户的余额转入"本年利润"账户,结转后该账户无余额。该账户可按费用项目设置专栏进行明细核算。

5.管理费用。根据损益类"管理费用"科目设置,用以核算企业为组织和管理生产经营所发生的管理费用,包括企业在筹建期间发生的开办费、董事会和行政管理部门在企业经营管理中发生的或者应由企业统一负担的公司经费(包括行政管理部门职工薪酬、固定资产折旧及修理费、物料消耗、低值易耗品摊销、办公费和差旅费等)、工会经费、董事会费(包括董事会成员津贴、会议费和差旅费等)、聘请中介机构费、咨询费、诉讼费、业务招待费、技术转让费、研究费用、排污费等。企业发生的各项管理费用,记入该账户的借方;期末,应将该账户的余额转入"本年利润"账户,结转后该账户无余额。该账户可按费用项目设置专栏进行明细核算。

6.财务费用。根据损益类"财务费用"科目设置,用以核算企业为筹集生产经营所需资金而发生的筹资费用,包括利息支出、汇兑损益以及相关的手续费等。企业发生的各项财务费用,记入该账户的借方;期末,应将该账户的余额转入"本年利润"账户,结转后该账户无余额。该账户可按费用项目设置专栏进行明细核算。

另外,在对生产成本和期间费用进行归集时,还会涉及其他相关账户,如"长期待摊费用""应付职工薪酬""应付利息"等,以下将结合相关经济业务对其进行说明。

五、生产过程主要经济业务的核算

1.材料费用的核算

【例 3-16】月末,根据本月领料凭证进行汇总,编制发出材料汇总表如表3-3 所示。

表 3-3 材料发出汇总表

项目	甲材料		乙材料		合计
	数量（公斤）	金额（元）	数量（公斤）	金额（元）	
生产车间领用					
A产品耗用	500	50 400.00	1 500	31 200.00	81 600.00
B产品耗用	600	60 480.00	400	8 320.00	68 800.00
车间一般耗用	800	80 640.00	600	12 480.00	93 120.00
小计	1 900	191 520.00	2500	52 000.00	243 520.00
销售部门领用	25	2 520.00			2 520.00
行政管理部门领用			10	208.00	208.00
合计	1 920	193 536.00	2 510	52 208.00	245 744.00

根据本月材料发出汇总表中资料，本月发出材料费用包括：

(1)A产品耗用。为生产A产品耗费的直接材料，应直接计入A产品生产成本，借记“生产成本——A产品”科目。

(2)B产品耗用。为生产B产品耗费的直接材料，应直接计入B产品生产成本，借记“生产成本——B产品”科目。

(3)生产车间一般耗用。为生产A、B两种产品共同耗费的间接材料，应先归集在制造费用中，待期末采用一定的方法在A、B两种产品间进行分配，借记“制造费用”科目。

(4)销售部门领用。为销售部门发生的物料消耗，应计入当期销售费用，借记“销售费用”科目。

(5)行政管理部门领用。为行政管理部门发生的物料消耗，应计入当期的管理费用，借记“管理费用”科目。

此外，由于各部门领用了原材料，使得仓库中库存的原材料减少，应贷记“原材料”科目。因此，编制会计分录如下：

借：生产成本——A	81 600	
——B	68 800	
制造费用	93 120	
销售费用	2 520	
管理费用	208	
贷：原材料——甲材料		193 536
——乙材料		52 208

2.职工薪酬的核算

职工薪酬是指企业为获得职工提供的服务或解除劳动关系而给予的各种形式的报酬或补偿。

(1)短期薪酬。指企业在职工提供相关服务的年度报告期间结束后12个月内需要全部予以支付的职工薪酬,因解除与职工的劳动关系而给予的补偿除外。主要包括:

①职工工资、奖金、津贴和补贴。指构成职工工资总额的各个部分。

②职工福利费。指为在职职工提供的各项福利,包括职工的医药费,职工生活困难补助,职工及其供养的直系亲属的死亡待遇,职工浴室、托儿所等机构收支相抵后的集体福利补助,职工异地安家、防暑降温补助等货币性福利,以及将产品或外购商品作为福利发放给职工,提供住房、租赁资产供职工无偿使用并无偿提供服务等非货币性福利。

③社会保险费。指企业按国家规定的基准和比例计算,向社会保险经办机构缴纳的,或以商业保险形式向职工提供的医疗保险、工伤保险和生育保险。

④住房公积金。指企业按国家规定的基准和比例计算,向住房公积金管理机构缴纳的住房公积金。

⑤工会经费和职工教育经费。指根据国家规定的基准和比例计算,用于开展工会活动和职工教育及技能培训的开支。

(2)离职后福利。指企业为获得职工提供的服务而在职工退休或与企业解除劳动关系后提供的各种形式的报酬和福利。如企业按国家规定的基准和比例计算,向社会保险经办机构缴纳的,或以商业保险形式向职工提供的养老保险和失业保险。

(3)辞退福利。指企业在职工劳动合同到期之前解除与职工的劳动关系,或为鼓励职工自愿接受裁减而给予职工的补偿。

(4)其他长期职工福利。

企业应在职工为其服务的会计期间,将实际发生的短期薪酬确认为负债,并根据职工提供服务的受益对象,分别计入产品生产成本或当期损益。需要注意的是,其中的职工福利费,应当在实际发生时,根据其实际发生额计入产品生产成本或当期损益。

另外,企业向社会保险经办机构缴纳的,或以商业保险形式向职工提供的养老保险和失业保险,在向独立的基金缴存固定费用后,不再承担进一步支付的义务,也应在职工为其服务的会计期间,按应缴存金额计入产品生产成本或当期损益。

根据职工的岗位及提供服务的受益对象，职工薪酬计入以下成本费用：

(1)直接生产工人的职工薪酬：为生产产品耗费的直接人工，直接计入产品生产成本，借记“生产成本”科目。

(2)生产车间管理及技术人员的职工薪酬：为生产产品耗费的间接人工，计入制造费用，借记“制造费用”科目。

(3)销售人员的职工薪酬：借记“销售费用”科目。

(4)行政管理人员的职工薪酬：借记“管理费用”科目。

为了反映职工薪酬的提取、结算、使用等情况，企业应设置“应付职工薪酬”账户。该账户根据负债类“应付职工薪酬”科目设置，用以核算企业根据有关规定应付给职工的各种薪酬，企业计算出的应付各项职工薪酬记入该账户的贷方，实际发放职工薪酬时记入该账户的借方。该账户的期末余额在贷方，反映企业应付未付的职工薪酬。该账户可按“工资”“职工福利”“社会保险费”“工会经费”“职工教育经费”“住房公积金”等设置明细账进行明细核算。

企业在确认各项应付职工薪酬这项负债时，应注意区分其是否有国家明确规定的相关计提标准。对于国家规定了计提基础和计提比例的，应当按照国家规定的标准计提。例如，应向社会保险经办机构等缴纳的医疗保险费、养老保险费、失业保险费、工伤保险费、生育保险费等社会保险费，应向住房公积金管理机构缴存的住房公积金，以及工会经费和职工教育经费等。

国家没有规定计提的基础和计提比例的，企业应当根据历史数据和实际情况，合理预计当期应付职工薪酬。

【例 3-17】结算本月应付职工工资 103 000 元，其中 A 产品生产工人 25 人，工资 40 000 元；B 产品生产工人 10 人，工资 15 000 元；车间管理人员 5 人，工资 20 000 元；销售部门人员 2 人，工资 10 000 元；行政管理部门 4 人，工资 18 000 元。

企业结算出的职工工资，应在职工为其服务的当月，一方面将其确认为“应付职工薪酬”这项负债，贷记“应付职工薪酬——工资”科目；另一方面，根据职工提供服务的受益对象，分别计入产品生产成本或当期损益，其中从事产品生产的直接生产工人工资借记“生产成本”科目，车间管理人员工资借记“制造费用”科目，销售部门人员工资借记“销售费用”科目，行政管理部门人员工资借记“管理费用”科目。因此，编制会计分录如下：

借:生产成本——A产品　　40 000
　　　　　——B产品　　15 000
　制造费用　　20 000
　销售费用　　10 000
　管理费用　　18 000
　贷:应付职工薪酬——工资　　103 000

【例3-18】根据国家规定的计提标准,分别按职工工资总额的9%、7%计提本月应向社会保险经办机构缴纳的职工社会医疗保险和社会养老保险。

根据国家规定的计提基础和计提标准,本月应计提的社会保险费为:

A产品生产工人社会保险费=40 000×(9%+7%)=6 400(元)

B产品生产工人社会保险费=15 000×(9%+7%)=2 400(元)

车间管理人员社会保险费=20 000×(9%+7%)=3 200(元)

销售部门人员社会保险费=10 000×(9%+7%)=1 600(元)

行政管理部门人员社会保险费=18 000×(9%+7%)=2 880(元)

合计:16 480元

企业计提的社会保险费,一方面,作为应付职工薪酬的构成部分,贷记"应付职工薪酬"科目;另一方面,根据职工提供服务的受益对象,分别计入产品生产成本或当期损益,其中从事产品生产的直接生产工人社会保险费借记"生产成本"科目,车间管理人员社会保险费借记"制造费用"科目,销售部门人员社会保险费借记"销售费用"科目,行政管理部门人员社会保险费借记"管理费用"科目。因此,编制会计分录如下:

借:生产成本——A产品　　6 400
　　　　　——B产品　　2 400
　制造费用　　3 200
　销售费用　　1 600
　管理费用　　2 880
　贷:应付职工薪酬——社会保险费　　16 480

【例3-19】企业下设一所幼托机构,根据在岗职工人数,按每人300元标准,以银行存款支付幼托补贴。

企业的职工福利费,应在实际发生时计入当期损益或相关资产成本。因此,这笔业务应分如下两步处理:

首先,根据在岗职工数量及岗位分布情况计算需要补贴的金额,确定本月需要承担的福利费金额:

A产品生产工人福利费=25×300=7 500(元)

B产品生产工人福利费=10×300=3 000(元)

车间管理人员福利费＝5×300＝1 500(元)

销售部门人员福利费＝2×300＝600(元)

行政管理部门人员福利费＝4×300＝1 200(元)

合计:13 800 元

企业计提的福利费,一方面,作为应付职工薪酬的构成部分,贷记“应付职工薪酬”科目;另一方面,根据职工提供服务的受益对象,分别计入产品生产成本或当期损益,其中从事产品生产的直接生产工人福利费借记“生产成本”科目,车间管理人员福利费借记“制造费用”科目,销售部门人员福利费借记“销售费用”科目,行政管理部门人员福利费借记“管理费用”科目。因此,编制会计分录如下:

借:生产成本——A产品　　7 500
　　　　　——B产品　　3 000
　制造费用　　1 500
　销售费用　　600
　管理费用　　1 200
　贷:应付职工薪酬——职工福利　　13 800

然后,编制如下会计分录,反映福利费的支付:

借:应付职工薪酬——职工福利　　13 800
　贷:银行存款　　13 800

【例3-20】委托银行代发工资103 000元。

此项经济业务为企业用银行存款发放了职工工资,一方面使得应付职工薪酬这项负债减少,应借记“应付职工薪酬”科目;另一方面企业银行存款减少,应贷记“银行存款”科目。因此,编制会计分录如下:

借:应付职工薪酬——工资　　103 000
　贷:银行存款　　103 000

【例3-21】以银行存款向社保局缴纳职工社会保险费16 480元。

此项经济业务一方面使得应付职工薪酬这项负债减少,应借记“应付职工薪酬”科目;另一方面企业银行存款减少,应贷记“银行存款”科目。因此,编制会计分录如下:

借:应付职工薪酬——社会保险费　　16 480
　贷:银行存款　　16 480

【例3-22】以现金支付行政管理部职工王林生活困难补助费2 000元。

此项经济业务企业实际发生了职工福利开支,一方面由于王林是行政管理部员工,其薪酬费用应借记“管理费用”科目;同时,企业应付职工薪酬增加,贷记“应付职工薪酬”科目。编制会计分录如下:

借:管理费用　　　　　　　　　　　　2 000

　贷:应付职工薪酬——职工福利　　　　　　　2 000

另一方面,企业支付了职工福利,使得应付职工薪酬这项负债减少,应借记“应付职工薪酬”科目;同时,企业库存现金减少,应贷记“库存现金”科目。编制会计分录如下:

借:应付职工薪酬——职工福利　　　　　　　2 000

　贷:库存现金　　　　　　　　　　　　2 000

3.固定资产费用的核算

固定资产的费用包括固定资产折旧费用,以及固定资产在使用过程中发生的更新改造、修理费用等后继支出。

固定资产在其使用寿命内,虽然能够保持其原有的实物形态,但其价值却在使用中逐渐损耗,这部分损耗的价值称为折旧。

企业对每项固定资产,应在其使用寿命内,根据确定的折旧方法,计算该项固定资产本月折旧额,一方面减少固定资产账面价值,贷记“累计折旧”科目;另一方面,根据固定资产的用途,分别计入产品成本和期间费用,借记相关成本费用科目如下:

生产车间使用的固定资产,计提的折旧应计入制造费用,借记“制造费用”科目;

行政管理部门使用的固定资产,计提的折旧应计入管理费用,借记“管理费用”科目;

销售部门使用的固定资产,计提的折旧应计入销售费用,借记“销售费用”科目;

经营租出的固定资产,计提的折旧应计入其他业务成本,借记“其他业务成本”科目。

企业生产车间和行政管理部门发生的固定资产修理费用,计入管理费用,销售机构发生的固定资产修理费用,计入销售费用。

【例3-23】按确定的方法计提本月固定资产折旧18 000元,其中生产车间使用固定资产折旧8 000元,行政管理部门使用固定资产折旧6 000元,销售机构使用的固定资产折旧4 000元。

企业按月计提的折旧,一方面,根据固定资产的用途计入相关的成本费用,其中生产车间的固定资产折旧借记“制造费用”科目,行政管理部门的固定资产折旧借记“管理费用”科目,销售机构的固定资产折旧借记“销售费用”科目;另一方面,固定资产因使用而损耗的价值应贷记“累计折旧”科目。因此,编制会计分录如下：

借：制造费用　　8 000
　管理费用　　6 000
　销售费用　　4 000
　贷：累计折旧　　18 000

【例 3-24】某企业对行政管理部的一台生产机器进行日常修理，以银行存款支付修理费 1 808 元，取得增值税专用发票，注明价款 1 600 元，增值税 208 元。

此项经济业务一方面发生了行政管理部的固定资产修理费，应按价款计入本期管理费用，借记“管理费用”科目；同时，取得了增值税专用发票，其注明的增值税额可以在当期增值税销项税额中抵扣，应借记“应交税费——应交增值税”科目。另一方面企业的银行存款减少，应贷记“银行存款”科目。因此，编制会计分录如下：

借：管理费用　　1 600
　应交税费——应交增值税（进项税额）　　208
　贷：银行存款　　1 808

4.其他费用的核算

【例 3-25】行政管理人员李宁报销差旅费 2 563 元，原预借 5 000 元，余款交回现金，未取得增值税抵扣凭证[①]。

此项经济业务一方面使当期期间费用增加，由于是行政管理人员的差旅费用，应计入管理费用，借记“管理费用”科目；同时，原预借差旅费剩余部分交回现金，企业现金增加，借记“库存现金”科目。另一方面，由于报销了差旅费

---

① 差旅费报销中常包含住宿、交通等项目，其中住宿费用须取得增值税专用发票，按其注明的增值税额抵扣进项税额。交通费用如果取得了增值税专用发票，按专用发票上注明的增值税额抵扣进项税额；未取得增值税专用发票的，暂按以下规定确定进项税额：

1.取得增值税电子普通发票的，为发票上注明的税额；

2.取得注明旅客身份信息的航空运输电子客票行程单的，按照下列公式计算进项税额：

航空旅客运输进项税额＝（票价＋燃油附加费）÷（1＋9%）×9%

3.取得注明旅客身份信息的铁路车票的，按照下列公式计算进项税额：

铁路旅客运输进项税额＝票面金额÷（1＋9%）×9%

4.取得注明旅客身份信息的公路、水路等其他客票的，按照下列公式计算进项税额：

公路、水路等其他旅客运输进项税额＝票面金额÷（1＋3%）×3%

并交回余款，职工预借企业款项已结清，贷记“其他应收款”科目。因此，编制会计分录如下：

借：管理费用　　2 563
　库存现金　　2 437
　贷：其他应收款——李宁　　5 000

【例 3-26】以银行存款支付本月电费 9 492 元，取得增值税专用发票，注明价款 8 400 元，增值税 1 092 元，根据相关记录，本月电费生产车间应负担 8 180元，行政管理部门应负担 220 元。

此项经济业务一方面发生了生产车间和行政管理部门的电费，其中生产车间的电费应计入制造费用，借记“制造费用”科目，行政管理部门的电费应计入管理费用，借记“管理费用”科目；同时，取得了增值税专用发票，其注明的增值税额，可以在当期增值税销项税额中抵扣，应借记“应交税费——应交增值税”科目。另一方面企业的银行存款减少，贷记“银行存款”科目。因此，编制会计分录如下：

借：制造费用　　8 180
　管理费用　　220
　应交税费——应交增值税(进项税额)　　1 092
　贷：银行存款　　9 492

【例 3-27】以银行存款支付预订下一年度报纸杂志费 5 450 元，取得增值税专用发票，注明价款 5 000 元，增值税 450 元。

预订下一年度的报纸杂志，虽然款项在本月实际支付，但其受益期为下一年度各月份，此时，企业应设置“长期待摊费用”账户，该账户根据资产类“长期待摊费用”科目设置，用以核算已经支付但应由本期和以后各期负担的、分摊期限在一年以上的各项费用，如以经营租赁方式租入的固定资产发生的改良支出等。企业发生的长期待摊费用，记入该账户的借方；在受益期内摊销时，记入该账户的贷方。该账户的期末余额在借方，反映企业尚未摊销完毕的长期待摊费用。该账户可按费用项目设置明细账进行明细核算。

因此，上述经济业务一方面使企业长期待摊费用增加，按价款借记“长期待摊费用”科目；同时，取得了增值税专用发票，其注明的增值税额，可以在当期增值税销项税额中抵扣，应借记“应交税费——应交增值税”科目。另一方面企业银行存款减少，贷记“银行存款”科目。编制会计分录如下：

借：长期待摊费用　　5 000
　应交税费——应交增值税(进项税额)　　450
　贷：银行存款　　5 450

在下一年度，此项长期待费用应按月摊销计入各月的损益。

【例 3-28】摊销应由本月负担的租入行政办公用房装修费 2 500 元。

租入行政办公用房屋装修费属于经营租入固定资产的改良支出，在发生时计入“长期待摊费用”账户，在房屋的租赁期内按月摊销计入各月损益。摊销时一方面本期的相关成本费用增加，借记相关成本费用科目；另一方面长期待摊费用减少，贷记“长期待摊费用”科目。行政办公用房的费用应计入管理费用。因此，编制会计分录如下：

借：管理费用	2 500	
贷：长期待摊费用		2 500

【例 3-29】计提按季支付利息的短期借款及按年支付利息的长期借款利息。假定本期利息均不符合资本化条件。

企业的借款利息，可直接归属于符合资本化条件的资产的购建或者生产的，应当予以资本化，计入符合资本化条件的资产成本。其他借款利息，应当在发生时根据其发生额确认为财务费用，计入当期损益。

借款从借入时起即开始发生利息费用，因此，对于按季支付利息的短期借款，以及按年支付利息的长期借款，企业一般采用月末计提的方式进行处理。在借入借款后的每月末，根据借款的本金和利率计算出当月应负担的利息，对于不符合资本化条件的，借记“财务费用”科目；同时增加当期应付利息这项负债，贷记“应付利息”科目。

根据例 3-4、例 3-5 资料，本月应计提的利息费用为：

短期借款利息 $=200\ 000\times4.8\%\div12=800$（元）

长期借款利息 $=700\ 000\times7.2\%\div12=4\ 200$（元）

编制会计分录如下：

借：财务费用	5 000	
贷：应付利息		5 000

【例 3-30】以银行存款支付本季度短期借款利息 2 400 元。

此项经济业务一方面使企业银行存款减少，应贷记“银行存款”科目；另一方面，由于企业按月计提了短期借款利息，所以在实际支付借款利息时，冲减应付利息这项负债，借记“应付利息”科目。因此，编制会计分录如下：

借：应付利息	2 400	
贷：银行存款		2 400

5.制造费用的分配

【例 3-31】将本月制造费用按机器工时比例在 A、B 产品之间进行分配。

根据生产车间工时记录,本月A产品机器工时为7 000工时,B产品机器工时为3 000工时。

根据“制造费用”账户记录,本月共发生制造费用134 000元,按A、B两种产品的机器工时比例进行分配,则:

$$每机器工时应分摊的制造费用=\frac{134\ 000}{7\ 000+3\ 000}=13.4(元/小时)$$

A产品分摊的制造费用=7 000×13.4=93 800(元)

B产品分摊的制造费用=3 000×13.4=40 200(元)

“制造费用”账户中归集的是A、B两种产品的间接成本,也属于产品成本的重要构成部分,因此,计算出A、B两种产品应负担的制造费用后,应将其从“制造费用”账户贷方结转到A、B两种产品的“生产成本”账户借方,结转后“制造费用”账户应无余额,同时,A、B两种产品在“生产成本”账户中才能反映其直接材料、直接人工及制造费用等全部成本构成项目,从而进一步计算出产品的实际生产成本。编制会计分录如下:

借:生产成本——A产品　　93 800

　　　　　　——B产品　　40 200

　贷:制造费用　　134 000

6.计算并结转完工产品成本

通过以上各项费用的归集与分配,应计入产品成本的各项费用均已记入了各产品“生产成本”账户的借方。但这些费用仅是本月发生的生产成本,对于在以前月份投产的产品,还必须考虑该产品在以前月份已发生的生产成本,即将本期发生的生产成本加上期初在产品成本,才是该产品至本月所发生的全部生产成本,然后再采用适当的方法,将其在本期完工产品和期末在产品间进行分配,从而计算并结转本期完工产品的实际生产成本。

【例3-32】A产品本月初在产品1 000件,成本80 700元,其中直接材料51 700元,直接人工13 000元,制造费用16 000元,月末全部完工验收入库。B产品无期初在产品,本月投产800件,月末尚未完工。

根据A产品的“生产成本”账户记录,至本月末共归集了A产品的生产成本310 000元,其中直接材料133 300元,直接人工66 900元,制造费用109 800元。由于A产品1 000件期末全部完工,因此,这1 000件A产品的总成本为310 000元,单位成本为310元。A产品完成了加工过程并验收入库,在计算出实际成本后,应将其从“生产成本”账户的贷方结转到“库存商品”账户的借方,按A产品的实际生产成本反映库存商品的增加。

根据B产品的"生产成本"账户记录，至本月末共归集了B产品的生产成本129 400元，其中直接材料68 800元，直接人工20 400元，制造费用40 200元。由于B产品800件全部未完工，因此，其"生产成本"账户中归集的为B产品期末在产品的成本，保留在B产品"生产成本"账户的借方，待下期继续归集B产品的生产成本。

编制会计分录如下：

借：库存商品——A产品　　310 000

　贷：生产成本——A产品　　310 000

根据以上会计分录登记的生产成本及期间费用等相关账户如表3-4所示。

表3-4 "生产成本"及"期间费用"等相关账户

生产成本——A产品

借	贷
期初余额 80 700	
(16)81 600	
(17)40 000	
(18)6 400	
(19)7 500	
(31)93 800	
	(32)310 000
本期发生额 229 300	本期发生额 310 000

生产成本——B产品

借	贷
(16)68 800	
(17) 15 000	
(18) 2 400	
(19) 3 000	
(31)40 200	
本期发生额 129 400	
本期发生额 129 400	

制造费用

借	贷
(16)93 120	
(17)20 000	
(18)3 200	
(19)1 500	
(23)8 000	
(26)8 180	
	(31)134 000
本期发生额 134 000	本期发生额 134 000

管理费用

借	贷
(16) 208	
(17)18 000	
(18)2 880	
(19)1 200	
(22)2 000	
(23)6 000	
(24)1 600	
(25)2 563	
(26)220	
(28)2 500	

借	销售费用	贷
(16) 2 520		
(17)10 000		
(18)1 600		
(19) 600		
(23)4000		

借	财务费用	贷
(29) 5 000		

任务 3.4 销售过程的核算

情境案例4

“老王，好几天没在公司看到你了，这都年底了，忙啥呢?”

“唉，又到了结款收款的时候，那些赊账的客户，对他们紧也不是，松也不是，整天求爷爷告奶奶地跟在他们身后要账，唉！说是今天给，明天给，但天天不给！今天去，明天去，趟趟白去！心里烦，身体累，精神崩溃！收不回款，这业绩就泡汤了!”

从这段对话中可以感受到，销售业务中，收款是至关重要的一环。应收多少款？款项结算情况怎样？到底赚不赚钱？这些都是我们要弄清的。因此，销售业务应从以下三方面来反映其引起的会计科目变化：

例如，某企业销售 A 产品 5 件，每件售价 20 万元，成本 10 万元，该产品适用于 10%的消费税，本期可抵扣的增值税进项税额为 3 万元。

其一，企业销售产品时应向购买方收取货款，以及按售价和规定的税率计算的增值税销项税额，共计 113 元，根据款项的具体结算情况记入“银行存款”或“应收账款”等账户的借方。收取的款项中 100 万元是企业销售产品取得的收入，记入“主营业务收入”账户的贷方，13 万元是代国家收取的增值税销项税额，应记入“应交税费”账户的贷方，扣减 3 万元的增值税进项税额，本期应交增值税额为 10 万元。

其二，根据收入配比原则，对该产品销售收入进行确认，其实际生产成本 50 万元也应计入当期损益，具体表现为库存商品减少，主营业务成本增加。

其三，企业在销售产品时，除了计算增值税外，还应按税法的相关规定，计算包含在产品售价中的税费，以及针对销售环节的以上流转税征收的附加税费，具体包括：

消费税，按销售收入的10％计缴，计10万元；

城市维护建设税，简称城建税，按本期应交增值税和消费税额的7％计缴，计1.4万元；

教育费附加，按本期应交增值税和消费税额的7％计缴，计0.6万元。

这些税费统一在“税金及附加”科目中反映，作为利润的减项，一方面记入“税金及附加”账户的借方；另一方面，记入“应交税费”账户的贷方，留待下一会计期间申报缴纳。

以上处理如表3-5所示。

表3-5　销售业务中相关会计科目的账户处理

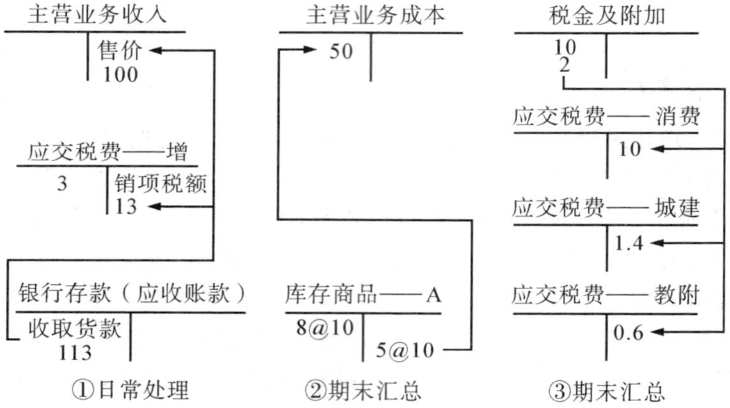

一、销售过程核算应设置的账户

为了完成销售过程的核算任务，企业需设置以下账户：

1.主营业务收入。根据损益类“主营业务收入”科目设置，用以核算企业确认的销售商品等主营业务的收入。企业销售产品确认的销售收入记入该账户的贷方，月末，将该账户的余额转入“本年利润”账户，结转后该账户无余额。

2.其他业务收入。根据损益类“其他业务收入”科目设置，用以核算企业确认的除主营业务活动以外的其他经营活动实现的收入。包括出租固定资产、出租无形资产、出租包装物和商品、销售材料等实现的收入。企业确认的其他业务收入记入该账户的贷方，月末，将该账户的余额转入“本年利润”账户，结转后该账户无余额。

3.主营业务成本。根据损益类“主营业务成本”科目设置，用以核算企业确认销售产品等主营业务收入时应结转的成本。在每一会计期末，企业应根据本期销售各种产品等实际生产成本，计算应计入当期损益的已销售产品实际生产成本，并将其从“库存商品”账户的贷方转入“主营业务成本”账户的借方。然后，再将该账户的余额转入“本年利润”账户，结转后该账户无余额。

4.其他业务成本。根据损益类“其他业务成本”科目设置，用以核算企业确认的除主营业务活动以外的其他经营活动所发生的支出，包括销售材料的成本、出租固定资产的折旧额、出租无形资产的摊销额、出租包装物的成本或摊销额等。企业发生的其他业务成本，记入该账户的借方，期末，应将该账户的余额转入“本年利润”账户，结转后该账户无余额。

5.税金及附加。根据损益类“税金及附加”科目设置，用以核算企业经营活动发生的消费税、城市维护建设税、资源税、印花税、房产税和教育费附加等相关税费。企业按规定计算确定的与经营活动相关的税费，记入该账户的借方，期末，应将该账户的余额转入“本年利润”账户，结转后该账户无余额。

6.应收账款。根据资产类“应收账款”科目设置，用以核算企业因销售商品等经营活动应收取的款项。企业发生应收账款时按应收金额，记入该账户的借方；收回应收账款时，记入该账户的贷方。该账户的期末余额在借方，反映企业尚未收回的应收账款。该账户可按债务人设置明细账进行明细核算。

7.应收票据。根据资产类“应收票据”科目设置，用以核算企业因销售商品等收到的商业汇票，包括银行承兑汇票和商业承兑汇票。企业因销售商品收到商业汇票时，按其票面金额，记入该账户的借方；商业汇票到期，按其票面金额记入该账户的贷方。该账户的期末余额在借方，反映企业持有的商业汇票的票面金额。

二、销售过程主要经济业务的核算

【例 3-33】销售给讯达公司 A 产品 500 件，开具的增值税专用发票上注明售价为 250 000 元，增值税额为 32 500 元，收到讯达公司开具的银行承兑汇票一张。

此项经济业务一方面使该企业收到了一张银行承兑汇票，应按其票面金额即销售产品的价税合计额借记“应收票据”科目；另一方面企业通过销售产品取得的收入属于主营业务收入，应按增值税专用发票上的销售价格贷记“主营业务收入”科目，应向购货方收取的增值税销项税额，贷记“应交税费——应交增值税”科目。因此，编制会计分录如下：

借：应收票据	282 500	
贷：主营业务收入		250 000
应交税费——应交增值税（销项税额）		32 500

【例 3-34】以银行存款支付本月广告费 6 000 元，取得了增值税普通发票。

此项经济业务一方面发生了广告费，应计入销售费用，借记“销售费用”科目；另一方面，企业银行存款减少，应贷记“银行存款”科目。因此，编制会计分录如下：

借：销售费用　　6 000

　贷：银行存款　　6 000

【例 3-35】销售甲材料 50 公斤，开具的增值税专用发票上注明售价为 6 000元，增值税额为 780 元，款项已收，存入银行。

此项经济业务一方面企业收到销售价款及增值税销项税额，银行存款增加，应借记“银行存款”科目；另一方面企业通过销售材料取得的收入属于其他业务收入，应按增值税专用发票上的售价贷记“其他业务收入”科目，向购货方收取的增值税销项税额，贷记“应交税费——应交增值税”科目。因此，编制会计分录如下：

借：银行存款　　6 780

　贷：其他业务收入　　6 000

　　应交税费——应交增值税（销项税额）　　780

【例 3-36】向深云电子厂销售 A 产品 300 件，开具的普通发票上注明价款 150 000 元，增值税 19 500 元，以银行存款代垫运费 3 000 元，款项尚未收到。

企业将产品销售给小规模纳税人或消费者时，只能开具普通发票，此时，企业仍需按增值税普通发票上注明的增值税额，计缴增值税。

企业在销售产品过程中支付的运杂费，有两种情况：一是由销售方负担，应计入当期销售费用，取得增值税专用发票的，进项税额可以在当期销项税额中抵扣，记入“应交税费——应交增值税”账户的借方；二是由购买方负担，销售方代为垫付，该款项应从购买方收回，计入应向购买方收取的款项总额中。

因此，编制会计分录如下：

借：应收账款——深云电子　　172 500

　贷：主营业务收入　　150 000

　　应交税费——应交增值税（销项税额）　　19 500

　　银行存款　　3 000

【例 3-37】月末，结转本月销售 A 产品的生产成本。

本月共销售 A 产品 800 件，随着该产品的销售，一方面企业库存 A 产品减少，应贷记“库存商品”科目；另一方面需在本期损益中确认的已销售 A 产品的生产成本增加，应借记“主营业务成本”科目。根据生产过程的核算，A 产品的实际生产成本为 310 元/件。因此，编制会计分录如下：

借:主营业务成本 248 000

贷:库存商品——A产品 248 000

【例3-38】月末,结转本月销售甲材料的采购成本。

本月共销售甲材料50公斤,随着该材料的销售,一方面企业库存甲材料减少,应贷记“原材料”科目;另一方面需在本期损益中确认的已销售甲材料的实际采购成本增加,应借记“其他业务成本”科目。根据采购过程的核算,甲材料的实际采购成本为100.8元/公斤。因此,编制会计分录如下:

借:其他业务成本 5 040

贷:原材料——甲材料 5 040

【例3-39】企业销售的A产品属消费税应税产品,适用税率为5%,月末,计算本月销售A产品应负担的消费税。

根据相关账户记录,本月共销售A产品400 000元,按5%的税率计算应交消费税20 000元,一方面应计入当期损益,借记“税金及附加”科目;另一方面,由于消费税尚未实际交纳,企业应交税费这项负债增加,贷记“应交税费”科目。因此,编制会计分录如下:

借:税金及附加 20 000

贷:应交税费——应交消费税 20 000

【例3-40】月末,计算并结转本期未交或多交的增值税。经查,本期应交增值税账户记录如表3-8所示。

账户目前余额在贷方,为本期销项税额抵扣本期进项税额后的差额,即本期应交未交增值税额,应将其从“应交增值税”明细账户结转到“未交增值税”明细账户,编制会计分录如下:

借:应交税费——应交增值税(转出未交增值税) 4 140

贷:应交税费——未交增值税 4 140

【例3-41】月末计提本月的城市维护建设税及教育费附加。本企业适用的城市维护建设税率及教育费附加的征收比率分别为7%和3%。

城市维护建设税和教育费附加是以企业缴纳的增值税、消费税、营业税税额为依据所征收的附加税费,分别用于城市的公用事业和公共设施的维护建设及教育支出。

经查,本期应交税费相关账户记录如表3-9所示。

表 3-6　本期应交增值税账户

借　应交税费——应交增值税　贷

借	贷
(10)3 900(进)	
(11)33 800(进)	
(12)360(进)	
(13)10 580(进)	
(24)208(进)	(33)32 500(销)
(26)1 092(进)	(35)780(销)
(27)450(进)	(36)19 500(销)
	期末余额 2 390

表 3-7　本期应交税费相关账户

借　应交税费——应交消费税　贷

借	贷
	期初余额 1 000
(6)1 000	(39)20 000

借　应交税费——未交增值税　贷

借	贷
	期初余额 9 800
(6)9 800	(40)2 390
	期末余额 2 390

根据账户记录，本月应交增值税为 2 390 元，应交消费税为 1 567.3 元，则：

应交城建税＝(2 390＋20 000)×7%＝1 567.3(元)

应交教育费附加＝(2 390＋20 000)×3%＝671.7(元)

本月应负担的城建税及教育费附加一方面应计入当期损益，借记“税金及附加”科目；另一方面，由于城建税及教育费附加尚未实际交纳，企业应交税费这项负债增加，应贷记“应交税费”科目。因此，编制会计分录如下：

借：税金及附加　　2 239

　贷：应交税费——应交城建税　　1 567.3

　　　　　　——应交教育费附加　　671.7

任务 3.5　利润的核算

追求利润的最大化是企业的经营目标之一，因此，在本期收入与费用核算的基础上，需要进一步计算反映企业利润的形成及其分配情况。

情境案例5

小明妈妈带小明在小区散步时，遇到到小强和他妈妈。“好久不见，小明长高很多啊，像个小学生了。”“他不长个，总比小强矮一截，我总担心他身高不达标。”“怎么可能？来，你俩背靠背站一块，让我们看看。你看，哪有矮一截，最多差一厘米。”这个场景我们在生活中都碰过，现在要说的重点是：为了比较两个人身高，背靠背一目了然。会计人员在期末也碰到了同样的问题：比较收入和费用孰高孰低，计算本期利润，如果能让它们“背靠背”，是不是也一目了然呢？

在借贷记账法下，收入账户的增加在贷方，平时我们在该账户的贷方登记、归集取得的各项收入，月末时其贷方余额即为本期的收入总额；费用账户的增加在借方，平时我们在该账户的借方登记、归集发生的各项费用，月末时其借方余额即为本期的费用总额。为了计算本期利润，我们设置了“本年利润”账户，月末时，将收入账户中归集的收入数据转移到“本年利润”账户中，根据账户的结构，应转入“本年利润”账户的贷方；再将费用账户中归集的费用数据转移到“本年利润”账户中，根据账户的结构，应转入“本年利润”账户的借方，“背靠背”的收入和费用，差额表现为“本年利润”账户的余额，若余额在贷方，表示收入高于费用，企业取得了盈利；若余额在借方，表示费用高于收入，企业发生了亏损。

这种处理方法，同时也解决了由于收入和费用单向增加而在相关账户中只增不减、不断累积的问题。而这一问题也是导致收入和费用账户期末无余额的原因所在。

一、利润的构成

利润是指企业在一定会计期间的财务成果。利润包括收入减去费用后的净额、直接计入当期利润的利得和损失等。

直接计入当期利润的利得和损失，是指应当计入当期损益、会导致所有者权益发生增减变动的、与所有者投入资本或者向所有者分配利润无关的利得或者损失。

收入、费用与利得、损失作为企业利润的构成部分，均会导致所有者权益发生变动，并与所有者投入资本或向所有者分配利润无关，但二者有着本质的区别：

收入与费用是企业在日常活动中形成的经济利益的总流入及总流出，而利得与损失是与企业日常活动没有直接关联的经济利益净流入或净流出。“日常活动”是指企业为完成其经营目标所从事的经常性活动以及与之相关的活动。例如，工业企业制造并销售产品，属企业为完成其经营目标所从事的经常性活动，由此产生的经济利益总流入及总流出，构成企业的收入与费用；而其出售原材料、出租固定资产等，属于与经常性活动相关的活动，由此产生的经济利益的总流入与总流出，也构成企业的收入与费用；对其处置固定资产、对外投资等活动，不是企业为完成其经营目标所从事的经常性活动，也不属于与经常性活动相关的活动，由此产生的经济利益的净流入与净流出，不构成企业的收入与费用，形成企业的利得或损失。

利润的相关计算公式如下：

1.营业利润

营业利润＝营业收入－营业成本－税金及附加－销售费用－管理费用－财务费用－资产减值损失＋公允价值变动收益（－公允价值变动损失）＋投资收益（－投资损失）

其中，营业收入是指企业经营业务所确认的收入总额，包括主营业务收入与其他业务收入。

营业成本是指企业经营业务所发生的实际成本总额，包括主营业务成本和其他业务成本。

2.利润总额

利润总额＝营业利润＋营业外收入－营业外支出

其中，营业外收入是指企业发生的与其日常活动无直接关系的各项利得。

营业外支出是指企业发生的与其日常活动无直接关系的各项损失。

3.净利润

企业实现的利润总额，必须按税法的规定计缴企业所得税，从利润总额中扣除了企业确认的所得税费用后，形成企业的净利润。

净利润＝利润总额－所得税费用

二、利润核算应设置的账户

为了反映利润的形成及分配情况，企业应设置以下账户：

1.营业外收入。根据损益类“营业外收入”科目设置，用以核算企业发生的与其日常活动无直接关系的各项利得，主要包括非流动资产处置利得、盘盈利得、捐赠利得、确实无法支付而按规定程序经批准后转作营业外收入的应付款项等。企业确认各项利得时，记入该账户的贷方，期末，应将该账户的余额转入“本年利润”账户，结转后该账户无余额。该账户可按营业外收入项目设置明细账进行明细核算。

2.营业外支出。根据损益类“营业外支出”科目设置，用以核算企业发生的与其日常活动无直接关系的各项损失，主要包括非流动资产处置损失、盘亏损失、罚款支出、公益性捐赠支出、非常损失等。企业确认各项损失时，记入该账户的借方，期末，应将该账户的余额转入“本年利润”账户，结转后该账户无余额。该账户可按营业外支出项目设置明细账进行明细核算。

3.本年利润。根据所有者权益类“本年利润”科目设置，用以核算企业当期实现的净利润（或发生的净亏损）。企业期末结转利润时，应将各损益类账户的余额转入该账户，结平各损益类账户。结转后该账户的贷方余额为本年度实现的净利润，借方余额为本年度发生的净亏损。年度终了，应将该账户的余额转入“利润分配——未分配利润”账户，结转后该账户应无余额。

4.所得税费用。根据损益类“所得税费用”科目设置，用以核算企业确认的应从当期利润总额中扣除的所得税费用。企业按照税法规定计算确定的当期所得税费用，记入该账户的借方，期末，应将该账户的余额转入“本年利润”账户，结转后该账户无余额。

5.利润分配。根据所有者权益类“利润分配”科目设置，用以核算企业利润的分配和历年分配后的余额。该账户应当分别设置“提取法定盈余公积”、“应付现金股利或利润”和“未分配利润”等明细账进行明细核算。企业按规定提取的法定盈余公积，记入“利润分配——提取法定盈余公积”明细账户的借方；经股东大会或类似机构决议，分配给股东或投资者的现金股利或利润，记入“利润分配——应付现金股利或利润”明细账户的借方。年度终了，企业应将本年实现的净利润或发生的净亏损，自“本年利润”账户转入“利润分配——未分配利润”明细账户；同时，将“利润分配”账户所属其他明细账户的余额，转入“利润分配——未分配利润”明细账户，结转后，除“利润分配——未分配利润”明细账户外，“利润分配”账户所属的其他明细账户应无余额。“利润分配——未分配利润”明细账户的年末余额，反映企业本年度末的累积未分配利润。

6.盈余公积。根据所有者权益类“盈余公积”科目设置，用以核算企业从净利润中提取的盈余公积。企业按规定提取盈余公积时，记入该账户的贷方；经股东大会或类似机构决议，用盈余公积弥补亏损、转增资本或派送新股时，记入该账户的借方。该账户的期末余额在贷方，反映企业的盈余公积。

7.应付股利。根据负债类“应付股利”科目设置，用以核算企业分配的现金股利或利润。根据股东大会或类似机构审议批准的利润分配方案，按应支付的现金股利或利润，记入该账户的贷方；实际支付现金股利或利润，记入该账户的借方。该账户的期末余额在贷方，反映企业应付未付的现金股利或利润。该账户可按投资者设置明细账进行明细核算。

三、利润相关业务的核算

1.营业外收支的核算

【例 3-42】获赠机器设备一台，价值 41 000 元。

此项经济业务一方面使得企业机器设备增加，应借记“固定资产”科目；另一方面，企业接受捐赠获得了捐赠利得，应贷记“营业外收入”科目。因此，编制会计分录如下：

借：固定资产　　41 000

　贷：营业外收入　　41 000

【例 3-43】以银行存款交纳违章罚款 4 830 元。

此项经济业务一方面由于被罚款处罚发生了罚款支出，应借记“营业外支出”科目；另一方企业以银行存款支付了罚款，应贷记“银行存款”科目。因此，编制会计分录如下：

借：营业外支出　　4 830

　贷：银行存款　　4 830

2.利润的核算

【例 3-44】月末，将各损益类账户的余额结转到“本年利润”账户。

经查，本期损益类相关账户记录如表 3-8 所示。

表 3-8　本期损益类相关账户记录

主管业务收入

借	贷
	(33)250 000
	(36)150 000

其他业务收入

借	贷
	(35)6 000

营业外收入

借	贷
	(42)41 000

主营业务成本

借	贷
(37)248 000	

其他业务成本

借	贷
(38)5 040	

税金及附加

借	贷
(39)20 000	
(41)2 239	

销售费用

借	贷
(16)2 520	
(17)10 000	
(18)1 600	
(19) 600	
(23)4 000	
(34)6 000	

管理费用

借	贷
(16)208	
(17)18 000	
(18)2 880	
(19) 1 200	
(22)2 000	
(23)6 000	
(24)1 600	
(25)2 563	
(26)220	
(28)2 500	

财务费用

借	贷
(29)5 000	

营业外支出

借	贷
(43)4 830	

根据以上账户记录，将各损益类账户余额从相反方向转出，编制会计分录如下：

(1)结转收入

借：主营业务收入　　400 000
　　其他业务收入　　6 000
　　营业外收入　　41 000
　贷：本年利润　　447 000

(2)结转费用

借：本年利润　　347 000
　贷：主营业务成本　　248 000
　　其他业务成本　　5 040
　　税金及附加　　22 239
　　销售费用　　24 720
　　管理费用　　37 171
　　财务费用　　5 000
　　营业外支出　　4 830

本月实现的利润总额＝447 000－347 000＝100 000(元)

【例 3-45】已知企业适用的所得税率为25%，计提并结转本月所得税费用。

应交所得税＝100 000×25%＝25 000(元)

本期实现的净利润＝100 000－25 000＝75 000(元)

计算出的本月应交所得税，一方面增加了应从当期利润总额中扣除的所得税费用，应借记"所得税费用"科目；另一方面，由于该项税费尚未实际交纳，企业应交税费这项负债增加，应贷记"应交税费"科目。

另外，"所得税费用"账户的期末余额应转入"本年利润"账户，以反映当期的净利润。因此，编制会计分录如下：

(1)计提当期所得税费用

借：所得税费用　　25 000
　贷：应交税费——应交所得税　　25 000

(2)结转所得税费用

借：本年利润　　25 000
　贷：所得税费用　　25 000

根据以上相关分录登记"本年利润"账户如表3-9所示。

表 3-9 “本年利润”账户

借	本年利润 贷
	期初余额 425 000
	(44)447 000
(44)347 000	
(45) 25 000	
	期末余额 500 000

从以上账户记录可以看出，期初余额 425 000 元为企业本年度 1—11 月份实现的净利润，12 月实现的净利润为 75 000 元，当前余额 500 000 元为本年度实现的净利润。

3.利润分配核算

利润分配是指企业根据国家有关规定和企业章程、投资者协议等，对企业当年可供分配的利润所进行的分配。当年可供分配的利润包括当年实现的净利润与年初未分配利润。

未分配利润是经过提取法定盈余公积、提取任意盈余公积和向投资者分配利润等利润分配后剩余的利润，它是企业留待以后年度进行分配的历年结存的利润，相对于本年度实现的利润来说，企业对未分配利润的使用有较大的自主权。

企业利润分配的顺序依次是：(1)弥补亏损；(2)提取法定盈余公积；(3)提取任意盈余公积；(4)向投资者分配利润。

根据《公司法》的规定，公司制企业应当按照净利润的 10%计提法定盈余公积，法定盈余公积累计额已达注册资本的 50%时可以不再提取。应注意的是，由于年初未分配利润为已提取法定盈余后的留存利润，因此，在计算提取法定盈余公积的基数时，不应包括年初未分配利润。

公司制企业可以根据股东大会的决议提取任意盈余公积，计提的基数与比例由企业自行决定。

公司制企业可经股东大会或类似机构决议，向投资者分配现金股利或利润。

【例 3-46】根据规定按本年税后利润的 10%计提法定盈余公积。

法定盈余公积计提额＝500 000×10%＝50 000(元)

提取法定盈余公积属于企业利润分配，该项业务一方面使企业已分配利润增加、未分配利润减少，应借记“利润分配——提取法定盈余公积”科目；另一方面，所有者权益中来自企业盈利的积累增加，应贷记“盈余公积”科目。因此，编制会计分录如下：

借：利润分配——提取法定盈余公积　　50 000
　贷：盈余公积　　50 000

【例 3-47】根据股东大会决议，按投资者出资比例向投资者分配现金利润 200 000 元。已知企业的投资者长江电信和力丰控股的出资比例为 4∶6。

向投资者分配现金利润，一方面使企业已分配利润增加、未分配利润减少，应根据股东大会的决议，借记“利润分配——应付现金股利或利润”科目；另一方面，由于分配的利润尚未实际支付给投资者，企业应付股利这项负债增加，应贷记“应付股利”科目。因此，编制会计分录如下：

借：利润分配——应付现金股利或利润　　200 000
　贷：应付股利——长江电信　　80 000
　　　　　　——力丰控股　　120 000

4.年末结转

【例 3-48】年末，结转“本年利润”及“利润分配”各明细账户。

经查，结转前，“本年利润”账户贷方余额为 500 000 元，“利润分配——提取法定盈余公积”明细账户借方余额为 50 000 元，“利润分配——应付现金股利或利润”明细账户的借方余额为 200 000 元，应将各账户余额从相反方向结转到“利润分配——未分配利润”账户。因此，编制会计分录如下：

(1)结转“本年利润”

借：本年利润　　500 000
　贷：利润分配——未分配利润　　500 000

(2)结转“利润分配”所属各明细账户

借：利润分配——未分配利润　　250 000
　贷：利润分配——提取法定盈余公积　　50 000
　　　　　　　——应付现金股利或利润　　200 000

根据以上相关分录登记“利润分配——未分配利润”账户如表 3-10 所示。

表 3-10　登记“利润分配——未分配利润”账户

借　利润分配——未分配利润　贷

	期初余额 220 000
	(48)500 000
(44)250 000	
	期末余额 470 000

从以上账户记录可以看出，“利润分配——未分配利润”明细账户的期初

余额为本年初的累积未分配利润，年末转入其贷方的500 000元为本年度实现的净利润，转入其借方的是本年度分配的利润250 000元，期末余额470 000元为本年末的累积未分配利润。

练习题

一、填空题

1.__________和__________账户用来核算企业向银行或其他金融机构等借入的各种借款。

2.材料的采购成本由__________和__________构成。

3.“固定资产”账户的借方余额反映企业持有的固定资产的__________，“累计折旧”账户的贷方余额反映企业持有固定资产已计提的__________，“固定资产”账户借方余额与“累计折旧”贷方余额的差额反映企业持有固定资产的__________。

4.凡在我国境内销售货物或者提供加工、修理、修配劳务以及进口货物的单位和个人为增值税的纳税义务人，其应纳税额＝__________－__________。

5.对各项会计要素进行确认、计量和报告的基础有__________和__________，企业应以__________为基础。

6.企业产品的成本构成项目包括__________、__________和__________。

7.期间费用是指不能直接归属于某个特定产品成本的费用，包括__________、__________和__________。

8.企业销售产品和材料过程中发生的各种费用为__________，企业为组织和管理生产经营所发生的费用为__________，企业为筹集生产经营所需资金而发生的筹资费用为__________。

9.不能直接计入产品成本，需要采用合理分配方法分配计入各种产品成本的费用，称为__________。

10.“应付职工薪酬”账户可设置__________、__________、__________、__________、__________和“非货币性福利”等明细分类账户。

11.直接生产工人的薪酬费用应计入__________账户，车间技术及管理人员薪酬费用应计入__________账户，销售机构人员的薪酬费用计入__________账户，行政管理人员薪酬费用计入__________账户。

12.“税金及附加”账户用以核算企业经营活动发生的__________、

__________、__________、__________、__________和教育费附加等相关税费。

13.利润是企业在一定会计期间的经营成果，包括__________减去__________后的净额，直接计入当期利润的__________和__________等。

14."本年利润"账户的借方余额为企业本年度__________，贷方余额为企业本年度__________。

15.企业的营业利润＝__________－__________－__________

－__________－__________－__________

－资产减值损失＋公允价值变动收益＋投资收益。

16.企业的利润总额＝__________＋__________－__________。

17.企业的净利润＝__________－__________。

二、单项选择题

1.以下账户中期末一般无余额的是__________。

A.应交税费　　B.本年利润

C.应付利息　　D.营业外收入

2.下列项目中不构成材料采购成本的是__________。

A.买价　　B.增值税　　C.消费税　　D.关税

3.法定盈余公积的计提比例为税后净利润的__________。

A.7%　　B.5%　　C.10%　　D.16%

4.某企业购买甲材料500公斤，取得增值税专用发票，单价20元，价款10 000元，增值税额1 700元，发生运杂费500元，材料运输途中发生合理损耗20公斤，入库前发生挑选整理费300元，则甲材料的采购成本为________。

A.10 800　　B.11 200　　C.12 900　　D.10 400

5.经营租入的固定资产的改良支出应记入__________账户。

A.在建工程　　B.固定资产

C.长期待摊费用　　D.营业外支出

6."应付职工薪酬"是__________科目。

A.资产类　　B.负债类　　C.所有者权益类　　D.损益类

7."材料采购"账户期末若有余额，表示__________。

A.已购入但尚未验收入库的材料

B.企业本月及以前各期累计购买的材料金额

C.企业目前尚存的原材料

D.企业已入库和已耗用材料的差额

8.工业企业将多余闲置的固定资产出租，收取的租金收入应计入________。

A.主营业务收入　　B.其他业务收入

C.投资收益　　D.营业外收入

9.以下属于所有者权益的项目是＿＿＿＿＿＿。

A.著作权　　B.固定资产　　C.投入资本　　D.应收账款

10.甲企业从银行借款10万元归还原欠B公司的购货款，借款和还款手续办妥后，企业＿＿＿＿＿＿。

A.资产和负债都增加了　　B.权益和资产都增加了

C.一项负债减少另一项负债增加　　D.负债减少，资产增加

11.企业出售无形资产取得的净收益应计入＿＿＿＿＿＿。

A.主营业务收入　　B.其他业务收入

C.营业外收入　　D.投资收益

12.甲企业经股东大会批准后，决定将10万元盈余公积转增为资本金，这项业务发生后该企业＿＿＿＿＿＿。

A.资产总额增加了

B.负债总额减少了

C.所有者权益减少，资产增加

D.原有的资产、负债、所有者权益总额均未变化

13.企业利润分配中以下项目的分配顺序为＿＿＿＿＿＿。

①提取任意盈余公积②弥补亏损③提取法定盈余公积④向投资者分配利润

A.①→②→③→④　　B.②→③→①→④

C.③→①→②→④　　D.②→①→③→④

14.企业处置固定资产发生的净损失应计入＿＿＿＿＿＿。

A.主营业务成本　　B.其他业务成本

C.营业外收入　　D.营业外支出

15.企业应缴纳的城市维护建设税和教育费附加应借记的科目是＿＿＿＿＿＿。

A.其他业务成本　　B.应交税费

C.税金及附加　　D.营业外支出

16.企业的应付款项确实无法支付，经确认后转作＿＿＿＿＿＿。

A.主营业务收入　　B.其他业务收入

C.营业外收入　　D.资本公积

17.企业支付应负担的员工社会保险费，应借记的科目是＿＿＿＿＿＿。

A.其他应收款　B.应付职工薪酬　C.管理费用　D.其他应付款

18.下列各项中,应计入管理费用的是__________。

A.审计费　B.广告费

C.采购运费　D.自然灾害损失

19.企业销售机构发生的固定资产修理费应计入__________。

A.销售费用　B.制造费用　C.管理费用　D.营业外支出

20.企业出租固定资产计提的折旧应计入__________。

A.制造费用　B.管理费用　C.其他业务成本　D.营业外支出

三、多项选择题

1.以下项目中构成材料采购成本的有__________。

A.买价　B.运杂费　C.广告费　D.挑选整理费

E.进口关税

2.企业的期间费用包括__________。

A.制造费用　B.销售费用　C.管理费用　D.财务费用

E.长期待摊费用

3.企业产品的构成项目包括__________。

A.生产成本　B.制造费用　C.直接材料　D.直接人工

E.间接费用

4.以下账户中期末无余额的是__________。

A.生产成本　B.制造费用　C.本年利润　D.管理费用

E.利润分配

5.工业企业以下收入中应记入其他业务收入的有__________。

A.销售产品　B.销售材料

C.固定资产盘盈　D.固定资产出租收入

E.处置固定资产净收益

6.工业企业以下各项应记入营业外支出的是__________。

A.罚款支出　B.固定资产盘亏

C.公益性捐赠　D.租入固定资产租金

E.非常损失

7.下列费用不能全部计入当期损益的有__________。

A.生产成本　B.制造费用　C.销售费用　D.管理费用

E.财务费用

8.下列支出不得列入成本费用的是__________。

A.支付给金融机构的手续费　　B.支付给银行的借款利息

C.偿还银行的长期借款本金　　D.支付给投资者利润

E.支付给供应商的购货款

9.年末下列账户中无余额的是__________。

A.生产成本　B.应交税费　C.制造费用　D.本年利润

E.利润分配

10.以下费用中应记入销售费用的是__________。

A.广告费　　B.销售机构人员工资

C.销售机构人员差旅费　　D.销售产品运杂费

E.销售原材料成本

11.以下费用中应记入财务费用的是__________。

A.支付给金融机构手续费　　B.利息支出

C.汇兑损益　　D.财务人员工资

E.财务部门办公费

12.工业企业以下税金中应记入税金及附加的是__________。

A.增值税　B.消费税　C.所得税　D.城建税

E.教育费附加

13.计提固定资产折旧可能涉及的账户包括__________。

A.固定资产　B.累计折旧　C.制造费用　D.销售费用

E.财务费用

14.工业企业以下项目中应计入营业外收入的是__________。

A.材料销售　　B.固定资产出租

C.确实无法支付的应付账款　　D.接受捐赠

E.处置固定资产利得

四、判断题

1.材料采购成本中的买价是指向购买方支付的采购账款。（　　）

2.财务费用是一种期间费用，按月归集，月末全部转入“本年利润”账户。（　　）

3.由于损益类账户期末余额需全额转入“本年利润”账户，因此，损益类账户期末无余额。（　　）

4.未分配利润等于“本年利润”账户的贷方余额减去“利润分配”账户的借方余额。（　　）

5.增值税对企业的经营成本和损益核算没有影响。（　　）

6."累计折旧"账户是固定资产的备抵账户,表示固定资产的累计损耗价值。（ ）

7.企业预付下一年度保险费,应记入"管理费用"账户。（ ）

8."本年利润"借方余额表示本年度累计实现净利润,贷方余额表示本年度累计发生净亏损。（ ）

9."利润分配——未分配利润"账户的贷方余额表示本年度的未分配利润金额。（ ）

10."累计折旧"属于资产类科目,因此累计折旧的增加记入"累计折旧"账户的借方。（ ）

11.相对于本年度实现的利润,企业对未分配利润有较大的自主使用权。（ ）

12.企业销售产品若开具了普通发票,会计核算时不需反映销售产品的销项税额。（ ）

13.本期支付本期受益的费用,应在其支付时,直接作为当期费用处理。（ ）

14.当期发生的产品生产成本不能直接计入当期损益,而应在产品实际销售并确认销售收入时,再将已销售产品的生产成本计入该期损益。（ ）

15.企业按职工工资总额一定比例计提的工会经费及职工教育经费应记入管理费用。（ ）

16.企业专设销售机构的固定资产修理费用应计入销售费用。（ ）

17."生产成本"账户若有余额应在借方,反映期末自制半成品的实际生产成本。（ ）

18.企业当年可供分配的利润包括当年实现的净利润和年初未分配利润。（ ）

19.企业计提当年盈余公积的基数,不包括年初未分配利润。（ ）

20.年度终了,"利润分配"账户所属的各明细账户中,除"未分配利润"明细账户可能有余额外,其他明细账户均无余额。（ ）

21.利得与损失是与企业日常活动直接关联的经济利益总流入或总流出。（ ）

22.营业外收入是企业发生的与其日常活动无直接关系的各项收入。（ ）

23.营业外支出是企业发生的与其日常活动无直接关系的各项费用。（ ）

五、综合业务题

1.企业某月发生如下经济业务：

(1)以银行存款偿付到期的3年期借款4 000 000元。

(2)以银行存款交纳增值税2 400元，所得税6 000元。

(3)安通实业公司以商标权投资，作价200 000元。

(4)以银行存款偿付前欠账款58 500元。

(5)从银行借入6个月期限贷款1 000 000元。

(6)将盈余公积600 000元转为资本金。

(7)收到长发投资公司投入资本金100 000元，存入银行。

(8)职工李家预借差旅费2 000元，以现金支付。

(9) 以银行存款支付分配给投资者的利润200 000元，其中安通公司80 000元，长发投资公司120 000元。

(10)长发投资公司以机器设备一台投资，账面原值400 000元，已提折旧80 000元，协议作价350 000元。

(11)收到利达公司交来的借用包装物押金3 000元，存入银行。

(12)以银行存款支付到期的商业汇票款1 170 000元。

要求：编制以上经济业务的会计分录。

2.企业某月发生如下经济业务：

(1)从利达公司购入甲材料1 000公斤，增值税专用发票上注明的单价20元，价款20 000元，增值税额2 600元，款项以银行存款支付。

(2)上述甲材料运至企业，用现金支付挑选整理费400元，材料已验收入库。

(3)从天安电子厂购入甲材料4 000公斤，增值税专用发票上注明单价18元，价款72 000元，增值税额9 360元，乙材料6 000公斤，单价50元，价款300 000元，增值税额39 000元，货款以银行承兑汇票支付。

(4)以银行存款支付上述甲、乙材料运费4 800元，增值税432元，取得了增值税专用发票，用现金支付装卸费200元。上述甲、乙材料运到企业，甲材料进行挑选整理，乙材料验收入库。

(5)向永昌贸易公司购买丙材料5 000公斤，增值税专用发票上注明的单价10元，价款50 000元，增值税额6 500元；永昌贸易公司代垫了1 090元运费，增值税专用发票上标明运价1 000元，增值税90元。货款尚未支付，材料尚在途中。

(6)上述签发给天安电子厂的商业汇票到期，以银行存款支付票款。

(7)以银行存款支付前欠永昌贸易公司货款。

(8)以银行存款购入不需安装的机器设备一台，取得的增值税专用发票中注明价款 300 000 元，增值税 39 000 元。

(9)月末，结转入库材料的实际采购成本。

要求：编制以上经济业务的会计分录。

3.企业某月发生以下经济业务：

(1)结算本月职工工资 80 000 元，其中 A 产品生产人员工资 20 000 元，B 产品生产人员工资 10 000 元，车间管理人员工资 10 000 元，销售人员工资 15 000元，行政管理人员工资 25 000 元。

(2)按本月员工工资总额的 16%计提社会保险费。

(3)以银行存款按本月员工工资总额的 2%支付职工福利费。

(4)计提本月固定资产折旧费 8 400 元，其中车间固定资产折旧费 5 000 元，销售部门固定资产折旧 1 400 元，管理部门固定资产折旧 2 000 元。

(5)以银行存款支付车间房屋修理费，增值税专用发票上注明价款 1 200 元，增值税额 108 元。

(6)以现金支付企管部机动车修理费，取得增值税普通发票，价款 354 元，增值税 46 元。

(7)以银行存款支付下年度报刊费，增值税专用发票上注明价款3 600元，增值税额 324 元。

(8)以银行存款支付产品广告费，增值税专用发票上注明价款 1 500 元，增值税额 90 元。

(9)租入行政管理用房一套，租期 3 年，租金按月支付，以银行存款支付房屋装修费，增值税专用发票上注明价款 360 000 元，增值税额 32 400 元。

(10)计提本月应负担的短期借款利息 2 000 元，该项利息费用不符合资本化条件。

(11)以银行存款支付销售产品过程中发生的运输费 600 元，增值税 54 元，取得了增值税专用发票，以现金支付包装费 100 元。

(12)以银行存款支付电费，增值税专用发票上注明价款 2 400 元，增值税额 312 元，电费中车间使用 1 600 元，销售部门使用 300 元，行政管理部门用 500 元。

(13)销售人员李家报差旅费 2 500 元，其提供的航空电子客票行程单上载明票价及燃油附加费金额为 1 635 元，原先预支 2 000 元，不足部分补付现金。

(14)以银行存款支付本月租入的行政办公用房房租，增值税专用发票上注明价款 3 000 元，增值税额 270 元。

(15)以银行存款支付本季短期借款利息 6 000 元。

(16)摊销本月报刊费 750 元，其中生产车间负担 500 元，销售机构负担

100 元，行政管理部门负担 150 元。

(17)摊销本月负担的所租办公用房装修费 10 000 元。

要求：编制以上经济业务的会计分录。

4.企业某月初“生产成本——A 产品”账户期初余额为 10 000 元，本月发生如下业务：

(1)以银行存款支付生产车间电费，增值税专用发票上注明价款 2 000 元，增值税额 260 元。

(2)车间购买零星办公用品，以现金支付，取得了增值税普通发票，价款 425 元，增值税 55 元。

(3)生产车间从仓库领用如下材料：用于生产 A 产品甲材料 150 公斤，乙材料 100 公斤；用于生产 B 产品甲材料 120 公斤，乙材料 80 公斤；用于车间共同耗用的甲材料 30 公斤。甲材料单价 50 元，乙材料 80 元。

(4)结算本月应付工资，按用途归集如下：

A 产品生产工人工资	8 000 元
B 产品生产工人工资	4 000 元
车间职工工资	2 000 元
销售人员工资	3 000 元
行政管理部门职工工资	3 000 元

(5)根据职工工资总额 16%计提社会保险费。

(6)计提本月固定资产折旧，车间使用的固定资产折旧 6 000 元，管理部门使用的固定资产折旧 3 000 元。

(7)摊销应由生产车间负担的租入机器设备改良支出 2 700 元。

(8)根据生产工人工资比例分配并结转本月制造费用。

(9)本月生产 A 产品 100 件，已完工并验收入库，结转其实际生产成本。

要求：编制以上经济业务的会计分录。

5.企业某月初“生产成本——A 产品”500 件，账面余额为 12 500 元，其中直接材料 8 000 元、直接人工 2 000 元、制造费用 2 500 元。本月又有 400 件 B 产品投入生产，并发生以下经济业务：

(1)以现金支付生产车间零星办公用品费，增值税专用发票上注明价款 500 元，增值税额 65 元。

(2)以现金支付职工李家生活困难补助 5 000 元。

(3)委托银行代发工资 15 400 元。

(4)以银行存款支付生产用的固定资产修理费，增值税专用发票上注明价款 1 200 元，增值税额 156 元。

(5)用银行存款支付本月水费，增值税专用发票上注明价款 2 000 元，增值税额 180 元。水费中生产车间应负担 1 500 元，行政管理部门负担 500 元。

(6)行政管理部王力报销差旅费 3 400 元，其提供的往返火车票上标明票价 1 090 元，住宿费增值税专用发票上注明的价款为 1 000 元，增值税额 60 元，原预借 5 000 元，余款交回现金。

(7)以银行存款支付本季度短期借款利息 6 000 元。

(8)仓库本月共发出甲材料 20 000 元，其中用于生产 A 产品 10 000 元，用于生产 B 产品 5 000 元，生产车间一般耗用 3 000 元，销售部门领用 2 000 元。发出乙材料 10 000 元，其中用于生产 A 产品 2 000 元，用于生产 B 产品 5 000元，生产车间一般耗用 2 500 元，企业行政管理部门耗用 500 元。

(9)计算本月应付职工工资 15 200 元，其中，A 产品生产工人 2 人，工资 2 000元；B 产品生产工人 2 人，工资 3 000 元；生产车间技术管理人员 1 人，工资 4 000 元；销售人员 1 人，工资 2 000 元；企业行政管理人员 1 人，工资 4 200 元。

(10)按职工工资总额的 16%计提职工社会保险费。

(11)以银行存款按职工人数每人 200 元，支付企业下设的内部福利机构补贴。

(12)计提本月固定资产折旧 8 460 元，其中生产用的固定资产折旧 5 460 元，行政管理部门用的固定资产折旧 3 000 元。

(13)摊销本月应负担的报刊费 600 元，其中生产车间负担 200 元，企业行政管理部门负担 400 元。

(14)计提应由本月负担的短期借款利息 2 000 元。

(15)按 A、B 两种产品的机器工时比例分配并结转本月制造费用，根据生产车间工时记录，本月 A 产品机器工时为 2 000 小时，B 产品机器工时为 3 000小时。

(16)上月投入生产的 500 件 A 产品已全部完工入库，本月投入的 400 件 B 产品尚未完工，计算并结转完工产品的实际生产成本。

要求：编制以上经济业务的会计分录。

6.企业某月发生如下经济业务：

(1)向甲工厂出售 A 产品 500 件，开具的增值税专用发票上每件售价 60 元，增值税率 13%，货款已收到，存入银行。

(2)向乙公司出售 B 产品 300 件，开具的增值税专用发票上每件售价 150 元，增值税率 13%，货款尚未收到。

(3)以银行存款支付上述 A、B 两种产品在销售过程中的运费 1 000 元，增值税 90 元，取得了增值税专用发票。

(4)结算本月销售机构人员工资 1 000 元，并按工资总额的 9%和 7%比例分别计提职工养老保险费和医疗保险费。

(5)按 10%税率计提 B 产品的消费税。

(6)向丙工厂出售材料物资 100 公斤，单价 12 元，增值税率为 13%，货款 1 404 元已收存银行。

(7)结转本期销售产品的实际生产成本(A 产品每件 45 元，B 产品每件 115 元)。

(8)结转本期销售材料的实际采购成本(每公斤 10 元)。

7.企业某月发生如下经济业务：

(1)销售给甲公司 A 产品 200 件，开具的增值税专用发票上单价 200 元，价款 40 000 元，增值税 5 200 元，收到甲单位签发的商业汇票一张。

(2)销售给乙单位 B 产品 200 件，开具的增值税专用发票上单价 70 元，价款 14 000 元，增值税额 1 820 元，以银行存款代垫运费 2 500 元，款项尚未收到。

(3)以银行存款支付本月广告费，增值税专用发票上注明价款 700 元，增值税额 420 元。

(4)销售给丙单位 A 产品 100 件，开具增值税普通发票，价款 20 000 元，增值税 2 600 元，B 产品 50 件，价款 3 500 元，增值税 455 元，款项收存银行。

(5)以银行存款支付上述销售给丙单位的产品运杂费，增值税专用发票上注明价款 2 000 元，增值税额 180 元。

(6)用银行存款支付销售部门办公用品费，增值税专用发票上注明价款 2 500元，增值税额 325 元。

(7)乙单位偿还前欠货款，已收妥存入银行。

(8)向丁单位销售原材料一批，开出的增值税专用发票中注明价款 2 000 元，增值税额 260 元，款项已收妥存入银行。

(9)本企业 A 产品适用 10%的消费税，月末按本月 A 产品销售收入计算应交消费税。

(10)结转本月未交或多交增值税。

(11)分别按 7%和 3%的比例计提本月城建税和教育费附加。

(12)结转销售原材料的实际成本 1 000 元。

(12)结转本月销售产品的实际生产成本(A 产品每件生产成本为 150 元，B 产品每件生产成本为 50 元)。

要求:编制以上经济业务的会计分录。

8.企业某月发生如下经济业务:

(1)销售产品一批,开具增值税普通发票,价款 1 000 000 元,增值税 130 000元,货款已收存银行。

(2)购入甲材料一批,增值税专用发票中价款 200 000 元,增值税26 000 元,销售方代垫运费 1 000 元,增值税 90 元,提供了增值税专用发票。货款以银行存款支付,材料运至企业并验收入库。

(3)向银行借入借款 100 000 元,期限 6 个月,月息 1.5%,按季付息。

(4)以银行存款支付到期商业汇票 936 000 元。

(5)收到宏达公司偿还前欠货款 351 000 元。

(6)职工王力出差预借差旅费 5 000 元,以现金支付。

(7)以银行存款支付行政办公用房租金 25 500 元,销售机构房租 3 700 元,增值税 1 460 元,取得了增值税专用发票。

(8)销售材料一批,开具普通销售发票,价款 5 650 元,款项已收存银行。

(9)以银行存款发放工资 20 000 元。

(10)以现金 2 000 元捐助困难儿童学费。

(11)对违章职工罚款 200 元,收到现金。

(12)计提本月短期借款利息 1 500 元,该借款利息不符合资本化条件。

(13)摊销本期应负担的租入行政办公用房屋装修费 4 500 元。

(14)结转本月入库材料的实际采购成本。

(15)结转本月销售产品实际生产成本 855 000 元。

(16)结转本月销售材料的实际采购成本 4 000 元。

(17)计提本月销售产品应交消费税 9 000 元。

(18)结转本月未交或多交增值税。

(19)将本月各损益类账户的余额转入“本年利润”。

(20)按 25%的税率计算并结转本月所得税。

(21)按本月净利润的 10%提取法定盈余公积。

(22)将本月净利润的 50%分配给投资者。

要求:编制以上经济业务的会计分录。

9.企业某月发生如下经济业务:

(1)以银行存款支付分配给投资者的利润 20 000 元。

(2)以现金支付行政管理部门机动车修理费,取得了增值税普通发票,价款 336 元,增值税额 44 元。

(3)以银行存款支付本月产品广告费,价款4 000元,增值税240元,取得了增值税专用发票。

(4)向胜利厂购入甲材料30公斤,单价500元,乙材料20公斤,单价100元,增值税率13%,取得增值税专用发票,账款尚未支付。

(5)以银行存款2 100元捐赠给希望工程。

(6)销售给江陵百货A产品400件,开具增值税专用发票,单价250元,增值税率13%,以银行存款支付代垫运费及增值税2 000元,收到商业汇票一张。

(7)以银行存款购买生产车间零星办公用品,价款1 000元,增值税130元,取得了增值税专用发票。

(8)车间技术人员参加生产工艺交流会,报销差旅费2 360元,未提供增值税抵扣凭证,原预借2 500元,余款交回现金。

(9)以银行存款偿付前欠胜利厂账款。

(10)以银行存款支付向胜利厂购入甲、乙材料运费,价款2 000元,增值税180元,取得了增值税专用发票。材料已运至企业,甲验收入库,乙材料挑选整理。

(11)销售甲材料一批,开具增值税专用发票,价款4 000元,增值税率13%,款项收存银行。

(12)以银行存款36 000元支付本年度长期借款利息。

(13)以银行存款支付电费,价款5 000元,增值税税650元,取得了增值税专用发票。电费由生产车间负担4 000元,销售机构负担400元,行政管理部门负担600元。

(14)以银行存款支付违章排污罚款2 260元。

(15)接受捐赠设备一台,价值15 000元。

(16)结转本月入库材料实际采购成本。

(17)本月发出甲材料共计10 000元,其中用于A产品生产5 000元,车间一般耗用3 000元,对外销售2 000元;发出乙材料20 000元,其中用于A产品生产5 000元,B产品生产14 000元,行政部门耗用600元,销售机构耗用400元。

(18)计算本月应付工资如下:A产品生产工人工资8 000元,B产品生产工人工资2 000元,车间管理人员工资4 000元,行政管理人员工资6 000元,销售人员工资5 000元。

(19)按工资总额的16%计提职工社会保险费。

(20)计提本月固定资产折旧,其中生产用固定资产折旧5 000元,行政管理用固定资产折旧3 000元,销售部门用固定资产折旧2 000元。

(21)计提本期长期借款利息 3 000 元。

(22)摊销本期应由行政管理部门负担的报刊费 500 元。

(23)按生产工人工资比例分配并结转本月制造费用。

(24)已知“生产成本——B 产品”账户期初余额为 5 000 元，本月 B 产品全部完工并验收入库，结转 B 产品的实际生产成本。

(25)结转本月销售 A 产品的实际生产成本(每件 150 元)。

(26)按 5%的消费税率计算本月销售 A 产品应负担的消费税。

(27)结转本月未交或多交增值税。

(28)结转本月损益类账户的余额，计算本月利润总额。

(29)按 25%的所得税率计提并结转本月所得税。

(30)按本月净利润的 10%计提法定盈余公积。

(31)向投资者分配利润 50 000 元。

要求：编制以上经济业务的会计分录。

10.企业 20××年 12 月 31 日结账前有关账户的余额如下：

(1)“本年利润”账户贷方余额为 50 000 元；

(2)“利润分配”账户贷方余额为 75 000 元，其所属“未分配利润”明细账户的贷方余额为 75 000 元，其他明细账户无余额。

(3)损益类账户余额为：

账户名称	借方余额	贷方余额
主营业务收入		800 000
其他业务收入		6 000
营业外收入		15 000
主营业务成本	600 000	
其他业务成本	5 000	
税金及附加	30 000	
销售费用	35 000	
管理费用	86 000	
财务费用	3 300	
营业外支出	1 700	

要求：编制以下经济业务的会计分录：

(1)将损益类账户的余额结转到“本年利润”账户，计算本期利润总额。

(2)根据利润总额计算并结转本期应交所得税，企业适用的所得税率为 25%。

(3)按本年税后利润的 10%计提法定盈余公积。

(4)将剩余可分配利润的60%分配给投资者。

(5)将"本年利润"的余额结转入"利润分配"账户。

(6)将"利润分配"所属的其他明细分类账户余额结转入"利润分配——未分配利润"账户。

11.已知企业某年12月初"生产成本——A产品"600件,账面余额为5 000元,B产品无期初在产品,"本年利润"账户贷方余额为100 000元,"利润分配"除所属"未分配利润"明细账户贷方余额为40 000元外,其他明细账户无余额。

该企业12月份发生如下经济业务:

(1)向力丰经贸公司购买甲材料1 000公斤,增值税专用发票中单价19元,计19 000元,增值税2 470元;乙材料500公斤,单价14元,计7 000元,增值税970元,账款暂欠。

(2)从银行借入三年期借款1 000 000元,利率6%,按年付息,到期还本。

(3)以银行存款偿付前欠力丰经贸公司账款29 380元。

(4)销售甲材料300公斤,开具增值税专用发票,价款8 000元,增值税1 040元,账款收存银行。

(5)以现金支付生产车间零星办公用品费,取得了增值税普通发票,价款354元,增值税额46元。

(6)以银行存款26 000元发放工资。

(7)销售给旺达公司B产品500件,开具增值税专用发票,单价160元,计80 000元,增值税10 400元,收到商业汇票一张。

(8)以银行存款缴纳职工社会保险费20 000元。

(9)前日购买的甲、乙材料运至企业,以银行存款支付运输费,价款1 500元,增值税135元,取得了增值税专用发票。甲材料验收入库,乙材料仍挑选整理。

(10)以银行存款支付本月产品广告费,价款5 000元,增值税300元,取得了增值税专用发票。

(11)接受阳光股份公司投入的一项固定资产,原值140 000元,协议作价100 000元。

(12)接银行付款通知,付本月水费,价款4 100元,增值税369元,取得增值税专用票。水费由生产车间负担3 000元,行政管理部门负担1 100元。

(13)行政管理部门李莉报差旅费4 546元,其提供的往返火车票上票价为981元,住宿费增值税专用发票上注明的增值税额为175元。原预借5 000

元，余款交回现金。

(14)仓库本月共发出甲材料 19 200 元，其中 A 产品生产耗用 7 700 元，用于生产 B 产品 1 500 元，车间共同耗用 4 000 元，对外销售 6 000 元；发出乙材料 8 110 元，其中 A 产品耗用 4 300，B 产品耗用 3 000 元，企业行政管理部门耗用 810 元。

(15)计提长期借款利息 5 000 元，该利息不符合资本化条件。

(16)计提本月固定资产折旧 5 000 元，其中车间负担 4 000 元，行政管理部门负担 1 000 元。

(17)分配结转本月职工工资 28 000 元，其中生产 A 产品生产工人工资 7 000元，生产 B 产品生产工人工资 3 000 元，车间管理人员工资 6 000 元，厂部管理人员工资 8 000 元，销售人员工资 4 000 元。

(18)本企业 B 产品适用于 5%消费税，计提本月销售 B 产品应交消费税。

(19)结转本月未交或多交增值税。

(20)分别按 7%和 3%比例计提本月应交城建税及教育费附加。

(21)结转本月入库材料的采购成本。

(22)根据 A、B 产品的生产工时比例分配本月发生的制造费用，已知 A 产品生产工时为 3 000 小时，B 产品生产工时为 1 000 小时。

(23)上月投产的 A 产品 600 件完工入库，计算并结转其实际生产成本，本月投入生产的 B 产品尚未完成加工过程。

(24)结转本月销售 B 产品 500 件的实际生产成本(B 产品单位成本 80 元)。

(25)将各损益类账户余额结转入“本年利润”。

(26)按 25%的税率计算并结转本月所得税。

(27)按本年税后利润的 10%计提法定盈余公积。

(28)向投资者分配利润 50 000 元。

(29)结转“本年利润”及“利润分配”所属各明细分类账户。

12.企业 20××年 12 月 1 日有关账户资料如下：

账户名称	借方余额	账户名称	贷方余额
库存现金	4 000	短期借款	200 000
银行存款	258 000	应付账款	58 500
应收账款	93 600	应交税费	6 600
原材料	120 000	应付利息	2 000

续表

账户名称	借方余额	账户名称	贷方余额
长期待摊费用	50 000	应付职工薪酬	118 250
库存商品	250 000	实收资本	1 000 000
生产成本	8 500	盈余公积	56 320
固定资产	1 000 000	本年利润	80 000
		利润分配	62 430
		累计折旧	200 000
合计	1 784 100	合计	1 784 100

其中：

“长期待摊费用”中500元为报刊费，49 500元为生产车间租入的固定资产改良支出；

“生产成本”为前期投产500件B产品生产成本；

“实收资本”账户中安旺投资公司占400 000元，大江股份占600 000元；

“利润分配”为其所属的“未分配利润”明细账户余额。

该公司12月发生以下经济业务：

(1)2日，向银行借入二年期长期借款500 000元，利率7.2%，按年付息，到期还本。

(2)3日，购入不需安装的机器设备一台，取得增值税专用发票上价款500 000元，增值税65 000元，款项以银行存款支付。

(3)3日，向长安电子厂购入甲材料500公斤，单价100元，价款50 000元，增值税6 500元；乙材料1 000公斤，单价20元，价款20 000元，增值税额2 600元。取得增值税专用发票，账款尚未支付。

(4)4日，以银行存款6 750元支付内部福利机构补贴。

(5)5日，销售部员工李强预借差旅费3 000元，以现金支付。

(6)5日，以银行存款缴纳税费6 600元，其中增值税4 000元，消费税2 000元，城建税420元，教育费附加180元。

(7)6日，销售A产品1 000件给青青实业公司，单价400元，开具增值税专用发票，价款400 000元，增值税52 000元，收到银行承兑汇票一张。

(8)6日，以银行存款支付销售A产品运费，价款2 000元，增值税180元，取得了增值税专用发票。

(9)7日，以银行存款支付前欠长安电子厂账款5 8500元。

(10)8 日,以银行存款支付 3 日购买甲、乙材料的运杂费,价款 3 000 元,增值税 270 元,取得了增值税专用发票。材料运至企业,甲材料挑选整理,乙材料验收入库。

(11)9 日,以现金支付生产车间机器设备修理费,取得了增值税普通发票,价款 265 元,增值税税 35 元。

(12)10 日,销售乙材料 200 公斤,开具增值税专用发票,单价 30 元,价款 6 000 元,增值税 780 元,款项收存银行。

(13)11 日,以银行存款支付预订下年度报刊费,价款 8 000 元,增值税 720 元,取得了增值税专用发票。

(14)11 日,接受安旺投资投入一项专利权,协商作价 100 000 元。大江股份投入资金 150 000 元,存入银行。

(15)13 日,委托银行发放工资 98 000 元。

(16)15 日,以现金支付行政管理部零星办公用品费,取得了增值税普通发票,标明价税合计数 500 元。

(17)15 日,销售部员工李强报销差旅费 2 635 元,其提供的航空电子行程单上载明的票价及燃油附加费为 1 635 元,余款交回现金。

(18)18 日,以银行存款向社保局缴纳职工社会保险费 15 600 元。

(19)21 日,以银行存款支付本月产品广告费,价款 6 000 元,增值税 360 元,取得了增值税专用发票。

(20)22 日,职工王某违反企业安全规章,罚款 500 元,收到现金。

(21)25 日,以银行存款向希望工程捐款 10 000 元。

(22)28 日,接银行付款通知,支付本月电费,价款 2 400 元,增值税 312 元,取得了增值税专用发票。电费由生产车间负担 2 000 元,行政管理部门负担 400 元。

(23)29 日,以银行存款支付本季短期借款利息 3 000 元,以及长期借款利息 3 000 元。

(24)30 日,以银行存款支付生产车间租入机器设备租金,价款 2 500 元,增值税 325 元,取得了增值税专用发票。

(25)31 日,计提本月固定资产折旧 12 890 元,其中生产车间固定资产折旧 4 000 元,行政管理部门固定资产折旧 6 890 元,销售部门固定资产折旧2 000元。

(26)31 日,摊销本月生产车间租入机器设备的改良支出 1 500 元,摊销本月报刊费 500 元,其中生产车间负担 100 元,行政管理部门负担 400 元。

(27)31 日,结算本月职工工资 100 000 元,其中 A 产品生产工人 6 人,工资

18 000 元,B 产品生产工人 10 人,工资 30 000 元,车间技术及管理人员 4 人,工资 16 000 元,销售人员 3 人,工资 15 000 元,行政管理人员 4 人,工资 21 000 元。

(28)31 日,按职工工资总额的 9%和 7%比例分别计提职工养老保险及医疗保险费。

(29)31 日,结转本期未交或多交增值税。

(30)31 日,该企业 A 产品属消费税应税产品,适用税率 5%,计提本月销售 A 产品的消费税。

(31)31 日,按 7%和 3%比例分别计提本月应负担的城建税及教育费附加。

(32)31 日,计提本月应负担的短期借款利息 1 000 元及长期借款利息 3 000元,该利息不符合资本化条件。

(33)31 日,结转本月入库材料实际采购成本。

(34)31 日,本月共发出材料 42 000 元,其中生产 A 产品领用甲材料 5 000元,乙材料 15 000 元;生产 B 产品领用甲材料 4 000 元,乙材料 9 000 元;车间一般耗用乙材料 3 000 元,行政管理部门耗用甲材料 1 000 元,销售机构耗用甲材料 1 000 元,对外销售乙材料 4 000 元。

(35)31 日,按 A、B 两种产品的机器工时比例分配并结转本月制造费用。已知 A 产品的机器工时为 4 000 工时,B 产品的机器工时为 6 000 工时。

(36)31 日,本月 B 产品全部完工入库,计算并结转其实际生产成本。A 产品尚未完工。

(37)31 日,结转本月销售 A 产品的实际生产成本(每件 200 元)。

(38)31 日,结转本月各损益类账户。

(39)31 日,按 25%的税率计算并结转本月所得税。

(40)31 日,按本年税后利润的 10%计提法定盈余公积。

(41)31 日,根据股东大会决议,按期初投资者出资比例将本年税后利润的 50%分配给投资者。

(42)31 日,结转“本年利润”账户及“利润分配”各所属明细分类账户。

要求:编制以上经济业务的会计分录。

任务4 建 账

【实训说明】本书共设有三个实训项目：

实训(一)为会计数字书写，进行数字大小写规范书写训练，应在另两个实训项目开始前完成。

实训(二)以深圳市佳视达实业有限公司为背景，要求学生根据该公司的相关会计资料，按实际工作步骤完成当月的各项会计工作，包括期初建账、会计凭证填制、账簿登记、期末处理、编制会计报表、整理会计档案等。本书任务4至任务8即以此实训任务的工作过程为主线，根据工作需求选取和重构专业知识，边做边学，教、学、做有机结合，让学生在依次完成该实训任务的过程中，掌握相关会计核算方法在会计工作中的实际运用。因此，实训(二)贯穿本书下半部分，从任务4开始至任务8结束，并在每个子任务的起始处以"同步实训"的方式提出本节学习中应同时完成的具体实训工作。

实训(三)是一个单项训练，是对实训(二)中未包含的实训内容的补充，主要进行常见原始凭证的填制和专用记账凭证的填制训练，安排在本书任务5"日常业务处理——填制会计凭证"中的原始凭证填制和记账凭证填制部分进行。

以上各实训项目的实训资料分两部分列示，其中背景资料附于各任务课后练习部分；需要学生进行具体处理的资料，如各类原始单证等，应单独装订成册，学生根据实训进度在需要时撕下使用。

实训中使用的空白记账凭证、会计账簿和会计报表学生需自行准备。

任务4.1 熟悉会计工作的内容和步骤

会计工作具有明显的阶段性，具体可以划分为建账、日常处理和期末处理三个阶段，每一阶段都有其特定的工作内容。

建账是根据企业具体行业要求和未来可能发生的经济业务设置账簿，并将相关账户期初余额登记入账，从而为具体会计核算工作做好准备。建账主要在两种情况下进行：一是在一个会计主体设立时，根据相关规定从事生产、经营的企业应自领取营业执照之日起15日内设置账簿；二是在一个会计年度结束，新会计年度开始时，必须更换旧账簿，设置新账簿。从理论上讲，上一会计期间的期末余额即为下一会计期间的期初余额，会计资料在账簿中会自然衔接起来。但根据我国会计档案管理的要求，会计凭证、会计账簿和会计报表等资料应作为会计档案分期整理归档，会计账簿一般要按年更换，因此，在新的会计年度开始时，需开设出新的账簿，将上年的相关账簿资料结转入新账簿，使新旧年度的会计资料在账簿中衔接起来。

日常处理是根据实际发生的会计事项，采用复式记账的方法，收集、整理、分类、汇总会计信息，为期末处理提供依据。其基本步骤为：当经济业务发生或完成时，由相关业务人员填制或取得原始凭证，交会计人员对原始凭证审核无误后，据以编制记账凭证，再采用一定的方法和程序记入日记账、明细账和总分类账。

期末处理是在日常处理的基础上，对会计资料进行进一步加工整理，并编制会计报表。其基本步骤为：根据权责发生制，对本期的收入和费用进行调整；计算并结转存货出入库成本；根据会计分期的要求，结转损益、确认本期财务成果；在对账无误后，进行结账并根据相关账簿记录编制会计报表。

在下一会计期间，又循着日常处理和期末处理的步骤依次进行，如此循环往复，周而复始，我们把每一会计期间不断往复、依次进行的的账务处理步骤称为会计循环。

任务4.2　认识会计账簿

一、会计账簿的意义

会计账簿是以一定格式的账页组成的，以会计凭证为依据，全面、系统、连续地记录各项经济业务的簿籍。

每项经济业务发生后，会计人员应根据相关凭证，按复式记账的方法编制出会计分录，但分录只是用会计语言来反映此项业务所引起的相关会计要素的增减变动情况，提供的是零星、分散的信息资料，不能把各单位在一定会计期间的全部经济业务所引起的会计要素的变化、资金运动的过程及其结果系统、完整地反映出来,不便于会计信息的整理与报告。因此,在会计核算工作中,为了全面记录和反映一个单位的经济业务,需要通过设置和登记账簿,来对分散的数据或资料进行归类整理,并逐步加工成相关会计信息,为编制会计报表提供依据。

设置和登记账簿是会计核算工作的重要环节,它的作用可以概括为以下几方面:

1.记录、储存会计信息

通过设置和登记账簿,可以将会计凭证中记录的信息记入相关账簿,从而全面地反映一个单位在一定会计期间发生的经济业务所引起的会计要素变化和资金运动情况,储存各项会计信息。

2.分类、汇总会计信息

通过设置和登记账簿,可以按账户对会计凭证中大量而分散的会计资料进行分类记录,并可进一步汇总加工,从不同详细程度提供多种会计信息。

3.检查、校正会计信息

通过设置和登记账簿,可以反映各项财产物资的增减变动情况,从而监督财产物资的保管和使用情况,有利于保障财产物资的安全完整,通过账实核对做到账实相符,提供可靠的会计信息。同时会计账簿作为重要的会计档案,是会计检查和会计分析的重要依据。

4.编报、输出会计信息

通过设置和登记账簿,可以为计算财务成果及编制会计报表提供依据,从而向会计信息使用者提供各项会计信息。

会计账簿与会计账户有着密切的联系。一方面,账户是根据会计科目开设的,账户存在于账簿之中,账簿中的每一账页都是账户的存在形式和载体,没有账簿,账户就无法存在。另一方面,账户是账簿的实质内容,账簿对经济业务的全面、系统、连续的记录是在各个账户中分类进行的,账簿是这些账户的外观形式。概括地说,账簿与账户的关系是形式与内容的关系。

二、账簿的种类

会计账簿可以按不同的分类标准进行分类。

1.按账簿的用途分类

账簿按其用途可分为序时账、分类账和备查簿三类。

(1)序时账,也称日记账,它是按经济业务发生或完成时间的先后顺序逐日逐笔登记经济业务的账簿。日记账按其记录经济业务的范围不同又可分为普通日记账和特种日记账两种。普通日记账是用来记录全部经济业务的日记账;特种日记账是用来专门记录某一类经济业务的日记账,如用来登记库存现金收付及其结存情况的现金日记账,用来登记银行存款收付及其结存情况的银行存款日记账。

目前,我国各单位一般只设置现金和银行存款两本特种日记账,以加强对货币资金的监督和控制,不设置普通日记账。

(2)分类账,是对全部经济业务按账户进行分类登记的账簿。分类账按其提供资料的详细程度不同可分为总分类账和明细分类账。总分类账又称“总账”,是根据总账科目开设的,提供总括的会计信息;明细分类账又称“明细账”,是根据总分类科目所属的明细科目开设的,提供详细的会计信息。

分类账可以按账户分类反映和监督企业各项会计要素的增减变化情况,它所提供的数据信息是编制会计报表的主要依据。

(3)备查簿,也称辅助账,它是对某些在序时账和分类账中不予登记或登记不够详细的经济业务,进行补充登记以备查考的账簿。如租入固定资产登记簿,用来登记那些以经营方式租入、不属于本企业资产、不能记入本企业固定资产账户的固定资产;代销商品登记簿,用来登记代为销售、不属于本企业资产、不能记入本企业库存商品的受托代销商品等。

备查簿与序时账、分类账比较有两点不同:一是备查簿的登记依据是实际发生的经济业务,不一定需要原始凭证或记账凭证;二是备查簿可以根据各单位的实际需要自行设置,没有统一的格式,其登记内容更注重用文字对经济业务相关情况的表述。

2.账簿按外表形式分类

账簿按外表形式可分为订本式账簿、活页式账簿和卡片式账簿三种。

(1)订本式账簿,又称“订本账”。它是指在启用前对账页按顺序编号,并固定地装订成册的账簿。它的优点是能够防止账页散失和非法抽换,比较安全;缺点是账页固定装订,同一时间内只能由一人负责登记,不便于分工记账,每一账户所需账页要事先估计预留,不便于根据记账需要增减账页。订本式账簿一般用于现金、银行存款日记账和总分类账。

(2)活页式账簿,又称“活页账”。它是指将若干具有一定格式的账页装订在活页账夹中,启用后可以随时增减或重新排列账页,年终再对实际账页按顺序编号并装订成册的账簿。它的优点是应用灵活,便于分工记账,可随时根据记账需要增减账页;缺点是账页容易丢失和被非法抽换。活页式账簿一般用于明细分类账。

(3)卡片式账簿，又称“卡片账”。它是指由专门格式、分散的卡片作为账页组成的账簿。这种卡片一般放置在卡片箱中，可以随时取放，其本质也是一种活页账，因此它除了具有活页账的优、缺点外，还可以跨年度使用，不需每年更换。卡片式账簿主要用于使用期限较长的财产物资明细账，如固定资产卡片、低值易耗品卡片等。

3.账簿按账页格式分类

账簿按账页格式，可以分成三栏式账簿、数量金额式账簿和多栏式账簿。

(1)三栏式账簿，是由设有借方、贷方和余额三个金额栏的账页组成的账簿。这种账簿格式适用于总分类账、现金和银行存款日记账，以及只需进行金额核算的明细分类账户。

(2)数量金额式账簿，是由在借方、贷方和余额三栏内，分别设置数量、单价和金额栏目的账页组成的账簿。这种账簿适用于既要进行货币量核算，又要进行实物数量核算的明细分类账户，如“原材料”、“库存商品”等各类存货的明细分类账。它能提供各种财产物资的收入、发出和结存的数量及金额，便于加强对财产物资的实物管理，保障财产物资的安全完整。

(3)多栏式账簿，是由在借方、贷方或借贷双方下设若干专栏的账页组成的账簿。多栏式账页可以根据账户的内容和管理的需要，通过下设专栏的方式，集中反映有关明细项目的核算情况。多栏式账簿又可分为事先印制好栏目名称的专用多栏账，如“材料采购明细账”、“生产成本明细账”、“应交增值税明细账”；以及事先未印制栏目名称，由单位在使用中根据需要自行设置栏目名称的普通多栏账，一般用于明细项目多、借贷方向单一的成本、收入和费用等账户。

任务 4.3 设置会计账簿

同步实训

【实训说明】本次实训为“实训(二)”的起始。

【实训目的】练习建账方法。

【实训资料】见本章练习部分“实训二”资料及本书实训材料“实训二”。

【实训任务】根据“实训二”资料设置深圳佳视达实业有限公司账簿。

【实训耗材】外购实际会计账表,按人需数量拆本使用。

1.现金日记账页:1 张

2.银行存款日记账页:1 张

3.总分类账页(编号连续):20 张

4.三栏式明细分类账页:15 张

5.数量金额式明细分类账页:2 张

6.普通多栏式明细分类账页:10 张

7.应交增值税明细分类账页:2 张

8.生产成本明细分类账页:3 张

9.通用记账凭证:1 本(50 张)

10.汇总记账凭证:5 张

11.总账科目试算平衡表:2 张

12.银行存款余额调节表:1 张

13.资产负债表:1 张

14.利润表:1 张

15.记账凭证封面:1 张

账簿设置是根据企业具体行业要求和未来可能发生的经济业务,确定需开设账簿的种类、外表形式、账页格式,以及规定账簿的登记方法,并将初始账务资料登入有关账簿,为日常经济业务的处理做好准备。

一、账簿设置原则

各单位的账簿设置,要在符合国家统一会计制度规定的前提下,根据本单位经济业务的特点和管理的需要,遵照以下原则进行:

1.账簿的设置要组织严密,能够全面、分类、序时反映和监督经济业务活动的情况,便于提供全面、系统的核算资料。

2.要科学划分账簿的核算范围及层次,账簿之间既要互相联系,能清晰地反映账户间的对应关系,也要防止相互重叠,避免重复记账。

3.账页格式要符合所记录的经济业务的内容要求,力求简明实用,既要防止过于烦琐,又要避免过于简单,以至于不能满足日常管理和编制报表的资料需求。

二、账簿设置方法

以下以本章末所附实训二中深圳市佳视达实业有限公司的案例为例说明企业会计账簿设置的方法。

根据深圳市佳视达实业有限公司经济业务的特点和管理需要，应购买并设置以下账簿：

1.总分类账

总分类账采用订本式账簿、三栏式账页格式。建账步骤如下：

(1)启用账簿。

①填写"账簿启用表"。每本账簿的扉页均附有"账簿启用表"，内容包括单位名称、账簿名称、账簿号码、账簿页数、启用日期、单位负责人、单位主管财会工作负责人、会计机构负责人、会计主管人员等。启用账簿时，应填写表内各项内容，并在单位名称处加盖公章，各负责人姓名后加盖私章。

②填写"经管本账簿人员一览表"。账簿经管人员是指负责登记使用该账簿的会计人员。当账簿的经管人员调动工作时，应办理交接手续，填写该表中的账簿交接内容，并由交接双方共同签名或盖章。

③粘贴印花税票。根据税法相关规定，企业会计账簿中的资金账簿，即反映企业实收资本和资本公积金额增减变化的账簿，按以下方法贴花：在企业初次建账时，按实收资本和资本公积金额的0.5‰贴花；次年度实收资本与资本公积未增加的，不再计算贴花，实收资本与资本公积增加的，就其增加部分按0.5‰税率补贴印花。其他会计账簿，每本应粘贴5元面值的贴花。

印花税票粘贴在账簿扉页的右下角"印花粘贴处"框内，并在印花税票中间划几条平行横线即行注销，注销标记应与骑缝处相交。若企业使用缴款书缴纳印花税，应在账簿扉页的"印花粘贴处"框内注明"印花税已缴"以及缴款金额。

(2)设置总分类账户。总分类账簿中包括本企业使用的全部总分类账户，因此需指定每一总分类账户在总分类账簿中的登记账页，在相应账页的"会计科目及编号"栏处填写指定登记账户的名称及编码。

由于总分类账采用的是订本式账簿，为了便于账户的查找，各总账账户的排列顺序应有一定的规律，一般应按会计科目表中的编码顺序排列，因此，只要本单位会计核算涉及的总账账户，不论期初是否有余额，都需在总账中设置出相应账户，并根据实际需要预留账页。

(3)登记期初余额。对于有期初余额的总账账户，根据相关资料登记账户记录。在该账户账页的第一行日期栏中填入期初的日期，在摘要栏填入"期初余额"(年度更换新账簿时填入"上年结转")，在借贷方向栏标明余额的方向，在余额栏填入账户的期初余额。对于没有余额的总账账户，无须特别标识其余额为零。

在登记账簿记录时应注意：

①使用蓝黑墨水或者碳素墨水书写，不得使用圆珠笔（银行的复写账簿除外）或者铅笔书写。

②账簿中书写的文字和数字上面要留有适当空格，不要写满格，一般应占格距的1/2。

③账簿的阿拉伯数字应按图4-1所示的会计数字的规范书写要求书写。

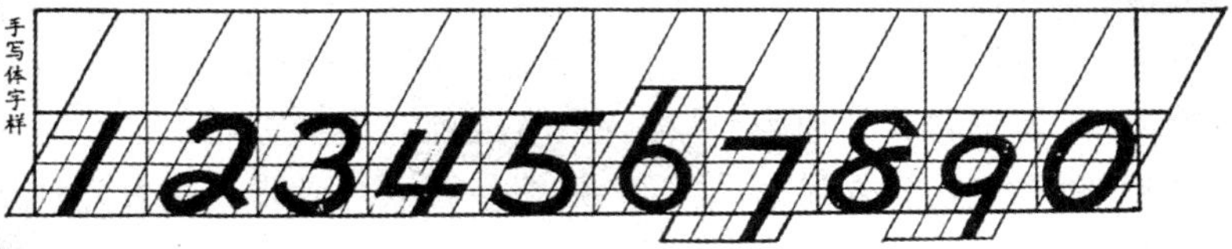

图4-1 会计数字的规范书写

数字书写时，不得连笔书写，每个数字要紧贴底线书写，并有60度左右的倾斜度。书写数字“6”时，上端比其他数字高出1/4，书写数字“7”和“9”时，下端比其他数字伸出1/4。

④账簿中的小写金额前不用加上币别符号。

按以上方法设置的“库存现金”总账账页如表4-1所示。

表4-1 总分类账

GENERAL LEDGER

会计科目及编号
ACCOUNT No. 库存现金1001 第1页

20××年		凭证字号	摘要	借方											√	贷方											√	借或贷	余额										
月	日			亿	千	百	十	万	千	百	十	元	角	分		亿	千	百	十	万	千	百	十	元	角	分			亿	千	百	十	万	千	百	十	元	角	分
12	1		期初余额																									借						9	1	4	0	0	0

（4）填写账户目录。由于总账是订本式，在各账页中预先印有连续编号，为了方便查找，所有总账账户设置完后，应在账簿启用页后的“账户目录表”中填入各账户的科目编号、名称及起始页码。

2.日记账

为了加强对货币资金的监督和控制，应设置现金、银行存款日记账各一本。采用订本式账簿、三栏式账页格式。建账步骤如下：

(1)启用账簿。

(2)设置账户。现金日记账按现金的币种分别开设账户，银行存款日记账按单位在银行开立的账户和币种开设账户，每一账户要预留账页。因外币现金和银行存款需采用包含原币信息的复币账页，因此，本位币与外币现金、银行存款分别开设账簿。

(3)登记期初余额。对于有期初余额的“库存现金”账户，根据相关资料在账户中登记期初余额，如表 4-2 所示。

表4-2 现金日记账

CASH JOURNAL

第1页

20××年		凭证字号	摘要	对应科目	借方											贷方											余额											✓
月	日				亿	千	百	十	万	千	百	十	元	角	分	亿	千	百	十	万	千	百	十	元	角	分	亿	千	百	十	万	千	百	十	元	角	分	
12	1		期初余额																													9	1	4	0	0	0	

对于有期初余额的“银行存款”账户，根据相关资料在账户中登记期初余额，如表 4-3 所示。

表4-3 银行存款日记账

BANK JOURNAL

开户银行 模拟银行

账 号 20030021087

第1页

20××年		凭证字号	银行凭证	摘要	对应科目	借方											贷方											借或贷	余额											✓
月	日					亿	千	百	十	万	千	百	十	元	角	分	亿	千	百	十	万	千	百	十	元	角	分		亿	千	百	十	万	千	百	十	元	角	分	
12	1			期初余额																								借					1	9	6	2	0	0	0	

(4)填写账户目录。

3.明细分类账

明细分类账一般采用活页式账簿,有三栏式、数量金额式及多栏式多种账页格式,相同格式的账页装订成本。

由于活页账可以在使用过程中根据需要增减账页,以及对账页的顺序进行调整,因此,设置明细分类账时,不用给每一明细账户预留账页,可以先在相关账簿中设置出有期初余额的明细账户,对期初无余额的明细账户可暂时不设,待日常账务处理中用到时再行设置,并插入账簿中同属一个总分类账户的明细账户顺序中去。

为了便于查找账户,明细账户在账簿中一般也按会计科目编码顺序排列,同属于一个总分类账户的明细账户应集中连续排列。在每一明细分类账户起始页上端或右侧粘贴标签,在标签上注明该账户名称,不同账户的标签相互错开排列。

并不是所有的总分类账户都需要设置明细分类账户,企业可以根据实际需要决定明细分类账户的设置,以及所采用的账页格式。佳视达实业有限公司的明细分类账户设置及账页格式如表4-4所示。

表4-4　佳视达实业有限公司明细分类账页格式

总账科目	明细分类账页格式	总账科目	明细分类账页格式
库存现金	日记账	其他应付款	三栏式
银行存款	日记账	长期借款	三栏式
其他货币资金	三栏式	实收资本	三栏式
应收票据	三栏式	资本公积	三栏式
应收账款	三栏式	盈余公积	三栏式
其他应收款	三栏式	本年利润	不设明细账
材料采购	三栏式(专用多栏式)	利润分配	三栏式
原材料	数量金额式	生产成本	专用多栏式
库存商品	数量金额式	制造费用	普通多栏式
长期待摊费用	三栏式	主营业务收入	普通多栏式
固定资产	卡片	其他业务收入	普通多栏式
累计折旧	不设明细账	营业外收入	普通多栏式

续表

总账科目	明细分类账页格式	总账科目	明细分类账页格式
短期借款	三栏式	主营业务成本	普通多栏式
应付票据	三栏式	其他业务成本	普通多栏式
应付账款	三栏式	税金及附加	普通多栏式
其他应付款	三栏式	销售费用	普通多栏式
应付职工薪酬	三栏式	管理费用	普通多栏式
应交税费	应交增值税为专用多栏式，其他明细账户为三栏式	财务费用	普通多栏式
应付利息	三栏式	营业外支出	普通多栏式
应付股利	三栏式	所得税费用	不设明细账

注：在存货核算采用计划成本时，需要设置材料采购账户，其明细账采用专用的多栏式账页，用以归集存货的实际采购成本，结转入库材料计划成本以及实际成本与计划成本的差异。而在本书中设置材料采购账户的目的，是为了说明材料实际成本的归集方法，因此，材料采购明细账采用三栏式账页格式。

据此，设置以下明细分类账簿：

(1)三栏式明细分类账。建账步骤如下：

①启用账簿。

②设置账户。在其中设置出应收账款、其他应收款、长期待摊费用、短期借款、应付账款、应付职工薪酬、应付利息、应交税费、长期借款、实收资本、盈余公积、利润分配等所属各有期初余额的明细分类账户，其他无期初余额的明细账户暂不设置。

开设明细账户时，首先在选定明细账页上方填写该明细账户所属总分类科目名称、明细科目名称、明细科目编码及该明细账户当前页码。

活页式账簿内账页事先未印制固定页码，由企业根据使用情况填写，每一账页均有两个页码：

“第　页”(“分第　页”)，指按明细分类账户对账页所进行的编码，即该账页为该明细分类账户的第几页，在启用新账页时进行编码。如开设“应收账款——深圳三勇建材有限公司”账户时，选定的账页为该账户的“第 1 页”，该页登记满，转入下页继续登记时，下页即为该账户的“第 2 页”。

“连续　页”(“总第　页”)，指不区分明细分类账户，对账簿中包含的账页按排列顺序进行的编码，即该账页为该明细账簿中的第几页。由于活页账在使用过程中会根据需要对账页进行增减，以及调整账页的顺序，所以该编码在年度结束时，将账簿中空白账页抽出，并对账页顺序进行整理后编写。

③登记期初余额。根据相关资料在明细分类账户中登记期初余额。

根据以上方法开设的应收深圳三勇建材有限公司账款明细分类账户如表4-5所示。

表4-5　明细分类账

SUBSIDIARY LEDGER

第1页

连续第　页

科目编号 A/C No. 112201　　明细科目 SUB.LED.A/C 深圳三勇建材有限公司　　总账科目 GEN.LED.A/C 应收账款

20××年		凭证字号	摘要	借方											√	贷方											√	借或贷	余额										
月	日			亿	千	百	十	万	千	百	十	元	角	分		亿	千	百	十	万	千	百	十	元	角	分			亿	千	百	十	万	千	百	十	元	角	分
12	1		期初余额																									借				2	3	4	0	0	0	0	0

应注意的是：

明细科目的编码一般采用群码的编码方式，以清楚地反映科目的隶属关系，其中一级科目编码在会计准则应用指南中有明确的规定，其他各级科目编码长度根据各单位需要自行确定，其长度既不能过长，不便运用，也不能太短，容量不够使用。

④粘贴账户标签。由于活页账簿中账页数量和位置的可变性，账簿登记过程中不能通过账户目录来查找账户，因此，为了便于账户查找，在每个账户首页上加贴口贴纸标签。

(2)数量金额式明细分类账。建账步骤如下：

①启用账簿。

②设置账户。在其中开设出原材料、库存商品所属的有期初余额的明细分类账户。

③登记期初余额。根据相关资料在明细分类账户中登记期初余额。

④粘贴账户标签。

根据以上方法开设的甲材料明细分类账户如表4-6所示。

表4-6 原材料进销存　　总第　页

SUBSIDIARY LEDGER OF INVENTORG　　分第 1 页

部类＿＿＿＿　产地＿＿＿＿　单位 公斤　规格＿＿＿＿　品名 甲材料

<table>
<tr><td colspan="2">20××年</td><td rowspan="3">凭证字号</td><td rowspan="3">摘要</td><td colspan="12">收　入</td><td colspan="12">发　出</td><td colspan="12">结　存</td><td rowspan="3">√</td></tr>
<tr><td rowspan="2">月</td><td rowspan="2">日</td><td rowspan="2">数量</td><td rowspan="2">单价</td><td colspan="10">金　额</td><td rowspan="2">数量</td><td rowspan="2">单价</td><td colspan="10">金　额</td><td rowspan="2">数量</td><td rowspan="2">单价</td><td colspan="10">金　额</td></tr>
<tr><td>千</td><td>百</td><td>十</td><td>万</td><td>千</td><td>百</td><td>十</td><td>元</td><td>角</td><td>分</td><td>千</td><td>百</td><td>十</td><td>万</td><td>千</td><td>百</td><td>十</td><td>元</td><td>角</td><td>分</td><td>千</td><td>百</td><td>十</td><td>万</td><td>千</td><td>百</td><td>十</td><td>元</td><td>角</td><td>分</td></tr>
<tr><td>12</td><td>1</td><td></td><td>期初结存</td><td></td><td></td><td></td><td></td><td></td><td></td><td></td><td></td><td></td><td></td><td></td><td></td><td></td><td></td><td></td><td></td><td></td><td></td><td></td><td></td><td></td><td></td><td></td><td></td><td>8500</td><td>100</td><td></td><td></td><td>8</td><td>5</td><td>0</td><td>0</td><td>0</td><td>0</td><td>0</td><td>0</td><td></td></tr>
<tr><td></td><td></td><td></td><td></td><td></td><td></td><td></td><td></td><td></td><td></td><td></td><td></td><td></td><td></td><td></td><td></td><td></td><td></td><td></td><td></td><td></td><td></td><td></td><td></td><td></td><td></td><td></td><td></td><td></td><td></td><td></td><td></td><td></td><td></td><td></td><td></td><td></td><td></td><td></td><td></td><td></td></tr>
<tr><td></td><td></td><td></td><td></td><td></td><td></td><td></td><td></td><td></td><td></td><td></td><td></td><td></td><td></td><td></td><td></td><td></td><td></td><td></td><td></td><td></td><td></td><td></td><td></td><td></td><td></td><td></td><td></td><td></td><td></td><td></td><td></td><td></td><td></td><td></td><td></td><td></td><td></td><td></td><td></td><td></td></tr>
<tr><td></td><td></td><td></td><td></td><td></td><td></td><td></td><td></td><td></td><td></td><td></td><td></td><td></td><td></td><td></td><td></td><td></td><td></td><td></td><td></td><td></td><td></td><td></td><td></td><td></td><td></td><td></td><td></td><td></td><td></td><td></td><td></td><td></td><td></td><td></td><td></td><td></td><td></td><td></td><td></td><td></td></tr>
<tr><td></td><td></td><td></td><td></td><td></td><td></td><td></td><td></td><td></td><td></td><td></td><td></td><td></td><td></td><td></td><td></td><td></td><td></td><td></td><td></td><td></td><td></td><td></td><td></td><td></td><td></td><td></td><td></td><td></td><td></td><td></td><td></td><td></td><td></td><td></td><td></td><td></td><td></td><td></td><td></td><td></td></tr>
<tr><td></td><td></td><td></td><td></td><td></td><td></td><td></td><td></td><td></td><td></td><td></td><td></td><td></td><td></td><td></td><td></td><td></td><td></td><td></td><td></td><td></td><td></td><td></td><td></td><td></td><td></td><td></td><td></td><td></td><td></td><td></td><td></td><td></td><td></td><td></td><td></td><td></td><td></td><td></td><td></td><td></td></tr>
</table>

(3)多栏式明细账,包括:

①应交增值税明细账。该账簿是专用账簿,用以登记应交增值税的增减变化情况,因此,无须再进行账户设置。同时,因为"应交税费——应交增值税"账户期初一般无余额,所以建账时只需启用该账簿即可。

②生产成本明细账。建账步骤如下:

第一,启用账簿。

第二,开设账户。生产成本明细账用以登记各成本核算对象的实际生产成本,按产品品种开设明细分类账户,对每种产品设置直接材料、直接人工及制造费用三个成本构成项目。开设时,在选定的账页左上方填入总账科目、产品名称、规格型号及计量单位等资料,并填写账页编码。

第三,登记期初余额。根据相关资料将该种产品期初在产品成本登记入账。登记时在"合计栏"中填入期初总成本,"直接材料""直接人工"和"制造费用"栏中填入各成本构成项目金额。

应注意的是,在各多栏式明细账簿中,一般将多栏方向的起始栏设为"合计"栏,"合计"是指本行本方向登记的各栏金额合计数,上下行数据不累积。

第四,粘贴账户标签。按以上方法开设的 B 产品生产成本明细分类账如表 4-7 所示。

表4-7 生产成本账 总第 页

SUBSIDIARY LEDGER OF PRODUCTIVE COST 分第1页

总账科目 生产成本

产品名称 B产品

规格型号

计量单位 个

20××年		凭证字号	摘要	合计	成本项目			
					直接材料	直接人工	制造费用	
月	日			亿千百十万千百十元角分	百十万千百十元角分	百十万千百十元角分	百十万千百十元角分	百
12	1		期初余额	1120000	500000	300000	320000	

③普通多栏式明细分类账。建账步骤如下：

第一，启用账簿。

第二，开设账户。普通多栏式明细分类账主要用来登记制造费用及各损益类账户，这些账户一般没有期初余额。开设账户时，首先将总分类科目填入账户的“科目名称”栏；然后确定多栏方向并写入栏目上方，一般将该账户登记增加的一方设为多栏方向，如“制造费用”和损益类中的费用账户设借方多栏，损益类中的收入账户设贷方多栏；最后将所属明细科目作为账户中栏目名称写入各栏目，注意将第一栏设为“合计”栏。

第三，粘贴账户标签。

(4)备查簿。设置备查簿一本，用以登记租入的行政办公用房相关信息，该账簿没有固定的账本形式和账页格式，企业可以根据实际情况选择适用账簿。

另外，企业在经营过程中涉及应收票据的，还应设“应收票据备查簿”，逐笔登记商业汇票的种类、号数和出票日、票面金额、交易合同号和付款人、承兑人、背书人的姓名或单位名称、到期日、背书转让日、贴现日、贴现率和贴现净额以及收款日和收回金额、退票情况等资料。商业汇票到期结清票款或退票后，在备查簿中注销。

企业在经营过程中涉及应付票据的，应设“应付票据备查簿”，详细登记商业汇票的种类、号数和出票日期、到期日、票面金额、交易合同号和收款人姓名或单位名称以及付款日期和金额等资料。应付票据到期结清时，在备查簿中注销。

练习题

一、填空题

1.会计工作具有明显的阶段性，具体可划分为__________、__________和__________三个阶段，我们把每一会计期间不断往复、依次进行的账务处理步骤称为__________。

2.会计账簿是由一定格式的__________组成的，以__________为依据，全面、系统、连续地__________的簿籍。

3.会计账簿按其用途可分为__________、__________和__________三种，按其外观形式可分为__________、__________和__________三种，按其账页格式可分为__________、__________和__________。

4.明细分类账所采用的账页格式各不相同，常用的格式有__________、__________和__________三种。

5.总分类账按账簿用途分类属__________，其账簿的外观形式为__________，其账页格式为__________。

二、单项选择题

1.活页式账簿一般用于__________。

A.日记账　B.总分类账　C.明细分类账　D.备查簿

2.原材料明细分类账应采用的账页格式为__________。

A.三栏式　B.数量金额式　C.专用多栏式　D.普通多栏式

3.登记账簿的依据是__________。

A.经济业务　B.原始凭证　C.记账凭证　D.会计凭证

4.应付账款明细分类账一般应采用__________账页格式。

A.三栏式　B.数量金额式　C.专用多栏式　D.普通多栏式

5.租入固定资产登记簿属于__________。

A.订本式　B.序时账　C.明细账　D.备查簿

6.生产成本明细账采用__________账页。

A.三栏式　B.数量金额式　C.专用多栏式　D.普通多栏式

7.按用途分类，现金日记账属于__________。

A.序时账簿　B.分类账簿　C.备查账簿　D.订本式账簿

8.按账簿的外观形式，固定资产明细账应采用__________。

A.活页式账簿　B.卡片式账簿　C.序时账簿　D.分类账簿

9.下列账户中,不应采用多栏式账页的是__________。

A.资产账户　B.成本账户　C.收入账户　D.费用账户

10.可不根据会计凭证登记的账簿有__________。

A.明细分类账　B.总分类账　C.备查簿　D.卡片账

三、多项选择题

1.以下明细分类账户应采用三栏式账页格式的有__________。

A.应收账款　B.应付利息
C.生产成本　D.主营业务收入
E.营业税金及附加

2.账簿按账页格式不同,可分为__________。

A.三栏式账簿　B.数量金额式账簿
C.多栏式账簿　D.序时簿
E.分类簿

3.账簿按用途分类,可分为__________。

A.订本账　B.备查簿　C.序时账　D.分类账
E.活页账

4.以下明细分类账应采用数量金额式账页格式的是__________。

A.原材料　B.固定资产　C.库存商品　D.材料采购
E.生产成本

5.以下经济业务需登记备查簿的是__________。

A.经营租入的固定资产　B.融资租入的固定资产
C.应收票据贴现　D.受托代销商品
E.签发商业汇票

6.活页账的优点包括__________。

A.防止账页散失和非法抽换　B.可根据需要增减
C.可跨年度使用　D.便于分工记账
E.较为安全

7.以下账簿可以跨年度使用的是__________。

A.订本账　B.活页账
C.卡片账　D.未用完的账簿
E.备查簿

四、判断题

1.序时账也称日记账，它是按经济业务发生或完成时间的先后顺序逐日逐笔登记经济业务的账簿。 （ ）

2.分类账是对各项经济业务按账户进行分类登记的账簿。 （ ）

3.分类账包括总分类账和明细分类账。 （ ）

4.现金、银行存款日记账应采用订本式账簿。 （ ）

5.备查簿是一种非正式的账簿，用于记载总分类账和明细分类账中未能登记或记载不全的事项，以备查考。 （ ）

6.卡片式账簿的本质是一种活页账，因此，它除了具有活页账的优点、缺点外，还可以跨年度使用，不需每年更换。 （ ）

7.在设置总分类账时，对本企业所涉及的所有账户，不论是否有余额，均应事先预留账页。 （ ）

8.为防止变造账簿记录，账簿中文字与数字应满格书写，并在小写金额前加上币别符号。 （ ）

9.除总分类账、现金、银行存款日记账外，其他账簿一律采用活页式账簿。 （ ）

10.序时簿就是现金和银行存款日记账。 （ ）

11.按现行规定，企业在年末时应更换新的会计账簿，但尚未用完的订本式账簿可以继续使用至用完再进行更换。 （ ）

12.活页式账簿可以通过账簿目录来查找账户，不必粘贴账户标签。 （ ）

13.所有的会计账簿均应按件交纳印花税，即每本粘贴5元面值的印花。 （ ）

14.订本式账簿虽能防止账页散失和非法抽换较为安全，但不利于分工记账，不能根据需要增减账页，需为每一账户事先预留账页。 （ ）

15.银行存款日记账按单位在银行开立的账户和币种开设账户，每一账户要预留账页。 （ ）

16.明细分类账一般采用活页式账簿，并根据企业实际需要将三栏式、数量金额式及多栏式多种账页装订成一本明细账。 （ ）

17.并不是所有的总分类账户都需要设置明细分类账。 （ ）

18.明细分类账的页码应在年度结束，抽出空白账页并整理好账页后进行编码。 （ ）

19.多栏式账页的“合计”栏是指本期本方向各栏目发生额的合计数。 （ ）

20.多栏式明细分类账一般将该账户登记增加的一方设为多栏方向。

( )

五、实训二资料

深圳市佳视达实业有限公司20××年12月1日的相关账务资料如下：

(一)总分类账户的期初余额(表4-8)

表 4-8

单位:元

库存现金	9 140.00	应付账款	491 400.00
银行存款	196 200.00	应付职工薪酬	126 000.00
应收账款	819 000.00	应付利息	55 000.00
		应交税费	24 960.00
其他应收款	5 000.00	长期借款	1 000 000.00
原材料	970 000.00	实收资本	2 000 000.00
生产成本	11 200.00	盈余公职	719 560.00
库存商品	900 000.00	本年利润	469 540.00
长期待摊费用	260 000.00	利润分配	238 480.00
固定资产	2 650 400.00	累计折旧	696 000.00
合　计	5 820 940.00	合　计	5 820 940.00

(二)有关明细分类账户的期初余额及相关资料

银行存款——开户行:深圳职业技术学院模拟银行

账号:20030021087

应收账款——深圳职业网络技术股份有限公司:585 000元;

——深圳三勇建材有限公司:234 000元;

其他应收款——汪琴:5 000元;

原材料——甲材料:8 500公斤,单价100元,计850 000元;

——乙材料:2 400公斤,单价50元,计120 000元;

生产成本——B产品——直接材料:5 000元;

——直接人工:3 000元;

——制造费用:3 200元;

库存商品——A产品:4 500件,单价200元,计900 000元;

长期待摊费用——租入办公用房装修:260 000 元;

应付账款——上海全网有限公司:351 000 元;

——深圳支联商贸有限公司:140 400 元;

应付职工薪酬——工资:108 000 元;

——社会保险费:18 000 元;

应付利息——长期借款:55 000 元;

应交税费——未交增值税:18 960 元;

——应交消费税:6 000 元;

实收资本——兴业公司:1 000 000 元;

——实达公司:1 000 000 元;

利润分配——未分配利润:238 480 元。

长期待摊费用为行政管理部门租入办公用房装修费,每月摊销 10 000 元。

长期借款为年初借入,三年期,年利率 6%,按年支付利息,到期还本,该利息不符合资本化条件。

存货出入库总分类核算采用月末汇总结转。

(三)20××年 11 月 30 日有关损益类账户累计发生额如下

主营业务收入——A 产品:3 400 000 元;

主营业务成本——A 产品:1 924 800 元;

销售费用——工资:55 000 元;

——社会保险费:8 000 元

——广告费:79 500 元;

——运杂费:4 800 元;

其他业务收入——材料销售:47 000 元;

其他业务成本——材料销售:31 000 元;

税金及附加:175 200 元;

管理费用——工资:193 000 元;

——社会保险费:27 000 元;

——折旧费:70 000 元;

——房屋租赁费:150 000 元;

——办公费:5 000 元;

——水电费:58 000 元;

——物料消耗:10 000 元;

——保险费:56 800 元;

财务费用——利息支出:77 500 元;

营业外收入——捐赠:104 653 元;

所得税费用:156 513 元。

(四)期末其他相关资料

1.本企业适用的相关税率为:A 产品的消费税率 5%,城建税率 7%,教育费附加率 3%,所得税率 25%。

2.本企业按职工工资总额的 9%和 7%比例分别计提养老保险和医疗保险。

3.制造费用按 A、B 产品的生产工时比例进行分配,本月 A 产品耗用 6 000工时,B 产品耗用 4 000 工时。本月生产 A 产品尚未完工,B 产品全部完工入库。

4.长期借款年利率 6%,利息按年支付,按月计提,该利息不符合资本化条件。

5.本年利润分配方案为:按本年税后利润的 10%计提法定盈余公积,将本年税后利润的 20%按期初投资比例分配给投资者。

任务5 日常业务处理——会计凭证

会计凭证的填制与审核是会计核算工作的起点,会计主体发生的每一笔经济业务,都要由执行或完成该笔经济业务的有关人员通过凭证来接收、记录经济业务的内容、数量和金额等信息,并在凭证上签名或盖章,以对经济业务的合法性和凭证的真实性、准确性负责。会计凭证必须经过有关人员审核无误并确认后,才可以进行账簿登记,如实反映企业的经济业务。

任务 5.1 认识会计凭证

一、会计凭证的概念

会计凭证,是记录经济业务的发生和完成情况、明确经济责任、作为登记账簿依据的书面证明。会计凭证包括纸质会计凭证和电子会计凭证两种形式。正确填制和认真审核会计凭证是会计核算中不可缺少的基础工作,对于保证会计信息的客观性、真实性、完整性,如实反映和有效监督企业的经济业务具有十分重要的作用,主要体现在以下几个方面:

1.反映经济业务,提供记账依据

通过认真填制和审核会计凭证,可以全面接收并记录企业日常发生的经济业务的信息,可以为计算、记账提供真实、可靠的数据资料,为登记账簿提供必要的依据。

2.检查、监督经济活动

通过认真填制和审核会计凭证,可以检查和监督企业所发生的经济业务是否合理、合法、合规，以保证企业财产的安全和合理使用，保证财务计划和财政制度的贯彻执行，从而充分发挥会计的监督作用。

3.明确经济责任

通过填制和审核凭证，可以明确有关部门、有关人员在处理经济业务中的责任，加强经济责任制。

二、会计凭证的种类

会计凭证按其填制程序和用途的不同，可以分为原始凭证和记账凭证两大类。

1.原始凭证

原始凭证，又称单据，是指在经济业务发生或完成时取得或填制的、用于记录或证明经济业务的发生或完成情况的原始凭据。当经济业务发生时，对所产生的含有财务信息的数据，通过原始凭证加以记载，以证明经济业务的发生情况和具体内容，并作为编制记账凭证的依据。常用的原始凭证有现金收据、增值税专用(通用)发票、差旅费报销单、产品入库单、销售出库单、领料单等。

原始凭证按不同的标准可分为不同的类别。

(1)原始凭证按取得来源的不同，可分为自制凭证和外来凭证。

①自制原始凭证，是指本企业经办人员在执行或完成某项经济业务时所填制的原始凭证，如借款单(如表5-1所示)、领料单、产品入库单等。

表5-1　借款单

20××年9月28日

部门	采购部	姓名	向思锐
借款事由	出差		
借款金额	(大写)⊗ 拾 万 零 万 贰 仟 伍 佰 零 拾 零 元		
预计还款报销日期	20××年10月08日		2500.00
审批意见	同意 田勇	借款人签收 现金付讫	王小明 20××年9月28日

会计主管：赵平　　　　出纳：孙田

②外来原始凭证，是指在经济业务完成时从其他单位和个人取得的原始凭证，如购买原材料取得的增值税专用发票(如表5-2所示)，职工出差报销的

飞机票、车船票等。

表5-2 深圳增值税专用发票

4403122640　　　　No: 00625123

（印章：广东省深圳市 发票联 国家税务局监制）

开票日期：2021 年 12 月 05 日

购货单位	名　　称：王莉莉 纳税人识别号： 地址　、电话： 开户行及账号：			密码区	6840*>37<2（484*/46939*9273/ 4+78/<93574/8+80<098/726>46 618549378833>3<884**469<999 23_*4588/<93547/8+80<09<4*6		
货物或应税劳务名称	规格型号	单位	数量	单价	金额	税率	税额
桑蚕丝提花莨纱绸		米	2	200.00	400.00	13%	52.00
合　　计					400.00		52.00
价税合计（大写）	⊕肆佰伍拾贰元整				（小写）	¥452.00	
销货单位	名　　称：深圳市新荣布艺有限公司 纳税人识别号：440301205862132 地址　、电话：深圳市南山区马家龙工业区2栋1楼0755－26692533 开户行及账号：工行南山支行1100184525302460			备注	（印章：深圳市新荣布艺有限公司 440301205862132 发票专用章）		

第一联：发票联购货方记账凭证

收款人：　　复核：　　开票人：万芳　　销货单位：（章）

不论是外来凭证还是自制凭证，只要能证明经济业务已经执行或已经完成，经过审核后都可以作为会计记账的依据。凡是不能证明经济业务已经执行或已经完成的文件，如材料请购单等，因其表明的是预期的经济业务，不属于会计的原始凭证，因而不能单独作为会计记账的依据。

（2）原始凭证按填制手续的不同，可分为一次凭证、累计凭证和汇总原始凭证。

①一次凭证，是指一次填制完成，只记录一笔经济业务且仅有一次有效的原始凭证，如现金收据（如表5-3所示）、收料单、发货票、银行结算凭证等。

表 5-3　现金收据

20××年 8 月 28 日

兹收到　梁记商店
交来　借用包装物押金
人民币（大写）零拾零万叁仟零佰零拾零元零角零分　　¥ 3 000.00
收款单位：（盖章）（印章：深圳开原实业有限公司 财务专用章）　　收款人：李莉　　交款人：尚梅

②累计凭证，是指在一定时期内，将重复发生的同类经济业务在一张凭证中多次记录且多次有效的原始凭证。

一般情况下，为简化手续，对于日常重复发生的同类经济业务，平时随时登记每笔经济业务的发生额并计算累计数，期末计算总数后作为记账的依据。典型的累计凭证如限额领料单(如表5-4所示)。

表5-4 限额领料单

领料部门：生产车间A产品　　　　发料仓库：1号仓

用途：　　　　20××年9月30日　　　　编号：4008621

材料编号	材料名称	规格	计量单位	计量单价	领用限额	全月实额	
						数量	金额
	甲材料		公斤		500		
领用日期	请领数量		实发数量	领料人签章	发料人签章	限额结余数量	
9.1	50		50	李勇	陈忠阅	450	
9.2	40		40	张强	陈忠阅	410	
9.3	10		10	李勇	陈忠阅	400	

③汇总凭证，是指对反映同类经济业务的若干一次凭证或累计凭证，按照一定标准定期汇总编制的原始凭证。此类凭证一般为自制凭证，其作用是简化了编制记账凭证和账簿登记的工作。常见的汇总凭证有工资汇总表(如表5-5所示)、发出材料汇总表等。

表5-5 深圳佳视达实业有限公司职工薪酬费用汇总表

20××年9月30日

部门	基本工资	社保费	住房公积金	工会经费	合计
生产车间	57 000.00	12 000.00	4 500.00	1 200.00	74 700.00
行政部门	9 500.00	2 000.00	680.00	150.00	12 330.00
销售部门	19 000.00	4 100.00	1 600.00	400.00	25 100.00
合计	85 500.00	18 100.00	6 780.00	1 750.00	112 130.00

2.记账凭证

记账凭证，又称记账凭单，是指会计人员根据审核无误的原始凭证或原始凭证汇总表填制的，记载经济业务简要内容及会计分录，作为登记账簿直接依据的会计凭证。

会计部门首先利用原始凭证将企业发生的经济业务所产生的会计数据收集起来，再通过会计确认，运用会计特有的复式记账方式，将该会计数据填写在记账凭证上，编制会计分录，表述数据中含有的财务信息。

记账凭证按不同的标准可分为不同的类别。

(1)记账凭证按格式的不同，可分为专用凭证和通用凭证。

①专用记账凭证，是指专门用于记录某一类经济业务的记账凭证。按照反映的经济业务的内容，可分为收款凭证、付款凭证和转账凭证三种。

收款凭证(如表 5-6 所示)，是指用于记录库存现金和银行收款业务的记账凭证。付款凭证(如表 5-7 所示)，是指用于记录库存现金和银行付款业务的记账凭证。转账凭证(如表 5-8 所示)，是指用于记录不涉及库存现金和银行存款业务的记账凭证。

表 5-6 收款凭证

借方科目 银行存款　　日期:20××年 09 月 01 日　　总 001 号

开户银行账号 模拟银行 20030021087　　第 001 号

摘要	贷方科目		金额											记账
	总账科目	明细科目	亿	千	百	十	万	千	百	十	元	角	分	
销售商品	主营业务收入	A 产品						1	0	0	0	0	0	√
	应交税费	应交增值税(销项税额)							1	3	0	0	0	√
附单据 2 张	合计						¥	1	1	3	0	0	0	

核准:李海　　复核:郭平　　记账:肖南　　出纳:孙华　　制单:肖南

表 5-7 付款凭证

贷方科目 库存现金　　　　日期：20××年 09 月 01 日　　　　总 003 号

开户银行账号 ________　　　　　　　　　　　　　　　　　第 001 号

摘　要	贷方科目		金　额											记账
	总账科目	明细科目	亿	千	百	十	万	千	百	十	元	角	分	
购入零星办公用品	管理费用	办公费							5	0	0	0	0	√
	制造费用	办公费							4	0	0	0	0	√
附单据 1 张	合　计							¥	9	0	0	0	0	

核准：李海　　复核：郭平　　记账：肖南　　出纳：孙华　　领款人：王东

表 5-8 转账凭证

日期：20××年 09 月 23 日　　　　总 019 号

第 001 号

摘要	总账科目	明细科目	借方金额											贷方金额											记账
			亿	千	百	十	万	千	百	十	元	角	分	亿	千	百	十	万	千	百	十	元	角	分	
赊销产品	应收账款	三勇建材					2	2	6	0	0	0	0												√
	主营业务收入	A 产品																2	0	0	0	0	0	0	√
	应交税费	应交增值税（销项税额）																	2	6	0	0	0	0	√
附单据 1 张	合　计					¥	2	2	6	0	0	0	0				¥	2	2	6	0	0	0	0	

核准：李海　　复核：郭平　　记账：肖南　　制单：肖南

如果企业经济业务较多时，还可以按现金和银行存款的不同，将收款凭证、付款凭证进一步分为现金收款、现金付款、银行存款收款、银行存款付款凭证，连同转账凭证共五种。

②通用凭证，是指不分收款、付款和转账业务，全部业务一律使用一种通

用格式的记账凭证。该凭证格式与转账凭证相似,名称统一为记账凭证。一般经济业务不多的单位,可采用通用记账凭证(如表 5-9 所示)。

表 5-9 记账凭证

日期:20××年 09 月 01 日　　　　第 023 号

摘要	总账科目	明细科目	借方金额											贷方金额											记账
			亿	千	百	十	万	千	百	十	元	角	分	亿	千	百	十	万	千	百	十	元	角	分	
赊销产品	应收账款	三勇建材					2	2	6	0	0	0	0												√
	主营业务收入	A 产品																2	0	0	0	0	0	0	√
	应交税费	应交增值税(销项税额)																	2	6	0	0	0	0	√
附单据 1 张	合计					¥	2	2	6	0	0	0	0				¥	2	2	6	0	0	0	0	

核准:李海　　　　复核:郭平　　　　记账:肖南　　　　制单:肖南

(2)记账凭证按币种的不同,可分为本位币记账凭证和外币记账凭证。

本位币记账凭证所记载的内容只涉及本位币种;外币记账凭证也称为复币记账凭证,要求同时反映经济业务中的外币金额、汇率、本位币金额。

(3)记账凭证按用途的不同,可分为分录凭证、汇总凭证和联合凭证。

①分录凭证,是指直接根据原始凭证编制和载明会计科目、记账方向及金额的凭证,如前述收、付、转凭证。

②汇总凭证,是指对分录凭证加以汇总,据以登记分类账的记账凭证,如汇总记账凭证、科目汇总表等。

③联合凭证,是指既有原始凭证或原始凭证汇总表的内容,也同时具备记账凭证内容的凭证。例如在自制的原始凭证或原始凭证汇总表上同时印有会计科目,用于替代记账凭证作为记账的依据。实际工作中,此类凭证在银行等金融机构较为常见。

任务 5.2　原始凭证的填制

同步实训

同步实训(一)

【实训说明】本实训为“实训(三)”的一部分,是针对“实训(二)”中未涉及的原始凭证的填列进行的补充单项实训。

【实训目的】练习企业常用的原始凭证的填制。

【实训资料】见本章练习部分“实训(三)”资料。

【实训任务】填制或整理“实训(三)”中各笔经济业务的原始凭证。

【实训耗材】见本书附录“实训(三)”。

同步实训(二)

【实训说明】本实训为“实训(二)”的一部分。

【实训目的】熟悉企业常见经济业务的相关原始凭证。

【实训任务】根据“实训(二)”中各笔经济业务的原始凭证,分析判断相关经济业务内容。

一、原始凭证的基本内容

原始凭证的种类较多,因经济业务和经营管理需求的不同而有所差异。例如,差旅费报销单记录职工出差发生的各项差旅费情况,而发票记录的则是销售商品的数量和金额,两者显然差别很大。但是,它们作为收集和记录经济数据的载体,都起着证明经济业务已经发生或完成的作用,都应当包含以下内容:

1.原始凭证的名称。不同的原始凭证有不同的名称,例如收据、发票、收料单、入库单、工资汇总表等。通过原始凭证的名称,可以说明该凭证所代表的经济业务的类型。例如,收据反映了企业收取款项的行为,发票反映了商品的交易行为,收料单反映了仓库管理人员验收购入材料的业务,运输单据反映了运输单位提供了运输服务的经济业务等。

2.填制凭证的日期。一般情况下,原始凭证日期表明的是经济业务发生的日期,但少数经济业务在发生时也可能来不及填制原始凭证。为了及时地反映经济活动的情况和结果，应当尽快地完成原始凭证的填制。

3.原始凭证的号码。原始凭证的号码是为了加强凭证的管理以及事后备查而对凭证所进行的编号。

4.交易双方的名称。每一项经济业务的发生，都会涉及当事人双方，即填制凭证单位名称、填制人和接受凭证单位。例如销售商品有买卖双方，向银行借款有借贷双方等。因此，一份完整的原始凭证应当载明当事人双方的名称，以准确地反映双方的经济责任，同时也为检查验证该项经济业务的真实性提供方便。

5.经济业务的内容（含实物数量、单价和金额等）。原始凭证本身虽然可以反映经济业务的基本类型，但无法说明经济业务的具体内容，如购货发票本身反映了企业的购货活动，却不能表明购货的具体种类，而不同的购货内容在账务处理上可能存在很大的差异，因此，在原始凭证中需对经济业务的具体内容进行记载，以满足会计核算和监督的需要。

6.经办人员的签名或者盖章。为了明确具体的经济责任，有关的经办人员应在原始凭证上签名或盖章。

7.原始凭证的联次及附件。

二、原始凭证的填制与生成

1.原始凭证填制的基本要求

只有在形式上和实质上符合要求的原始凭证，才能正确地、及时地、清晰地反映各项经济业务的真实情况，从而提高会计核算的质量，发挥原始凭证的法律效力。原始凭证填写的基本要求如下：

(1)记录要真实。原始凭证所填列的经济业务内容和数字必须真实可靠，符合实际情况，不得弄虚作假，不得随意填写。所反映的经济业务应合法、合理、合规。经办人员应对所取得或填制的原始凭证的真实性负责。

(2)内容要完整。原始凭证所要求填列的项目必须逐项填列齐全，不得遗漏或省略。原始凭证中的年、月、日要按照填制原始凭证的实际日期填写；名称要齐全，不能简化；品名或用途要填写明确，不能含糊不清；有关人员的签章必须齐全。

(3)手续要完备。经办人和有关部门的负责人必须在凭证上签字或盖章，以示对凭证的真实性和正确性负责。例如，单位自制的原始凭证必须有经办单位相关负责人的签名盖章；对外开出的原始凭证，必须加盖本单位公章或财务专用章；从外部取得的原始凭证，必须盖有填制单位的公章或财务专用章；

对外开出或从外取得的电子形式的原始凭证必须附有符合《电子签名法》的电子签名；从个人取得的原始凭证，必须有填制人员的签名或盖章。

(4)书写要清楚。原始凭证只能用蓝(黑)色墨水填写，不得使用铅笔或圆珠笔填写；字迹要工整清晰，易于辨认，不得使用未经国务院颁布的简化汉字。大小写金额必须符合填写规范，中文大写金额数字应用正楷或行书填写，如"壹、贰、叁、肆、伍、陆、柒、捌、玖、拾、佰、仟、万、亿、元、角、分、零、整(正)"等；小写金额用阿拉伯数字逐个填写，不得连写，文字数字书写应紧靠行格底线，上方应留有适当空距，以便写错字时有更改的空间，不得满格书写。金额数字的填写要符合规范性要求，数字前应写明币种符号或者货币名称简写，例如人民币符号"￥"、港币符号"HK＄"、美元符号"US＄"；币种符号与数字之间不得留有空白；凡数字前写有币种符号的，数字后面不再写货币单位；阿拉伯小写金额数字中有"0"时，中文大写应按照汉语语言规律、金额数字构成和防止涂改的要求进行书写。

(5)更正要规范。不得涂改、刮擦、挖补。自制的原始凭证需要更正时，应采用划线更正，即用红线划掉写错的文字或数字，再将正确的数字用蓝(黑)色墨水写在划线部分的上方，并加盖经手人印章；外部取得的原始凭证，金额有错误的，应当由出具单位重开，不得在原始凭证上更正。原始凭证有其他错误的，应当由出具单位重开或更正，更正处应当加盖出具单位印章。

(6)编号要连续。各种凭证都必须连续编号，以备查找。已预先印好编号的凭证，如发票、支票等作废时，应在作废的凭证上加盖"作废"戳记，连同存根一起保存，不得随意撕毁。

(7)填制要及时。有关经办人员必须在经济业务发生或完成时及时填制原始凭证，并按规定的程序及时传递给会计部门。

2.常见的原始凭证的填制

(1)支票

①支票的出票日期应填写开票当天日期，必须使用中文大写。为了防止编造支票的出票日期，在填写月、日时，月为壹、贰和壹拾的，日为壹至玖和壹拾、贰拾和叁拾的，应在其前面加"零"；日为拾壹至拾玖的，应在其前加"壹"。例如，"1 月 2 日"，应写成"零壹月零贰日"；"1 月 15 日"，应写成"零壹月壹拾伍日"；"10 月 2 日"，应写成"零壹拾月零贰日"；"10 月 20 日"，应写成"零壹拾月零贰拾日"。

②支票上的收款人、付款行名称、出票人账号，应写单位全称或个人的姓名，并与银行预留印鉴名称一致，不得简写。

例如，不能将全称为“深圳市福岗股份有限公司”写成“深圳福岗公司”。

③出票人签章处应盖上出票人在银行预留的签章（称为印鉴），一般使用本单位授权的财务专用章和法人代表的私章，加盖印鉴时要清晰有力。

④支票上的日期、大小写金额和收款人若填写错误不得修改，需作废重填。

支票样式如表 5-10 所示。

表 5-10　支票

中国工商银行支票存根	中国工商银行　支票　深圳　IX VI 00303384
IX VI 00303384	出票日期（大写）贰零贰贰 年 零壹 月零壹拾 日　付款行名称：中国工商银行深圳分行蛇口支行
科　目：银行存款	收款人：深圳开原实业有限公司　出票人账号：48889934345
对方科目：库存现金	本支票付款期限十天
出票日期 2022 年 01 月 10 日	人民币（大写）肆仟元整　亿 千 百 十 万 千 百 十 元 角 分　¥ 4 0 0 0 0 0
收款人：开原实业	用途 备用金　科目（借）
金　额：¥4 000.00	上列款项请从　对方科目（贷）
用　途：备用金	我账户内支付　（深圳开原实业有限公司 财务专用章）（王大 印）
单位主管：　会计：	出票人签章　复核　记账

(2)增值税发票

增值税发票是增值税纳税义务人提供商品或劳务时开具的发票，分为增值税专用发票和增值税普通发票，目前有纸质发票和电子发票两种类型。

增值税专用发票，向需要抵扣增值税进项税额的增值税一般纳税人开具，其基本联次为三联：发票联，作为购买方核算采购成本和增值税进项税额的凭证；抵扣联，作为购买方报送主管税务机关认证增值税进项税额和留存备查的凭证；记账联，作为销售方核算销售收入和增值税销项税额的凭证。

增值税普通发票，向增值税小规模纳税人或零售消费者开具，样式与专用发票基本相同，联次为两联：发票联和记账联，各联使用方法和专用发票对应联次相同。

增值税电子发票（如表 5-11 所示）和纸质发票的联次相同，样式基本相同，开具后以电子形式使用，开票方或受票方需要纸质发票的，也可自行将电子发票用 A4 纸打印，其法律效力、基本用途和使用方法与纸质增值税发票相同。

开具增值税发票应使用专用防伪税控系统，并做到：项目齐全，与实际交易相符，按照增值税纳税义务的发生时间开具。纸质增值税发票的发票联和抵扣联应加盖销货单位的发票专用章。增值税电子普通发票目前部分地区使用电子签名，部分地区使用电子发票专用章。

纸质增值税专用发票和普通发票如填写有误，在各联次齐全完整的情况下可以作废，作废时应在系统中对相应发票做“作废”处理，并在纸质发票各联次注明“作废”字样，留存备查。增值税电子发票一旦开具，暂不能作废，如发生开票错误等情况，可开具红字增值税电子发票冲正。

表 5-11 增值税电子专用发票

深圳增值税电子专用发票

国家税务总局 深圳市税务局

发票代码：021 0021 02111
发票号码：22546285
开票日期：2022年3月8日
校验码：80790 21412 08406 71339

机器编号：661565715415

购货单位	名　　称：	新星实业有限公司		6840*>37<2（484*/46939*9273/ 4+78/<93574/8+80<098/726>46 618549378833>3<884**469<999 23_*4588/<93547/8+80<09<4*6
	纳税人识别号：	4308726580039254		
	地址　、电话：	深圳市宝安新乡工业区24栋0755-27782514		
	开户行及账号：	工行宝安新城支行221400586		

货物或应税劳务名称	规格型号	单位	数量	单价	金额	税率	税额
桑蚕丝提花莨纱绸		米	200	200.00	40000.00	13%	5200.00
合　　计					40000.00		5200.00
价税合计（大写）	⊕肆万伍仟贰佰元整				（小写）	¥45,200.00	

销货单位	名　　称：	深圳市新荣布艺有限公司	备注	
	纳税人识别号：	440301205862132		
	地址　、电话：	深圳市南山区马家龙工业区2栋1楼0755－26692533		
	开户行及账号：	工行南山支行1100184525302460		

收款人：　　　　复核：　　　　开票人：万芳

三、原始凭证的审核

原始凭证按要求填制后，还应从形式上和实质上对其进行审核，经审核确认后，凭证上所记载的会计信息才能通过编制记账凭证进行加工处理，以确保会计信息系统最终所提供的财务报表信息的真实、可靠、正确。对原始凭证的审核包括以下几个方面：

1.真实性

审核凭证的日期、业务内容、数据等是否真实，检查是否存在弄虚作假。

2.合规性

审核原始凭证所记录的内容是否有违反国家法律法规的情况，是否符合经营活动的需要，是否符合企业的计划或预算要求。对于不符合要求的凭证，会计人员有权拒绝受理；发现伪造涂改等现象，还应及时向有关负责人汇报。

3.完整性

审核原始凭证各项基本要素是否完整、齐全。例如,日期填写是否完整,数字填写是否清晰,文字书写是否工整,有关人员签章是否齐全,凭证联次是否确定等。

4.正确性

审核原始凭证金额的计算和填写是否正确,数字书写是否规范、清晰,是否存在不符合规范要求的更改等。

5.及时性

审核原始凭证的填制日期是否及时,尤其是一些时效性较强的原始凭证。

经审核的原始凭证应根据不同情况分别进行处理:

(1)对于完全符合要求的原始凭证,应及时据以编制记账凭证;

(2)对于真实、合法、合理但内容不够完整、填写有错误的原始凭证,应退回给有关经办人员,由其负责将有关凭证补充完整,更正错误或重开后,再办理正式会计手续;

(3)对于不真实、不合法的原始凭证,会计机构和会计人员有权不予以接受,并向单位负责人汇报。

四、原始凭证的整理与粘贴

审核无误的原始凭证是编制记账凭证的依据,为了便于查阅,防止散失,应按原始凭证和会计分录的对应关系进行整理粘贴。每张记账凭证对应的原始凭证粘贴在一张"报销单据粘贴单"或自制的与记账凭证大小相同的空白粘贴单上,待编制记账凭证后,将记账凭证和原始凭证粘贴单的左上角粘贴在一起,妥善保管,月末整理后装订成册。

粘贴原始凭证应使用优质胶水,达到"四边齐、表面平、无凹凸、书本型"的标准,粘贴时注意:

1.只需粘牢原始凭证的左侧部分,不用将背面全部贴实;

2.不要将单据集中在粘贴单中间,以免造成中间厚、四周薄,凭证装订不整齐;

3.每张单据均应直接粘贴在粘贴单上,不能将单据粘在其他单据上,以免脱落丢失;

4.粘贴单最左侧留出约 2 厘米空白,以免装订时遮挡原始凭证内容;

5.超大凭证粘贴后要按粘贴单大小进行折叠,一般的方法为先齐上折下,再齐左折右,并将折上部分左下角对折,空出装订位置,以免装订后影响单据翻阅;

6.当一张记账凭证需附多张原始单据时，应首先对原始单据按其经济内容，即末级会计科目进行分类整理，相同末级会计科目的原始凭证粘贴在一起。

同类原始单据再按大小、金额进行整理，然后按先大后小、自右向左、自下而上顺序，依次呈阶梯状均匀粘贴（如图 5-1 所示）。需粘贴的多张单据中，若有与粘贴单宽度相仿或更大的单据，可以先在粘贴单上按以上方法粘贴完其他单据后，再将其粘贴在粘贴单最上方，粘贴后做到凭证内部分类清晰、排列美观、数量易计。

图 5-1　原始单据的粘贴

任务 5.3　记账凭证的编制

同步实训

同步实训（一）

【实训说明】本次实训为“实训（三）”的一部分。

【实训目的】练习专用记账凭证的填制及会计凭证的整理。

【实训任务】根据已完成的“实训（三）”中各笔经济业务的原始凭证，采用专用记账凭证格式编制记账凭证，并对各笔业务的会计凭证进行整理粘贴。

【实训耗材】购买实际会计凭证，并按人需数量拆本使用。

1.收款凭证：3 张

2.付款凭证：3 张

3.转款凭证：3 张

同步实训(二)

【实训说明】本次实训为“实训(二)”的一部分。

【实训目的】练习通用记账凭证的填制及会计凭证的整理。

【实训任务】采用通用记账凭证，编制“实训(二)”中前 3 笔经济业务的记账凭证，并对相关会计凭证进行整理粘贴。

一、记账凭证的基本内容

记账凭证所反映的经济业务内容的不同，决定了其在具体的格式上也存在着差异，但记账凭证作为记账的依据，必须具备一些基本的共同点。构成记账凭证的共同要素有：

1.记账凭证的名称，例如收款凭证、付款凭证、转账凭证等；

2.凭证的填制日期、编号；

3.会计分录，具体包括会计科目(一级科目、二级科目或明细科目)、借贷方向和金额；

4.经济业务的内容摘要；

5.记账标记；

6.所附原始凭证的张数；

7.填制人、审核人、记账人、会计主管等有关人员的签名或盖章。若为收款和付款凭证，还必须有出纳人员的签章。

二、记账凭证的编制要求

1.专用凭证的填制

(1)记账凭证填制的基本要求

①凭证格式恰当。根据经济业务的性质，选择适用的凭证格式。收款凭证只能填写一个借方科目，付款凭证只能填写一个贷方科目。若收款业务涉及多个借方科目，或付款业务涉及多个贷方科目时，需将其拆分后填写在相应的格式凭证中。

②凭证日期书写要规范。应填写编制本记账凭证的日期，用阿拉伯数字填写。

③连续编号：

A.记账凭证一般按月根据记账凭证的编制顺序连续编号，缺位补“0”，如企业采用3位凭证编号，则第一张凭证号为“001”。每月的最后一张记账凭证的编号旁应加注“全”字。

B.一张专用凭证有两个编号：

总号：不分凭证类别，在全部记账凭证顺序中连续编号；

第号：按收、付、转分类，在该类记账凭证顺序中连续编号。

C.一笔经济业务因凭证格式限制拆分的会计分录，填写在不同格式记账凭证中，各张凭证独立编号，同时在两张凭证摘要栏注明两者间的关系，附件栏标明共用的原始凭证情况（如表5-18、表5-19所示）。

D.如果一笔经济业务涉及的会计科目较多，需要填制两张以上（含两张）记账凭证才能写完的，可采用“分数编号法”，即对这几张凭证编一个总号，再为其编几个分号（如表5-12、表5-13所示）。为便于监督，反映付款业务的会计凭证不得由出纳人员编号。

表5-12　转账凭证

日期：20××年11月30日　　　　总 $196^{1/2}$号
　　　　　　　　　　　　　　　第 $061^{1/2}$号

摘要	总账科目	明细科目	借方金额											贷方金额											记账
			亿	千	百	十	万	千	百	十	元	角	分	亿	千	百	十	万	千	百	十	元	角	分	
结转本期费用	本年利润					7	0	0	0	0	0	0	0												
	主营业务成本																5	0	0	0	0	0	0	0	
	其他业务成本																		5	0	0	0	0	0	
	税金及附加																	1	4	0	0	0	0	0	
	销售费用																	5	2	0	0	0	0	0	
	管理费用																1	1	7	0	0	0	0	0	
附单据　张	合计																								

核准：　　　　复核：　　　　记账：　　　　制单：周正业

表 5-13 转账凭证

日期： 年 月 日 总 $196^{2/2}$号
第 $061^{2/2}$号

摘要	总账科目	明细科目	借方金额											贷方金额											记账
			亿	千	百	十	万	千	百	十	元	角	分	亿	千	百	十	万	千	百	十	元	角	分	
	财务费用																		2	0	0	0	0	0	
	营业外支出																	1	0	0	0	0	0	0	
附单据 张	合计				¥	7	0	0	0	0	0	0	0			¥	7	0	0	0	0	0	0	0	

核准： 复核： 记账： 制单：周正业

④会计分录正确。会计分录是记账凭证的主体部分，应保持清晰、正确的对应关系。

总账科目按照会计准则统一规范的会计科目填写，使用全称，不得简化，不得只写编号不写科目名称。各级明细科目根据各单位的需要设定，全部书写在明细科目栏。填写完会计分录后，如有空行，应将金额栏最后一笔金额数字下至合计数上的空白行划斜线或“S”形线注销。金额数字要书写规范，合计金额的第一位数字前要填写币种符号，其他金额栏不加币别符号。

⑤摘要简明扼要。经济业务内容在摘要栏自左至右填写，简明、扼要地说明经济业务内容的要点，便于查阅凭证和登记账簿，应防止简而不明，或过于烦琐。

⑥标明附件的张数。除期末结转和更正错账的记账凭证可以没有原始凭证外，其他的记账凭证都必须附有经审核后的原始凭证，且应在记账凭证的“附原始凭证张”栏内，以阿拉伯数字标明该记账凭证所附原始凭证的张数。

原始凭证张数有两种情况：一是未经汇总的原始单据，以单据的自然张数计算；二是经过汇总的原始凭证，如费用报销单、差旅费报销单、收发料汇总表等，以汇总单据的自然张数计算，每张汇总单据依据的原始单据自然张数，应填入汇总单据中，作为这张汇总原始凭证的附件。

此外，在记账凭证编制完成之后，将记账凭证和原始凭证粘贴单的左上角粘贴在一起，妥善保管，月末整理后装订成册。

⑦明确责任。记账凭证上要求有填制人、审核人、记账人员、会计主管的签章，收付凭证还需有出纳人员的签章。一方面明确有关人员的责任，另一方面可通过多人的检查，防止记账过程中出现差错，保证会计信息的真实、可靠。此外，对于已办妥收款或付款业务的凭证和所附的原始凭证，出纳人员要当即加盖“收讫”或“付讫”戳记，以免发生重收、重付。

记账凭证的内容登记入账簿后，为避免重复登账，应在记账凭证的“过账”栏内注明账户页码或作“√ ”标记。

填制记账凭证时若发生错误，应当重新填制。

(2)收款凭证的填制

收款凭证左上角的“借方科目”应填写“库存现金”或“银行存款”科目；“贷方科目”应填写与现金或银行存款收款相对应的总账科目和明细科目。

【例 5-1】20××年 11 月 1 日，深圳佳视达实业有限公司销售 A 产品 50 件，单价 200 元，增值税 1 300 元，款项已收存银行。收款凭证的填制，如表 5-14 所示。

表 5-14 收款凭证

借方科目 银行存款　　　　日期：20××年11月01日　　　　总 001 号
开户银行账号 模拟银行20030021087　　　　第 001 号

摘要	贷方科目		金额											记账
	总账科目	明细科目	亿	千	百	十	万	千	百	十	元	角	分	
销售商品	主营业务收入	A产品					1	0	0	0	0	0	0	
	应交税费	应交增值税（销项税额）						1	3	0	0	0	0	
附单据 2 张	合计					¥	1	1	3	0	0	0	0	

核准：　　复核：　　记账：　　出纳：　　制单：周正业

(3)付款凭证的填制

付款凭证左上角的“贷方科目”应填写“库存现金”或“银行存款”科目；“借方科目”栏应填写与现金或银行存款付款相对应的总账科目和明细科目。

【例 5-2】20××年 11 月 1 日，深圳佳视达实业有限公司以银行存款交纳上月未交增值税 8 000 元，消费税 2 500 元。付款凭证的填制，如表 5-15 所示。

表 5-15 付款凭证

贷方科目 银行存款　　日期：20××年11月01日　　总 002 号
开户银行账号 模拟银行20030021087　　第 001 号

摘要	借方科目		金额											记账
	总账科目	明细科目	亿	千	百	十	万	千	百	十	元	角	分	
交纳增值税、消费税	应交税费	未交增值税						8	0	0	0	0	0	
		应交消费税						2	5	0	0	0	0	
附单据 2 张	合计					¥	1	0	5	0	0	0	0	

核准：　　复核：　　记账：　　出纳：　　制单：周正业

对于库存现金和银行存款之间相互划转的经济业务，为了避免重复记账，只编制付款凭证，不编制收款凭证。即对于从银行提取现金的业务，编制银行存款付款凭证；对于将现金存入银行的业务，编制现金付款凭证。

【例 5-3】20××年 11 月 1 日，深圳佳视达实业有限公司从银行提取现金 5 000 元。付款凭证的填制，如表 5-16 所示。

表 5-16 付款凭证

贷方科目 银行存款　　日期：20××年11月01日　　总 003 号
开户银行账号 模拟银行20030021087　　第 002 号

摘要	借方科目		金额											记账
	总账科目	明细科目	亿	千	百	十	万	千	百	十	元	角	分	
提现	库存现金							5	0	0	0	0	0	
附单据 1 张	合计						¥	5	0	0	0	0	0	

核准：　　复核：　　记账：　　出纳：　　制单：周正业

(4)转账凭证的填制

转账凭证的会计分录全部科目按先借后贷顺序，全部填写总账科目和明细科目栏，借方科目金额填入同一行借方金额栏，贷方科目金额填入同一行贷方金额栏。

【例 5-4】20××年 11 月 1 日，深圳佳视达实业有限公司向泰丰电子厂购买甲材料 100 公斤，单价 100 元，增值税 1 300 元，款项尚未支付；转账凭证的填制，如表 5-17 所示。

表 5-17　转账凭证

日期：20××年11月01日　　　　总 004 号
　　　　　　　　　　　　　　　第 001 号

摘要	总账科目	明细科目	借方金额											贷方金额											记账
			亿	千	百	十	万	千	百	十	元	角	分	亿	千	百	十	万	千	百	十	元	角	分	
赊购甲材料	材料采购	甲材料					1	0	0	0	0	0	0												
	应交税费	应交增值税（进项税额）						1	3	0	0	0	0												
	应付账款	泰丰电子																1	1	3	0	0	0	0	
附单据 1 张	合计					¥	1	1	3	0	0	0	0				¥	1	1	3	0	0	0	0	

核准：　　复核：　　记账：　　制单：周正业

如果依据一张原始凭证编制了 2 张或 2 张以上的记账凭证，则应将该原始凭证附于主要记账凭证之后，同时在其余未附有原始凭证的记账凭证的附件栏，注明附有该原始凭证的记账凭证编号。

【例 5-5】20××年 11 月 1 日，深圳佳视达实业有限公司向南方机械厂购入一台设备，增值税专用发票注明价款 30 000 元，增值税 3 900 元，其中10 000元以银行存款支付，余款暂欠。2 张记账凭证的填制，如表 5-18、表 5-19 所示。

表 5-18 付款凭证

贷方科目 银行存款　　日期：20××年11月02日　　总 005 号
开户银行账号 模拟银行20030021087　　第 003 号

摘要	借方科目		金额											记账
	总账科目	明细科目	亿	千	百	十	万	千	百	十	元	角	分	
采购设备、部分付款	固定资产						1	0	0	0	0	0	0	
(与转002号为同笔业务)														
附单据 2 张	合计					¥	1	0	0	0	0	0	0	

核准：　　复核：　　记账：　　出纳：　　制单：周正业

表 5-19 转账凭证

日期：20××年11月02日　　总 006 号
第 002 号

摘要	总账科目	明细科目	借方金额											贷方金额											记账
			亿	千	百	十	万	千	百	十	元	角	分	亿	千	百	十	万	千	百	十	元	角	分	
采购设备、部分付款	固定资产						2	0	0	0	0	0	0												
(与付003号为同笔业务)	应交税费	应交增值税（进项税额）						3	9	0	0	0	0												
	应付账款	南方机械厂																2	3	9	0	0	0	0	
附于付003号凭证																									
附单据 张	合计					¥	2	3	9	0	0	0	0				¥	2	3	9	0	0	0	0	

核准：　　复核：　　记账：　　制单：周正业

2.通用凭证的填制

通用凭证的填制与转账凭证基本相同，不同的是，通用凭证的编号只有一个，按凭证编制时间顺序编号。如表 5-20 所示。

表 5-20　记账凭证

日期：20××年11月02日　　　　　　　　　　第 005 号

摘要	总账科目	明细科目	借方金额											贷方金额											记账
			亿	千	百	十	万	千	百	十	元	角	分	亿	千	百	十	万	千	百	十	元	角	分	
采购设备、部分付款	固定资产						3	0	0	0	0	0	0												
	应交税费	应交增值税（进项税额）						3	9	0	0	0	0												
	银行存款																	1	0	0	0	0	0	0	
	应付账款	南方机械厂																2	0	0	0	0	0	0	
附单据 2 张	合计					¥	3	3	9	0	0	0	0				¥	3	3	9	0	0	0	0	

核准：　　　　复核：　　　　记账：　　　　制单：　周正业

三、记账凭证的审核

为了保证会计信息的质量，正确登记账簿，除了按上述要求填制记账凭证外，在登记入账前，还应对记账凭证进行审核。审核要点包括：

1.内容是否真实。审核记账凭证是否附有原始凭证，记账凭证所附的原始凭证是否齐全，内容是否与记账凭证内容一致，对一些需要单独保管的原始凭证是否在凭证上加以说明。

2. 填制是否正确。审核记账凭证中所使用的会计科目是否符合会计准则的要求，应借应贷的方向和金额是否正确，账户的对应关系是否清晰，文字书写是否工整，数字书写是否清晰，错误是否按规定进行更正等。

3.项目是否齐全。审核记账凭证所填写的项目是否完备，有关人员是否都已签章。

如果在审核过程中发现记账凭证有错误，应查明原因并及时更正，只有经审核确认后的记账凭证才能作为登记账簿的依据。

练习题

一、填空题

1.会计凭证是记录经济业务的发生和完成情况，作为＿＿＿＿＿＿的＿＿＿＿＿＿。

2.会计凭证按其编制的程序和用途不同，分为＿＿＿＿＿＿和＿＿＿＿＿＿两大类。

3.原始凭证按其来源的不同可分为＿＿＿＿＿＿和＿＿＿＿＿＿，原始凭证按其填制手续的不同可分为＿＿＿＿＿＿、＿＿＿＿＿＿和汇总凭证三类。

4.记账凭证是由会计人员根据审核无误的＿＿＿＿＿＿编制的，简要记载经济业务及＿＿＿＿＿＿，并＿＿＿＿＿＿书面文件。

5.记账凭证按其适用范围可分为＿＿＿＿＿＿和＿＿＿＿＿＿两类，前者按业务与货币资金收付的关系，又分为＿＿＿＿＿＿、＿＿＿＿＿＿和＿＿＿＿＿＿。

二、单项选择题

1.企业填制的限额领料单属于＿＿＿＿＿＿。

A.一次凭证　　B.累计凭证

C.原始凭证汇总表　　D.外来凭证

2.将现金存入银行应填制＿＿＿＿＿＿。

A.银行存款收款凭证　　B.银行存款付款凭证

C.现金收款凭证　　D.现金付款凭证

3.下列凭证中不能作为原始凭证的是＿＿＿＿＿＿。

A.购销合同　　B.发票　　C.收料单　　D.发货单

4.差旅费报销单属于＿＿＿＿＿＿。

A.记账凭证　　B.自制原始凭证

C.外来原始凭证　　D.原始凭证汇总表

5.会计凭证是＿＿＿＿＿＿的依据。

A.证明经济业务　　B.编制记账凭证

C.登记账簿　　D.编制会计报表

6.职工报销差旅费 2 000 元，原预借 2 500 元，余款交回现金，此业务应编制＿＿＿＿＿＿。

A.收款凭证　　B.付款凭证

C.转账凭证　　　　　　　　　　　　D.一张收款凭证和一张转账凭证

7.__________属于外来原始凭证。

A.入库单　　　　　　　　　　　　B.出库单

C.银行收账通知单　　　　　　　　D.发出材料汇总表

8.一般原始凭证若填写错误时,应采用__________予以更正。

A.红字更正法　B.划线更正法　C.补充登记法　D.蓝字更正法

9."￥102000.30"的大写金额可写为"人民币__________"。

A.拾万贰仟叁角　　　　　　　　　B.拾万贰仟叁角整

C.壹拾万贰仟叁角整　　　　　　　D.壹拾万贰仟元零叁角整

10.收到支票一张,偿还前欠销售货款,其原始凭证应为__________。

A.支票　　　　　　　　　　　　　B.支票存根

C.银行进账单回单　　　　　　　　D.发票

11.开出支票,偿还前欠购料款,其原始凭证应为__________。

A.支票　　　　　　　　　　　　　B.支票存根

C.银行进账单回单　　　　　　　　D.发票

12.审核记账凭证的目的是__________。

A.保证账实相符

B.保证记账凭证及所附的原始凭证正确无误

C.保证账表相符

D.保证账证相符

13.根据__________编制记账凭证,是保证记账凭证和登记账簿正确的基本要求。

A.真实的计算准确的原始凭证　　　B.完整的填写齐全的原始凭证

C.审核无误的原始凭证　　　　　　D.领导签字的原始凭证

14.对外来原始凭证的审核内容不包括__________。

A.经济业务的内容是否真实

B.填制单位公章和填制人员签章是否齐全

C.填制凭证的日期是否真实

D.是否有本单位公章和经办人签章

15.下列事项中,不符合有关原始凭证填制要求的是__________。

A.原始凭证所填列的经济业务内容和数字,必须真实可靠,符合实际情况

B.年、月、日要按照填制原始凭证的实际日期填写

C.小写金额为￥120000元,大写金额应写成“壹拾贰万元整”

D.原始凭证金额有错误的,应采用划线更正法进行更正

三、多项选择题

1.付款凭证的借方科目可能是__________。

A.库存现金　　B.银行存款

C.应付账款　　D.主营业务收入

E.制造费用

2.收款凭证中允许编制的分录形式为__________。

A.一借一贷　　B.一借多贷　　C.一贷多借　　D.多借多贷

E.只借不贷

3.付款凭证中允许编制的分录形式为__________。

A.一借一贷　　B.一借多贷　　C.一贷多借　　D.多借多贷

E.只借不贷

4.转账凭证中允许编制的分录形式为__________。

A.一借一贷　　B.一借多贷　　C.一贷多借　　D.多借多贷

E.只借不贷

5.若记账前发现记账凭证有错误,可以采用__________更正。

A.红字更正法　　B.划线更正法　　C.补充登记法　　D.蓝字更正法

E.将错误记账凭证作废,重编正确的记账凭证

6.付款凭证左上角的贷方科目可能是下列科目中的__________。

A.期间费用　　B.应付账款　　C.应收账款　　D.库存现金

E.银行存款

7.下列原始凭证中,属于汇总原始凭证的是__________。

A.限额领料单　　B.差旅费报销单　　C.科目汇总表　　D.工资汇总表

E.发出材料汇总表

8.对原始凭证的审核内容包括__________。

A.真实性　　B.合规性　　C.完整性　　D.正确性

E.及时性

四、判断题

1.记账凭证是登记明细分类账的唯一依据。（　　）

2.原始凭证是由会计人员在经济业务发生或完成时填制或取得的,用于证明经济业务的发生、明确经济责任、作为记账依据的书面证明。（　　）

3.记账凭证的日期应与原始凭证的日期一致。（　　）

4.外来原始凭证都是一次性凭证。（　　）

5.原始凭证都是以实际发生或完成的经济业务为依据而填制的。（　　）

6.从银行提取现金，既可以编制银行存款付款凭证，又可以编制现金收款凭证。（　　）

7.转账凭证只登记与货币资金收付无关的经济业务。（　　）

8.“￥12.40”的大写金额可写为“人民币拾贰元肆角整”。（　　）

9.对“企业购买材料一批，部分款项已付，部分暂欠”的业务应编制一张转账凭证和一张付款凭证，两张凭证中的编号总号相同，分号以示联系，如“20-1/2，20-2/2”。（　　）

10.各种会计凭证的填制，都应由会计人员完成，以保证会计凭证填写的正确性。（　　）

11.对于不真实、不合法的原始凭证，会计人员应退回给有关经办人员，由其更正后，方可办理正式会计手续。（　　）

12.各种凭证要连续编号，以便查考。对于事先印制了编号的重要凭证，如填错作废时，应加盖“作废”戳记，全部联次完整保管，不得撕毁。（　　）

13.出纳员在办理收款或付款业务后，应在会计凭证上加盖“收讫”或“付讫”的戳记，以免重收或重付。（　　）

五、实训三资料

1.深圳开原实业有限公司的有关资料

公司地址：深圳市福田区彩田路190号

开户银行及账号：工商银行蛇口支行，账号48889934345；中国银行福田支行，账号200066838324

纳税人识别号：440301873618456

电话号码：(0755)81372483

2.深圳开原实业有限公司20××年9月发生的经济业务

(1)9月2日，开出支票，从中国银行福田支行账户提取现金20 000元。

(2)9月6日，销售部张素雅借差旅费4 000元，出纳以现金付讫。

(3)9月10日，销售给深圳市三环贸易有限责任公司芯片100件，单价60元，增值税率为13%，收到支票一张，存入工商银行蛇口支行账户（三环公司地址：深圳市罗湖区水田路80号；电话号码：0755-25384808；税务人识别号：440301587563987；开户银行及账号：工商银行罗湖水田分理处2002666848）。

(4)9月11日，张素雅出差上海报销差旅费如下：

出差时间：9月7日至9月10日，来回火车硬卧票价为610.40×2，出差期间市内交通补助为50元/天，住宿补贴为250元/天，伙食补贴为120元/天，另交纳会务费1 000元。

(5)9月18日，收到三环公司交来借用包装物押金现金2 000元。

(6)9月22日，生产车间领用电容器10 000个，单价0.3元，其中生产模块耗用6 000个，生产转换器耗用3 000个，生产车间一般耗用1 000个。

(7)9月25日，企管部用现金在深圳水田商场购买办公用品600元，增值税78元，取得了增值税专用发票。

(8) 9月28日，向深圳市中值贸易公司购买原材料放大器5 000个，含税价113 000元，取得了增值税专用发票，款未付。

要求：

(1)填制或整理以上各笔经济业务的原始凭证[相关原始单证见本书实训材料"实训(三)"]。

(2)根据以上各笔业务的原始凭证，采用专用凭证格式编制记账凭证。

(3)整理、粘贴以上各笔业务的会计凭证。

任务6 日常业务处理——账簿登记

账簿登记是日常会计核算工作的重要内容之一，当一笔经济业务发生并将有关原始凭证传递到会计人员手中时，会计人员首先要对其进行审核，在审核无误后，据以编制记账凭证并加以复核，再根据复核无误的会计凭证一方面登记相关的日记账、明细账，另一方面登记总分类账。通过账簿登记，将分散在会计凭证上的数据和资料进行分类记录，并逐步加工汇总成相关的会计信息，为编制会计报表提供依据。

任务6.1　掌握账簿登记的基本要求

会计人员在登记账簿时，应符合下列基本要求：

1.必须根据审核无误的会计凭证，及时地登记各类账簿，以保证账簿记录的正确性。

2.红色墨水在账簿中有特殊含义，在下列情况下可以采用：

(1)按照红字更正的记账凭证，冲销错误记录。

(2)在只设借方或贷方栏目的多栏式账页中，登记减少数。

(3)在三栏式账页的余额栏前，如未印明余额方向的，在余额栏内登记负数余额。

(4)注销空行或空页。

(5)期末结账时划线。

(6)根据相关的规定可以用红字登记的其他会计记录。

3.登记账簿时，应当将会计凭证日期、编号、业务内容摘要、金额和其他有关资料逐项记入账内，做到数字准确、摘要简明清楚、字迹工整，如表6-1所示。

表6-1 明细分类账

SUBSIDIARY LEDGER

第 1 页
连续第 页

科目编号 A/C NO. 112201　　明细科目 SUB.LED.A/C 深圳三勇建材有限公司　　总账科目 GEN.LED.A/C 应收账款

20××年 月	日	凭证字号	摘要	借方（亿千百十万千百十元角分）	√	贷方（亿千百十万千百十元角分）	√	借或贷	余额（亿千百十万千百十元角分）
11	01		期初余额					借	23400000
	06	记012	赊销A产品	1170000				借	24570000
			此行为空			赵艳玲			
	12	记051	收前欠账款			24570000		平	-0-
12	01								

4.登记完毕，应在记账凭证“记账”栏注明账簿页码或标出“√”符号，表示已记账，以免重记、漏记，也便于查阅、核对，并在记账凭证中“记账”处签名或盖章，以明确经济责任。

5.登记账簿时，凡印有余额栏并需结出余额的账户，应在结出余额后，在“借或贷”栏内注明余额的借贷方向。若余额为零，则应在“借或贷”栏注明“平”，并在余额栏用“-θ”表示。

6.各种账簿应按账户页次逐页逐行连续登记，不得跳行、隔页。如果不慎发生跳行、隔页，应在账簿中将空行和空页注销。

当出现空行时，应在该行摘要栏填入“此行空白”，然后用红笔画一条通栏红线，最后，由记账人员在该行签名或盖章。

当出现空页时，应在该页注明“此页空白”，然后用红笔在该页左上角至右下角划一条对角斜线，最后由记账人员在该页签名或盖章。

7.登记账簿时，在每一页的第一行“月份栏”要注明当前月份，以后本页再登记时，只要不跨月度，日期栏只需填入具体日期，月份可以不填。当跨月度时，在新月度的起始行日期栏中填入新月份。

8.当一张账页记满，需要在下页继续登记时，应在本页的最末一行摘要栏注明“过次页”，结计出本页借、贷方发生额，填入借方、贷方栏。在下一页的第一行摘要栏注明“承前页”，将前页结计出的借方、贷方发生额以及余额，记入相应栏目，如表6-2、表6-3所示。

表 6-2 账簿登记

第 4 页
连续第 页

月	日	凭证字号	摘要	借方	贷方	借或贷	余额
	21	记12134	销售产品	6800000		借	216750000
	22	记12156	收前欠账款		570000	借	216180000
	23	记12167	收前欠账款		1025000	借	215155000
	24	记12214	销售产品	4520000		借	219675000
	30	记12223	收前欠账款		122000000	借	97675000
			过次页	2089670000	216780000		

表 6-3 账簿登记

第 5 页
连续第 页

20××年 月	日	凭证字号 VOU.NO.	摘　要 DESCRIPTION	借方 DEBIT（千百十万千百十元角分）	贷方 CREDIT（千百十万千百十元角分）	借或贷	余额 BALANCE（千百十万千百十元角分）
11	30		**承前页**	208967000	216780000	借	97675000
	31	记12251	销售产品	8650000			106325000
			本月合计	217617000	216780000		

不同账户的本页借、贷方发生额的结计方法有所不同，一般分为以下三种情况：

(1)月末需要结计本月发生额的账户，结计“过次页”的本页发生额为自本月初起至本页末止的借贷方发生额合计数。

(2)月末不需要结计本月发生额，但需结计本年累计发生额的账户，结计“过次页”的本页发生额为自年初起至本页末止的借贷方累计发生额。

(3)月末既不需要结计本月发生额，也不需要结计本年累计发生额的账户，可以只将各页的余额结转至次页，不需要结计本页发生额，其账页的最末一行，也可用来登记具体经济业务。在下一页的第一行摘要栏中注明“承前页”，在余额栏中记入前页余额即可。

一般来讲，账户按以下类别顺序归类结计：

损益类账户需结计“本月合计”及“本年累计”；

日记账及多栏账只需结计“本月合计”，不需结计“本年累计”；

总分类账户不需结计“本月合计”，只需在年末结计“本年合计”；

其他账户既不需结计“本月合计”，也不需结计“本年累计”。

9.账簿记录发生错误时，不得采用涂改、挖补、刮擦、药水消除字迹等手段更正，也不允许重抄，而必须采用适当的错账更正方法来更正。

任务 6.2 掌握账簿登记的流程

同步实训

【实训说明】本次实训为“实训(二)”的一部分。

【实训目的】练习账簿登记的流程。

【实训任务】根据“实训二”中相关资料,判断选择各笔经济业务的账簿登记具体流程,并采用通用记账凭证编制完成上旬业务记账凭证的编制和会计凭证整理。

各单位发生的经济业务,要采用平行登记的方法,根据会计凭证一方面记入相关总分类账,另一方面记入所属的各明细分类账。

一、基本流程

在会计实务中,应按图 6-1 所示的基本工作流程来组织日常会计核算工作。

每笔经济业务在完成了会计凭证填制工作后,应按以下流程登记相关账簿登记:

1.将涉及现金、银行存款收付业务的会计凭证,传递给出纳员,由其完成以下工作:

(1)据以履行收、付款行为,在原始凭证上加盖收、付款戳记。

(2)根据会计凭证登记现金、银行存款日记账。

(3)记账后在记账凭证中“库存现金”或“银行存款”科目后做出“√”等记账标志,在记账凭证“出纳”处签章,以明确其对库存现金、银行存款的保管责任。

(4)将会计凭证移交记账会计。

2.对不涉及现金、银行存款收付业务的记账凭证,直接传递给记账会计。

3.负责登记明细账的会计人员根据会计凭证登记相关明细分类账,记账后在记账凭证中相关科目后做出“√”等记账标志,并在“记账”处签章。明细账登记完成后,将会计凭证传递给总账会计。

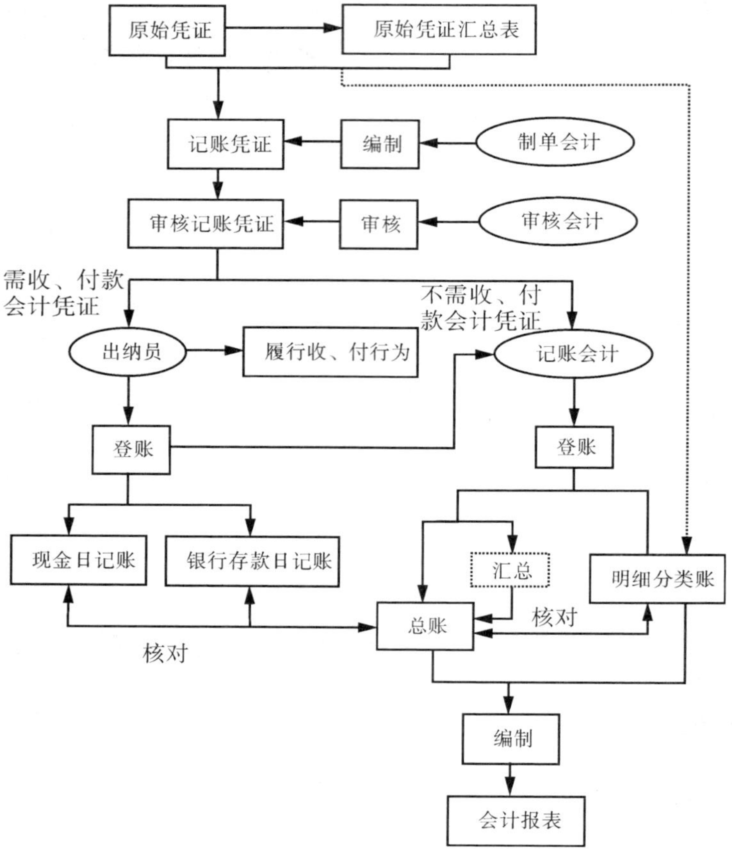

图 6-1 账簿登记流程

4.总账会计根据记账凭证直接登记总分类账，或定期采用一定的程序和方法将该期记账凭证进行汇总后，编制“科目汇总表”或“汇总记账凭证”等汇总凭证，再据以登记总分类账，记账完毕后同样要在相关凭证中做出记账标志并签章。

例如，深圳佳视达实业有限公司3日收到深圳三勇建材有限公司转入前欠账款234 000元，对这笔经济业务，在对原始凭证审核无误后，编制如下记账凭证：

借：银行存款　　234 000

　贷：应收账款——三勇建材　　234 000

对该凭证复核无误后，需按前述步骤先登记“银行存款”日记账，再登记“应收账款——三勇建材有限公司”明细分类账，最后采用一定的方法和程序登记“银行存款”“应收账款”总分类账。

二、简化流程

在会计工作中，有些经济业务会频繁重复发生，如生产车间领用原材料，若对每一笔领料业务都按上述基本流程进行处理，日常核算的工作量较大。为了简化日常核算工作，对此类经济业务可按以下流程处理：

1.经济业务发生时，暂不编制记账凭证，而先直接根据审核无误的原始凭证，登记需要提供即时数据的明细分类账。如领用原材料业务，由于企业需要随时反映存货的增减变化情况，因此，直接根据领料单登记原材料明细分类账。

2.定期对原始凭证进行汇总编制“原始凭证汇总表”，并据以编制记账凭证。如领用原材料业务，定期对领料单进行汇总，编制“材料发出汇总表”，并据以编制如下记账凭证：

借：生产成本
　　制造费用
　　管理费用
　贷：原材料

3.根据记账凭证登记其他明细分类账。由于领用的原材料，已经根据领料单登记了原材料的明细分类账，以上记账凭证中只有借方的成本费用科目尚未登记明细账，因此，根据记账凭证只需登记这些明细账即可。

4.根据记账凭证直接登记总分类账，或对记账凭证进行汇总后，根据汇总凭证登记总分类账。

以上简化账簿登记流程如图 6-2 所示。

可以看出，采用以上简化的账簿登记流程，既减少了日常凭证编制以及成本费用明细分类账的登记工作，又能提供足够的会计信息，因此，在实务中被广泛应用。工业企业中可以采用以上简化账簿登记流程的业务主要包括：

（1）材料入库业务。对应的会计分录为：

借：原材料
　贷：材料采购

（2）材料出库业务。对应的分计分录为：

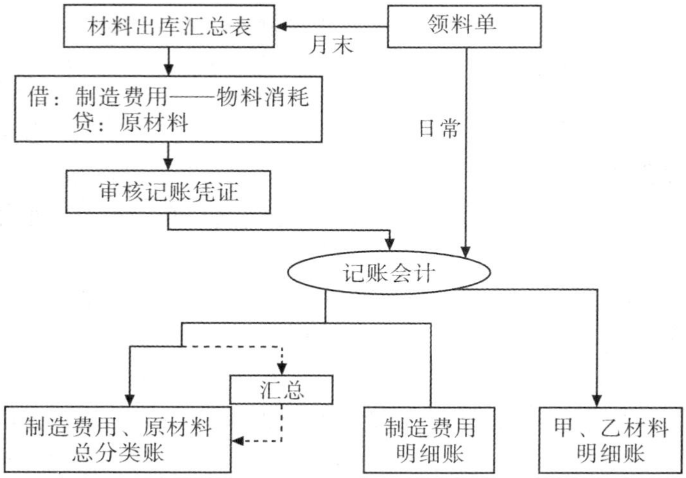

图 6-2　账簿登记简化流程

借：生产成本

　制造费用

　销售费用

　管理费用

　其他业务成本

　贷：原材料

(3)产品入库业务。对应的会计分录为：

借：库存商品

　贷：生产成本

(4)产品出库业务。对应的会计分录为：

借：主营业务成本

　贷：库存商品

任务 6.3　登记日记账

同步实训

【实训说明】本次实训为“实训(二)”的一部分。

【实训目的】练习日记账的登记。

【实训任务】根据“实训二”上旬业务的资料及所编制的记账凭证，登记现金及银行存款日记账。

日记账是根据经济业务发生时间的先后顺序，逐日逐笔进行登记的会计账簿，主要包括现金日记账和银行存款日记账。为了加强对企业现金和银行存款的监管，现金和银行存款日记账采用订本式账簿，不得用银行对账单或其他方法代替日记账。

一、现金日记账的登记方法

现金日记账是用来核算和监督库存现金每天的收入、支出和结存情况的账簿。由出纳人员根据与现金收付有关的记账凭证，如现金收款、现金付款、银行付款(提现业务)凭证，逐日逐笔进行登记，并随时结记余额。

现金日记账采用三栏式账页，其登记方法如表6-4所示。

表6-4　现金日记账　　第1页

CASH　JOURNAL

20××年		凭证字号	摘　要	对应科目	借方											贷方											余额											√
月	日				亿	千	百	十	万	千	百	十	元	角	分	亿	千	百	十	万	千	百	十	元	角	分	亿	千	百	十	万	千	百	十	元	角	分	
12	1		期初余额																													9	1	4	0	0	0	
	4	记02	支付职工生活补助	应付职工薪酬																	4	4	4	4	0	0						4	6	9	6	0	0	
	4	记03	提现	银行存款						5	0	0	0	0	0																	9	6	9	6	0	0	
	9	记09	购买零星办公用品	管理费用																		8	8	5	0	0						8	8	1	1	0	0	
	21	记18	行政季群借差旅费	其他应收款																	5	0	0	0	0	0						3	8	1	1	0	0	
	29	记24	行政季群报差旅费	管理费用																		3	1	0	0	0						3	5	0	1	0	0	

登记现金日记账时，除了遵循账簿登记的基本要求外，还应注意以下栏目的填写方法：

1.日期

“日期”栏中填入的应为据以登记账簿的会计凭证上的日期，现金日记账一般依据记账凭证登记，因此，此处日期为编制该记账凭证的日期。不能填写原始凭证上记载的发生或完成该经济业务的日期，也不是实际登记该账簿的日期。

2.凭证字号

“凭证字号”栏中应填入据以登账的会计凭证类型及编号。如：企业采用通用凭证格式，根据记账凭证登记现金日记账时，填入“记×号”；企业采用专用凭证格式，根据现金收款凭证登记现金日记账时，填入“收×号”。

3.摘要

“摘要”栏简要说明入账的经济业务的内容，力求简明扼要。

4.对应科目

“对应科目”栏应填入会计分录中“库存现金”账户的对应账户，用以反映库存现金增减变化的来龙去脉。在填写对应科目时，应注意以下三点：

(1)对应科目只填总账科目，不需填明细科目。

(2)当对应科目有多个时，应填入主要对应科目，如销售产品收到现金，则“库存现金”的对应科目有“主营业务收入”和“应交税费”，此时可在对应科目栏中填入“主营业务收入”，在借方金额栏中填入取得的现金总额，而不能将一笔现金增加业务拆分成两个对应科目金额填入两行。

(3)当对应科目有多个且不能从科目上划分出主次时，可在对应科目栏中填入其中金额较大的科目，并在其后加上“等”字。如用现金 800 元购买零星办公用品，其中 300 元由车间负担，500 元由行政管理部门负担，则在现金日记账“对应科目”栏中填入“管理费用等”，在贷方金额栏中填入支付的现金总额 800 元。

5.借方、贷方

“借方金额”栏、“贷方金额”栏应根据相关凭证中记录的“库存现金”科目的借贷方向及金额记入。

6.余额

“余额”栏应根据“本行余额＝上行余额＋本行借方－本行贷方”公式计算填入。

正常情况下库存现金不允许出现贷方余额，因此，现金日记账余额栏前未印有借贷方向，其余额方向默认为借方。若在登记现金日记账过程中，由于登账顺序等特殊原因出现了贷方余额，则在余额栏用红字登记，表示贷方余额。

二、银行存款日记账登记

银行存款日记账是用来核算和监督银行存款每日的收入、支出和结余情况的账簿。由出纳人员根据与银行存款收付有关的记账凭证，如银行存款收款、银行存款付款、现金付款(存现业务)凭证，逐日逐笔进行登记，并随时结记余额。

银行存款日记账采用三栏式账页，其登记方法如表 6-5 所示。

表 6-5　银行存款日记账

CASH　JOURNAL

第 1 页

开户银行　模拟银行

20××年 月	日	凭证字号	银行凭证	摘　要	对应科目	借方	贷方	借或贷	余额	√
						亿千百十万千百十元角分	亿千百十万千百十元角分		亿千百十万千百十元角分	
12	1			期初余额				借	19620000	
	3	记 01		收三勇建材账款	应收账款	23400000		借	43020000	
	4	记 03	支 3201	提现	库存现金		500000	借	42520000	
	6	记 05		现销产品	主营业务收入	13560000		借	56080000	
	6	记 06		收新星包装物押金	其他应付款	200000		借	56280000	
	6	记 07	委收	缴纳增值税	应交税费		1896000	借	54384000	
	6	记 07	委收	缴纳消费税	应交税费		600000	借	53784000	
	8	记 08	支 3202	付前欠账款	应付账款		11700000	借	42084000	
	13	记 13	支 3203	付采购运费	材料采购		1308000	借	40776000	
	18	记 14	支 3204	代发工资	应付职工薪酬		10800000	借	29976000	
	19	记 16	支 3205	付销售运费	销售费用		109000	借	29867000	
	20	记 17	委收	付电费	制造费用等		2034000	借	27833000	
	22	记 19	支 3206	付广告费	销售费用		318000	借	27515000	
	23	记 20		现销材料	其他业务收入	1356000		借	28871000	
	25	记 21	委收	付违章罚款	营业外支出		200000	借	28671000	
	28	记 22	支 3207	付房租	管理费用		981000	借	27690000	
	29	记 23		付长期借款利息	应付利息		6000000	借	21690000	

银行存款日记账与现金日记账的登记方法基本相同，其账页中除了与现金日记账相同栏目外，还设有“银行凭证”栏，用来填写办理银行存款收付业务时所依据的银行结算凭证种类和号数，以便于和银行进行对账。

应注意银行日记账的逐笔登记，是根据每张银行收、付款单据登记，与银行账户实际款项收、付一一对应，以便于和银行对账。

任务 6.4　明细分类账的登记

同步实训

【实训说明】本次实训为“实训(二)”的一部分。

【实训目的】练习明细分类账的登记。

【实训任务】根据“实训二”上旬业务的资料及所编制的记账凭证，登记相关明细分类账。

不同类型经济业务的明细分类账，可根据管理需要，依据记账凭证、原始凭证或原始凭证汇总表逐笔登记或定期汇总登记。原材料、库存商品收发明细账以及成本、收入、费用明细账可以逐笔登记，也可以定期汇总登记；其他明细分类账如固定资产、债权、债务等应逐笔登记。

明细分类账的格式有三栏式、数量金额式及多栏式等多种，其登记方法分别介绍如下。

一、三栏式明细分类账的登记

三栏式明细分类账适用于只进行金额核算的明细账户，一般根据记账凭证逐笔登记。三栏式账页中一般设有“日期”“凭证字号”“摘要”“借方”“贷方”和“余额”栏，登记时根据记账凭证依次填入各栏目内容，并结记余额。其登记方法如表 6-6 所示。

表 6-6 明细分类账

SUBSIDIARY LEDGER

第 1 页

连续第　页

科目编号 A/C No.112201　　明细科目 SUB.LED.A/C 深圳三勇建材有限公司　　总账科目 GEN.LED.A/C 应收账款

20××年		凭证字号	摘要	借方											√	贷方											√	借或贷	余额										
月	日			亿	千	百	十	万	千	百	十	元	角	分		亿	千	百	十	万	千	百	十	元	角	分			亿	千	百	十	万	千	百	十	元	角	分
12	1		期初余额																									借				2	3	4	0	0	0	0	0
	3	记 01	收回前欠账款																2	3	4	0	0	0	0	0		平							0				
	19	记 15	赊销 B 产品					2	2	6	0	0	0	0														借					2	2	6	0	0	0	0

二、数量金额式明细账的登记

数量金额式账簿用于既要进行金额核算，又要进行数量核算的各项财产物资的明细分类账，如原材料、库存商品的明细分类账。

数量金额式账页格式与三栏式账页格式的差别在于：三栏式账页只进行货币量核算，设借、贷、余三个金额栏，而数量金额式账页既进行货币量核算，又进行实物量核算，设有收入、发出和结存三个栏目，并在各栏下又分设了数量、单价、金额三个项目。

数量金额式明细账一般采用简化的账簿登记流程，根据原材料、库存商品等存货的收入、发出原始凭证直接逐笔填列。其登记方法如表6-7所示。

表6-7 原材料进销存 总第 页

SUBSIDIARY LEDGER OF INVENTORG 分第 页

部类______ 产地______ 单位 公斤 规格______ 品名 甲材料

20××年		凭证字号	摘要	收入												发出												结存												√
月	日			数量	单价	金额										数量	单价	金额										数量	单价	金额										
						千	百	十	万	千	百	十	元	角	分			千	百	十	万	千	百	十	元	角	分			千	百	十	万	千	百	十	元	角	分	
12	1		期初结存																									8 500	100			8	5	0	0	0	0	0	0	
	5	领200301	生产领用													400	100				4	0	0	0	0	0	0	8 100	100			8	1	0	0	0	0	0	0	
	8	领200302	生产领用													1 200	100			1	2	0	0	0	0	0	0	6 900	100			6	9	0	0	0	0	0	0	
	8	领200303	生产领用													1 500	100			1	5	0	0	0	0	0	0	5 400	100			5	4	0	0	0	0	0	0	
	10	入10344	购入	1 000	100			1	0	0	0	0	0	0	0													6 400	100			6	4	0	0	0	0	0	0	
	13	入10345	购入	4 000	100			4	0	0	0	0	0	0	0													10 400	100		1	0	4	0	0	0	0	0	0	
	14	领200304	生产领用													1 800	100			1	8	0	0	0	0	0	0	8 600	100			8	6	0	0	0	0	0	0	
	17	领200305	生产领用													100	100				1	0	0	0	0	0	0	8 500	100			8	5	0	0	0	0	0	0	
	21	领200306	生产领用													500	100				5	0	0	0	0	0	0	8 000	100			8	0	0	0	0	0	0	0	
	21	领200307	行政领用													20	100					2	0	0	0	0	0	7 980	100			7	9	8	0	0	0	0	0	
	23	出40039	对外销售													100	100				1	0	0	0	0	0	0	7 880	100			7	8	8	0	0	0	0	0	

登记数量金额式明细分类账时应注意：

1.根据原材料、库存商品收入、发出原始凭证逐笔登记数量金额式明细分类账时，账页中“日期”栏填入据以入账的原始凭证日期，“凭证字号”栏填入据以入账的原始凭证种类及编号。

2.登记原材料、库存商品的收入、发出，以及结计结存时要同时在账簿中登记数量、单价及金额三项内容。

3.一般来讲，原材料、库存商品不应出现负结存，因此，在数量金额式账页中未设结存方向栏，若由于特殊原因，在账面上出现负结存，则在结存栏中用红字登记。

三、多栏式明细分类账的登记

1.应交增值税明细分类账的登记

应交增值税明细分类账，按增值税明细核算项目在借方、贷方均分设了多个专栏。其中借方设置了“合计”“进项税额”“已交税金”“减免税款”等专栏，贷方设置了“合计”“销项税额”“出口退税”“进项税额转出”等专栏，另外还设置了“借或贷”栏及“余额”栏。

应交增值税的明细分类账一般应根据记账凭证逐笔登记，并按以下步骤登记金额栏：

(1)按记账凭证中应交增值税的方向和明细科目记入账簿的相应专栏。

(2)结计本行记入借方或贷方各专栏的金额合计数，记入借方或贷方的合计栏。

(3)结计出余额填入余额栏，同时在“借或贷”栏内标明余额的借贷方向。

按以上方法登记的应交增值税明细分类账如表6-8所示。

2.生产成本明细账的登记

生产成本按成本核算对象设置明细账，在明细账中按借方以成本构成项目设置专栏，不再设置贷方及余额栏。

生产成本明细分类账一般应根据记账凭证登记。对于发生的应记入生产成本借方的直接成本，以及分配转入的制造费用，登记时首先根据其费用性质记入相应的成本构成项目栏，再计算出记入本行各成本项目栏的金额合计数，填入“合计”栏。应特别注意“合计”栏填入的是本行成本构成项目栏合计数，上下行间数据不累加。

月末，计算并结转完工产品成本，应记入生产成本明细账的贷方。由于生产成本未设有贷方金额栏，登记时用红字在各成本构成项目栏中登记应结转出的金额，并计算出结转的生产成本总额，记入合计栏。

表 6-8 应交税费(应交增值税)明细账

SUBSIDIARY LEDGER OF INVENTORG

第 1 页
连续第 页

20××年 月	20××年 日	凭证字号	摘要	借方 合计（千百十万千百十元角分）	借方 进项税额（千百十万千百十元角分）	借方 转出未交增值税（千百十万千百十元角分）	贷方 合计（亿千百十万千百十元角分）	贷方 销项税额（千百十万千百十元角分）	贷方 转出多交增值税（千百十万千百十元角分）	借或贷	余额（千百十万千百十元角分）
12	5	记 04	购原材料	6344000	6344000					借	6344000
	6	记 05	销售产品				1560000	1560000		借	4788400
	10	记 10	购原材料	1300000	1300000					借	6084000
	12	记 11	销售产品				6240000	6240000		贷	156000
	13	记 13	采购运费	108000	108000					贷	48000
	19	记 15	销售产品				260000	260000		贷	308000
	19	记 16	销售运费	9000	9000					贷	299000
	19	记 17	电费	234000	234000					贷	65000
	22	记 19	广告费	18000	18000					贷	47000
	23	记 20	销售材料				156000	156000		贷	203000
	28	记 22	房租	81000	81000					贷	122000
	29	记 24	差旅费	18000	18000					贷	104000
	31	记 31	转出未交	104000		104000				平	0

按上述方法登记的生产成本明细账如表 6-9 所示。

表 6-9 生产成本账

SUBSIDIARY LEDGER OF PRODUCTIVE COST

总第 页
分第 1 页

总账科目 生产成本
产品名称 B产品
规格型号
计量单位 个

20××年		凭证字号	摘 要	合计											成本项目																										
月	日														直接材料									直接人工									制造费用								
				亿	千	百	十	万	千	百	十	元	角	分	百	十	万	千	百	十	元	角	分	百	十	万	千	百	十	元	角	分	百	十	万	千	百	十	元	角	分
12	1		期初余额					1	1	2	0	0	0	0				5	0	0	0	0	0				3	0	0	0	0	0				3	2	0	0	0	0
	31	记 28	分配工资费用					4	0	0	0	0	0	0												4	0	0	0	0	0	0									
	31	记 29	计提社会保险费						6	4	0	0	0	0													6	4	0	0	0	0									
	31	记 34	领用材料				1	5	0	0	0	0	0	0		1	5	0	0	0	0	0	0																		
	31	记 35	分配制造费用					3	1	0	0	0	0	0																					3	1	0	0	0	0	0
	31	记 36	结转完工产品成本				2	3	8	6	0	0	0	0		1	5	5	0	0	0	0	0			4	9	4	0	0	0	0			3	4	2	0	0	0	0

注:31 日记 35 凭证登记数据为红字。

3.普通多栏账的登记

普通多栏账一般根据记账凭证逐笔登记。在实际工作中,普通多栏账有两种格式:

(1)设置借方或贷方专栏。根据账户性质,可以设置借方专栏,如“制造费用”、“主营业务成本”及“管理费用”等成本、费用账户,由于其账户贷方发生额每月很少,发生时以红字登记在借方。也可以设置贷方专栏,如“主营业务收入”、“其他业务收入”等收入账户,由于其账户借方发生额每月很少,发生时以红字登记在贷方。

登记时应注意:

①登记方向与栏目设置方向相反时,用红字记入。

②起始栏应设为“合计”栏,用以登记本行各栏合计数。登记时一方面要记入具体的项目专栏,另一方面计算本行记入各专栏的金额合计数,记入“合计栏”。

此种格式的多栏账优点是登账工作较简化,但不能直接反映账户当前余额。其登记方法如表 6-10 所示。

(2)在设置借方、贷方、余额栏基础上,再设专栏对当前余额构成项目进行分析。

登记时先按三栏式账簿的登记方法登记账页中借、贷、余栏目,再在相应专栏中反映当前余额的构成情况。

此种格式的多栏账优点是能随时反映账户余额及构成情况,但登账的工作量较大。其登记方法如表 6-11 所示。

第 1 页
连续第　页

表 6-10 明细账
SUBSIDIARY LEDGER

科目名称
ACCOUNT 管理费用

20××年 月	日	凭证字号	摘要	借方 合计	借方 办公费	借方 水电费	借方 房屋租赁费	借方 差旅费	借方 折旧费	借方 职工薪酬	借方 物料消耗
12	9	记 09	购零星办公用品	88500	88500						
	20	记 17	付电费	130000		130000					
	28	记 22	付房租	900000			900000				
	29	记 24	行政部报差旅费	550000				513000			
	31	记 25	计提折旧	500000					275120		
	31	记 26	摊销租房装修	1000000			1000000				
	31	记 28	分配职工工资	2000000					2000000		
	31	记 29	计提社会保险费	320000					32000		
	31	记 33	领用材料	200000						200000	
	31	记 38	结转费用	5426620	88500	130000	1900000	513000	275120	2320000	200000

注:31 日 38 凭证登记数据为红字。

表 6-11 明细账
SUBSIDIARY LEDGER

第 1 页
连续第　页

科目名称
ACCOUNT 管理费用

20××年 月	日	凭证字号	摘要	借方	贷方	借或贷	余额	余额分析：办公费	水电费	房屋租赁费	差旅费	折旧费	职工薪酬	物料消耗
12	9	记 09	购零星办公用品	88500		借	88500	88500						
	20	记 17	付电费	130000		借	218500	88500	130000					
	28	记 22	付房租	900000		借	1118500	88500	130000	900000				
	29	记 24	行政部报差旅费	513000		借	1631500	88500	130000	900000	513000			
	31	记 25	计提折旧	275120		借	1966620	88500	130000	900000	513000	275120		
	31	记 26	摊销租房装修	1000000		借	2906620	88500	130000	1900000	513000	275120		
	31	记 28	分配职工工资	2000000		借	4906620	88500	130000	1900000	513000	275120	2000000	
	31	记 29	计提社会保险费	320000		借	5226620	88500	130000	1900000	513000	275120	2320000	
	31	记 33	领用材料	200000		借	5426620	88500	130000	1900000	513000	275120	2320000	200000
	31	记 38	结转费用		5426620	平	0							

任务 6.5 总分类账的登记

同步实训

【实训说明】本次实训为“实训(二)”的一部分。

【实训目的】练习总分类账的登记,巩固各类账簿的登记方法。

【实训任务】

1.根据“实训二”中编制的上旬经济业务的记账凭证,汇总编制上旬的科目汇总表,并据以登记总分类账。

2.根据“实训二”资料,编制中旬经济业务的记账凭证,整理会计凭证,据以登记日记账、明细账,编制中旬科目汇总表,据以登记总分类账。

3.根据“实训二”资料,编制下旬经济业务的记账凭证,整理会计凭证,据以登记日记账、明细账。

在实务中,各单位可以根据实际情况,选择不同的方法和程序来登记总分类账。根据登记总分类账的方法和程序的不同,可以划分出各种不同的账务处理程序。

账务处理程序又称会计核算形式,是指会计凭证、会计账簿、财务报表相结合的方式。该程序包括会计凭证和账簿的种类、格式,会计凭证与账簿之间的联系方法,由原始凭证到编制记账凭证、登记明细分类账和总分类账、编制财务报表的工作程序和方法。

各种账务处理程序的基本账务处理流程是相同的,其主要区别在于登记总分类账的方法和程序有所不同。适应其登记总分类账的方法和程序,在凭证和账簿的种类和格式上也各有其特定要求。

目前,我国常用的账务处理程序有以下五种:记账凭证账务处理程序、汇总记账凭证账务处理程序、科目汇总表账务处理程序、日记总账账务处理程序、多栏式日记账账务处理程序。本书主要介绍前三种账务处理程序。

一、记账凭证账务处理程序的总账登记

1.记账凭证账务处理程序

记账凭证账务处理程序是直接根据记账凭证逐笔登记总分类账的一种账

务处理程序。

记账凭证账务处理程序对记账凭证和账簿的种类和格式无特定要求。记账凭证可以采用统一的通用格式，也可以分成收、付、转三类；需设置总分类账、现金日记账、银行存款日记账和明细分类账；总账和日记账均可采用三栏式，明细分类账根据需要，可采用三栏式、数量金额式或多栏式。

记账凭证账务处理程序的特点是：直接根据记账凭证逐笔登记总分类账。

其账务处理流程是：

(1)根据原始凭证编制汇总原始凭证；

(2)根据原始凭证或汇总原始凭证，编制记账凭证；

(3)根据收款凭证、付款凭证逐笔登记现金日记账和银行存款日记账；

(4)根据原始凭证、汇总原始凭证和记账凭证，登记各种明细分类账；

(5)根据记账凭证逐笔登记总分类账；

(6)月末，现金日记账、银行存款日记账和明细分类账的记录与有关总分类账户记录核对相符；

(7)月末，根据总分类账和明细分类账的记录，编制财务会计报告。

记账凭证账务处理程序如图 6-3 所示。

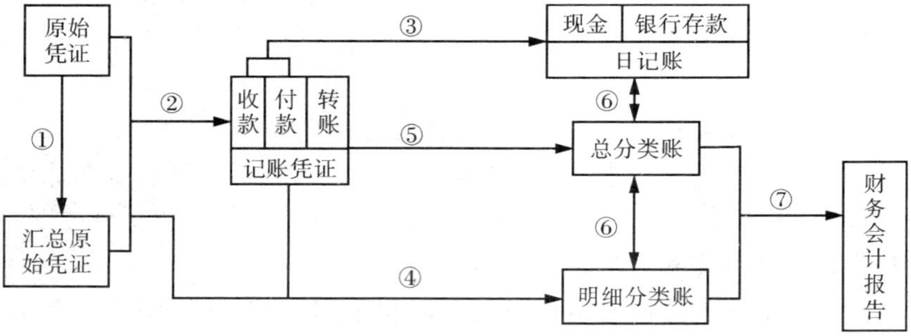

图 6-3　记账凭证账务处理程序

记账凭证账务处理程序是一种最基本的账务处理程序，简单明了，易于理解，直接根据记账凭证登记总账，便于操作，在总分类账中能详细反映经济业务的内容，体现了账务处理程序的基本原理。其不足之处在于：直接根据记账凭证逐笔登记总分类账，重复了日记账和明细账的记账内容，工作量较大，不便于对会计工作进行分工。因而这种账务处理程序一般只适用于规模小、经济业务简单、业务量少的单位。

2.总账的登记

当企业采用记账凭证账务处理程序时，直接根据记账凭证登记总分类账如表 6-12 所示。

表 6-12 总分类账

GENERAL LEDGER

会计科目及编号

ACCOUNT No. 库存现金 1001 第 1 页

20××年		凭证字号	摘要	借方											贷方											借或贷	余额											√
月	日			亿	千	百	十	万	千	百	十	元	角	分	亿	千	百	十	万	千	百	十	元	角	分		亿	千	百	十	万	千	百	十	元	角	分	
12	1		期初余额																													9	1	4	0	0	0	
	4	记 02	支付职工生活补助																	4	4	4	4	0	0							4	6	9	6	0	0	
	4	记 03	提现						5	0	0	0	0	0																		9	6	9	6	0	0	
	9	记 09	购买零星办公用品																		8	8	5	0	0							8	8	1	1	0	0	
	21	记 18	行政季群借差旅费																	5	0	0	0	0	0							3	8	1	1	0	0	
	29	记 24	行政季群报差旅费																		3	1	0	0	0							3	5	0	1	0	0	

二、科目汇总表账务处理程序的总账登记

1.科目汇总表账务处理程序

科目汇总表账务处理程序是根据记账凭证定期编制科目汇总表，并据以登记总分类账的一种账务处理程序。其特点是：定期根据记账凭证编制科目汇总表，并据以登记总分类账。由于科目汇总表是根据记账凭证汇总编制的，所以科目汇总表又称为“记账凭证汇总表”，该账务处理程序又称为记账凭证汇总表账务处理程序。

科目汇总表账务处理程序对记账凭证和账簿的种类和格式无特定要求，会计凭证、账簿设置与记账凭证账务处理程序相同，另外，需设置科目汇总表。其账务处理流程是：

(1)根据原始凭证编制汇总原始凭证；

(2)根据原始凭证或汇总原始凭证，编制记账凭证；

(3)根据收款凭证、付款凭证逐笔登记现金日记账和银行存款日记账；

(4)根据原始凭证、汇总原始凭证和记账凭证，登记各种明细分类账；

(5)根据记账凭证编制科目汇总表；

(6)根据科目汇总表登记总分类账；

(7)月末，现金日记账、银行存款日记账和明细分类账的记录与有关总分类账户记录核对相符；

(8)月末，根据总分类账和明细分类账的记录，编制财务会计报告。

科目汇总表账务处理程序如图6-4所示。

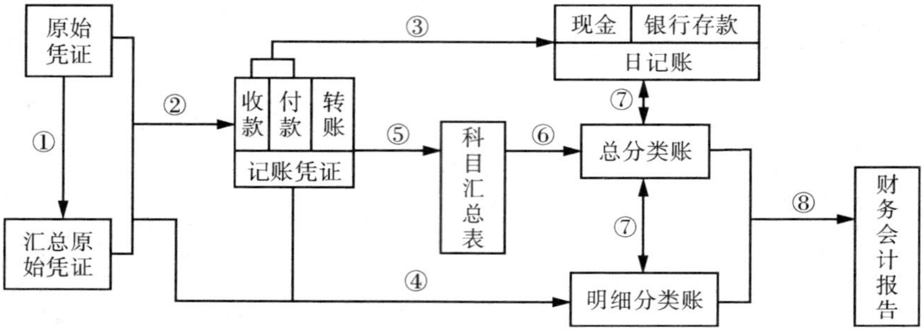

图6-4 科目汇总表账务处理程序

采用科目汇总表账务处理程序，可以通过定期编制科目汇总表起到试算平衡的作用，根据科目汇总表登记总分类账，也可以减轻登记总账的工作量。但科目汇总表不能反映各账户间的对应关系，不便于查账和了解经济业务的内容。因而，这种账务处理程序适用于规模较大、业务量较多的单位。

2.总账的登记

当企业采用科目汇总表账务处理程序时，定期根据记账凭证编制科目汇总表，并据以登记总分类账。

科目汇总表应定期编制，间隔天数可以根据单位的业务量的多少而定，一般可按每星期、每旬或每月汇总编制一次。以深圳佳视达实业有限公司的资料为例，若该单位采用科目汇总表账务处理程序，按旬编制科目汇总表，则其总账的登记方法如下：

(1)旬末，总账会计将本旬所有记账凭证按顺序整理后，将凭证中分录过入工作底稿中的“T”型账户，并结计每一账户的借方发生额和贷方发生额。如表6-13所示。

表 6-13 过入工作底稿中的"T"型账户各账户借贷方发生额

银行存款

借	贷
(1)234 000	(3)5 000
(5)135 600	(7)24 960
(6) 2 000	(8) 117 000
371 600	146 960

应收账款

借	贷
	(1)234 000

销售费用

借	贷
(1) 4 444	

应付职工薪酬

借	贷
(2) 4 444	

库存现金

借	贷
(3)5 000	(2)4 444
	(9)885
5 000	5 329

材料采购

借	贷
(4)488 000	
(10)100 000	
588 000	

应交税费

借	贷
(4) 63 440	(5) 15 600
(7) 24 960	
(10) 13 000	
101 400	15 600

应付票据

借	贷
	(4) 551 440

主营业务收入

借	贷
	(5)120 000

其他应付款

借	贷
	(6)2 000

应付账款

借	贷
(8)117 000	(10) 113 000

管理费用

借	贷
(9)885	

在将凭证分录过入工作底稿及汇总各账户发生额时，应注意以下几点：

①必须在工作底稿中，根据记账凭证汇总各账户的借贷方发生额，不能从相关的日记账和明细分类账中抄算。

②过账时，应根据记账凭证逐张过入工作底稿，凭证分录中涉及的会计账

户，若在工作底稿中尚未开设出“T”型账户，则应先开设出该账户的“T”型账户，再记入相应发生额，若该账户在工作底稿中已开设出“T”型账户，则将其发生额记入相应的“T”型账户中。不能根据工作底稿中开设出的“T”型账户，在记账凭证中逐张查找该账户的发生额，以防错漏。

③工作底稿中只需汇总各账户的借贷方发生额，不用结计余额。

(2)编制科目汇总表。根据工作底稿，依次填写科目汇总表以下栏目内容：

①日期：指科目汇总表中本次汇总凭证所属时间段。如，深圳佳视达实业有限公司按旬编制科目汇总表，此处时间应填为“20××年12月1日至20××年12月10日”，应注意不要填入本次汇总的记账凭证上实际的起止时间。

②凭证起讫号：指本次汇总的记账凭证的实际起止编号，如，企业上旬共计编制10张记账凭证，据以编制的科目汇总表中此处应填入“自001号起至010号止”。

③编号：指该张科目汇总表在此类凭证中的顺序编号。注意编号时，应将科目汇总表作为一类凭证单独编号，而不能并入记账凭证中统一编号。

④根据工作底稿逐行填入各账户的借贷方发生额。应注意以下几点：

第一，填写时，为了防止错漏，应按工作底稿中的账户顺序抄入，而不必调整为总账中账户的排列顺序。

第二，若本次汇总时，涉及会计账户较多，在一张科目汇总表中抄写不完时，注意在未完的各张科目汇总表的最末一行“会计科目”栏处填入“小计”，在借贷方金额栏内，结计出本页各账户的借贷方发生额合计数填入。在最后一页科目汇总表的倒数第二行“会计科目”栏中填入“小计”，在借贷方金额栏内，结计出本页各账户的借贷方发生额合计数填入；在最末一行“会计科目”栏处填入“合计”，将各页小计的借贷方发生额合计后填入借贷方发生额栏。根据试算平衡的原理，合计行的借贷方发生额应相等，若出现合计借贷方发生额不相等，则说明科目汇总表中一定存在错误，必须进一步检查更正，直至借贷方发生额合计数相等。

第三，在科目汇总表最末页若有未填满的空行，无须予以注销。

⑤签章：编制该科目汇总表的会计人员，应在科目汇总表下方制单处签名或盖章，以明确经济责任。

深圳佳视达实业有限公司按以上方法编制的上旬科目汇总表，如表6-14所示。

表 6-14 记账凭证汇总表

VOUCHERS SUMMARY

日期：20××年 12 月 01 日至 20××年 12 月 10 日　　　　　　　　编号 01

凭证起讫号数自 01 号起至 10 号止

会计科目	借方金额											√	贷方金额											√
	亿	千	百	十	万	千	百	十	元	角	分		亿	千	百	十	万	千	百	十	元	角	分	
银行存款				3	7	1	6	0	0	0	0					1	4	6	9	6	0	0	0	
应收账款																2	3	4	0	0	0	0	0	
销售费用						4	4	4	4	0	0													
应付职工薪酬						4	4	4	4	0	0							4	4	4	4	0	0	
库存现金						5	0	0	0	0	0							5	3	2	9	0	0	
材料采购				5	8	8	0	0	0	0	0													
应交税费				1	0	1	4	0	0	0	0						1	5	6	0	0	0	0	
应付票据																5	5	1	4	4	0	0	0	
主营业务收入																1	2	0	0	0	0	0	0	
其他应付款																		2	0	0	0	0	0	
应付账款				1	1	7	0	0	0	0	0					1	1	3	0	0	0	0	0	
管理费用							8	8	5	0	0													
合计		¥	1	1	9	2	7	7	3	0	0			¥	1	1	9	2	7	7	3	0	0	

核准：　　　　复核：　　　　记账：　　　　制单：李林

(3)根据科目汇总表登记总分类账。在对科目汇总表审核无误后，即可据以登记总分类账，登账时，为了防止错漏，应按科目汇总表中科目排列顺序逐个记入总账。如，深圳佳视达实业有限公司根据上旬的科目汇总表，应先在总账“银行存款”账户中登记借贷方发生额，并结计出余额，登记完毕后，在科目汇总表借贷记账栏中做出记账标志“√”；然后在总账“应收账款”账户中记入贷方发生额，结计出余额，并在科目汇总表记账栏做出记账标志；依此类推直至将科目汇总表中所有科目的借贷方发生额记入相应的总账账户。最后，由登记总账的会计人员在科目汇总表下方的“记账”处签名或盖章。

企业按上述方法登记的“银行存款”总分类账，如表 6-15 所示。

表 6-15　总分类账

GENERAL LEDGER

会计科目及编号

ACCOUNT　No.　银行存款 1002　　　　第 2 页

20××年		凭证字号	摘要	借方											贷方											借或贷	余额											√
月	日			亿	千	百	十	万	千	百	十	元	角	分	亿	千	百	十	万	千	百	十	元	角	分		亿	千	百	十	万	千	百	十	元	角	分	
12	1		期初余额																							借				1	9	6	2	0	0	0	0	
	10	科汇 01	1-10 日汇总				3	7	1	6	0	0	0	0				1	4	6	9	6	0	0	0	借				4	2	0	8	4	0	0	0	
	20	科汇 02	11-20 日汇总															1	4	2	5	1	0	0	0	借				2	7	8	3	3	0	0	0	
	31	科汇 03	21-31 日汇总					1	3	5	6	0	0	0					7	4	9	9	0	0	0	借				2	1	6	9	0	0	0	0	

三、汇总记账凭证账务处理程序的总账登记

1.汇总记账凭证账务处理程序

记账凭证账务处理程序是根据记账凭证定期编制汇总记账凭证，并据以登记总分类账的一种账务处理程序。其特点是：定期根据记账凭证编制汇总收款凭证、汇总付款凭证和汇总转账凭证，并根据汇总记账凭证登记总分类账。

汇总记账凭证账务处理程序对会计账簿的种类和格式无特定要求，其会计账簿设置与记账凭证账务处理程序基本相同，但为了便于记账凭证的汇总，记账凭证应采用专用格式，即设置收款、付款和转账凭证，另处还需设置汇总收款凭证、汇总付款凭证和汇总转账凭证。其账务处理流程是：

(1)根据原始凭证编制汇总原始凭证；

(2)根据原始凭证或汇总原始凭证，编制记账凭证；

(3)根据收款凭证、付款凭证逐笔登记现金日记账和银行存款日记账；

(4)根据原始凭证、汇总原始凭证和记账凭证，登记各种明细分类账；

(5)根据记账凭证编制相关汇总记账凭证；

(6)根据各种汇总记账凭证登记总分类账；

(7)月末，现金日记账、银行存款日记账和明细分类账的记录与有关总分类账户记录核对相符；

(8)月末，根据总分类账和明细分类账的记录，编制财务会计报告。

汇总记账凭证账务处理程序如图 6-5 所示。

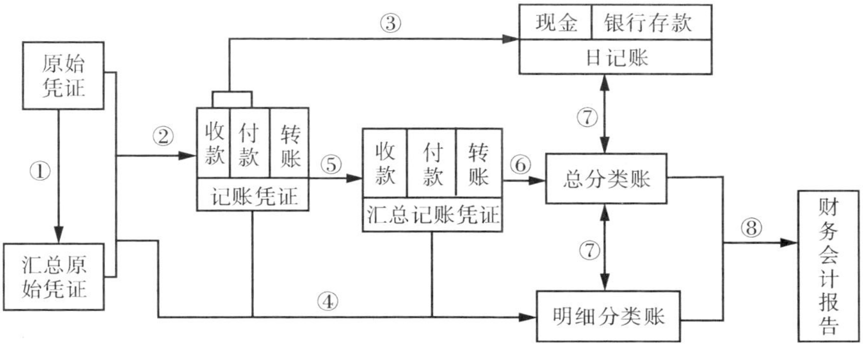

图 6-5 汇总记账凭证账务处理程序

汇总记账凭证账务处理程序是在科目汇总表账务处理程序的基础上，对凭证的汇总方法进行了改进，它克服了科目汇总表账务处理程序的不足，明确了账户间的对应关系，提高了总分类账的可分析性。

汇总记账凭证账务处理程序根据汇总记账凭证登记总分类账，减少了登记总分类账的工作量；同时，汇总记账凭证中可以反映账户的对应关系，便于总账的检查和分析。但当转账凭证较多时，编制汇总记账凭证的工作量较大，收付款业务量较少的单位采用此账务处理程序起不到减少工作量的作用。因此，汇总记账凭证账务处理程序只适用于规模较大、收付款业务发生频繁的单位。

2.总账的登记

当企业采用汇总记账凭证账务处理程序时，定期根据记账凭证编制汇总记账凭证，并据以登记总分类账。

汇总记账凭证应定期编制，间隔天数可以根据单位业务量的多少而定，一般可按每星期、每旬或每月汇总编制一次。以实训二中深圳佳视达实业有限公司的资料为例，若该单位采用汇总记账凭证账务处理程序，按月编制汇总记账凭证，则其总账的登记方法如下：

(1)凭证分类。月末，总账会计对本月所有记账凭证进行分类。将凭证分为收、付、转三类，按凭证号整理无缺后，进一步将收款凭证分为现金收款凭证和银行存款收款凭证两小类，将付款凭证分为现金付款凭证和银行存款付款凭证两小类，以贷方账户相同为标准，将转账凭证划分成若干小类。

但为了便于转账凭证的分类汇总，此账务处理程序下的转账凭证，只能编制一借一贷或一贷多借的会计分录。

(2)分类汇总并编制汇总记账凭证。对以上分出的各类凭证，分别根据其会计分录的特点进行汇总。

①现金收款凭证：会计分录中借方账户均为“库存现金”，因而应汇总各贷方账户的发生额，其汇总方法比照科目汇总表下的科目汇总方法进行，库存现金账户的借方发生额即为各贷方账户发生额合计数。

②银行存款收款凭证：会计分录中借方账户均为“银行存款”，因而应汇总各贷方账户的发生额，银行存款账户的借方发生额即为各贷方账户发生额的合计数。

③现金付款凭证：会计分录中贷方账户均为“库存现金”，因而应汇总各借方账户的发生额，库存现金账户的贷方发生额即为各借方账户发生额的合计数。

④银行存款付款凭证：会计分录中贷方账户均为“银行存款”，因而应汇总各借方账户的发生额，银行存款账户的贷方发生额即为各借方账户发生额的合计数。

⑤转账凭证是按相同贷方账户为标准来划分类别的，因而每类转账凭证汇总时，应汇总各借方账户的发生额，贷方账户的发生额即为各借方账户发生额的合计数。

以下以深圳佳视达实业有限公司对本月银行存款收款凭证的汇总方法为例，说明汇总记账凭证的编制方法：

佳视达实业本月的银行存款收款凭证共有以下四张：

收 01：借：银行存款	234 000	
贷：应收账款——三勇建材		234 000
收 02：借：银行存款	135 600	
贷：主营业务收入		120 000
应交税费——应交增值税（销项税额）		15 600
收 03：借：银行存款	2 000	
贷：其他应付款——新星实业		2 000
收 04：借：银行存款	13 560	
贷：其他业务收入		12 000
应交税费——应交增值税（销项税额）		1 560

汇总时，在工作底稿中，只对各贷方账户开设出“T”型账户，并将各分录中的发生额登记入账，如表 6-16 所示。

表 6-16 工作底稿中"T"型账户贷方发生额登记入账

借	应收账款	贷
		(1)234 000

借	主管业务收入	贷
		(2)120 000

借	应交税费	贷
		(2)15 600
		(4)1 560

借	其他应付款	贷
		(3)2 000

借	其他业务收入	贷
		(4)12 000

将工作底稿中各账户汇总贷方发生额，填入汇总收款凭证中贷方科目栏，编制一张汇总银行存款收款凭证，如表 6-17 所示。

表 6-17 汇总收款凭证

借方科目 银行存款 1002　　20××年 12 月　　编号：02

摘　要	贷方科目	金额											记账
		亿	千	百	十	万	千	百	十	元	角	分	
1—31 日汇总	应收账款				2	3	4	0	0	0	0	0	
	主营业务收入				1	2	0	0	0	0	0	0	
	应交税费					1	7	1	6	0	0	0	
	其他应付款						2	0	0	0	0	0	
	其他业务收入					1	2	0	0	0	0	0	
合　计				¥	3	8	5	1	6	0	0	0	
附注：自 01 日至 31 日凭证第 01 号至第 04 号共 4 张													

核准：　　复核：　　记账：　　制单：李林

(3)根据汇总记账凭证登记总分类账。在对汇总记账凭证审核无误后，即可据以登记总分类账，如，佳视达实业根据以上编制出的汇总收款凭证，应先按贷方金额合计数，记入总账中"银行存款"账户借方金额栏，并结计出余额，登记完毕后，在汇总收款凭证中记账栏做出记账标志"√"；然后按"应收账款"账户的贷方金额，记入总账中"应收账款"账户贷方金额栏，并结计出余额，登记完毕在汇总收款凭证中记账栏做出记账标志；再依此方法，直至将汇总记账凭证中所有贷方账户的发生额记入相应的总账账户。最后，由登记总账的会计人员在汇总收款凭证下方的“记账”处签名或盖章。

佳视达实业按上述方法登记的12月银行存款总分类账，如表6-18所示。

表6-18　总分类账

GENERAL LEDGER

会计科目及编号

ACCOUNT　No. 银行存款1002　　　　第2页

20××年		凭证字号	摘要	借方											贷方											借或贷	余额											√
月	日			亿	千	百	十	万	千	百	十	元	角	分	亿	千	百	十	万	千	百	十	元	角	分		亿	千	百	十	万	千	百	十	元	角	分	
12	1		期初余额																							借				1	9	6	2	0	0	0	0	
	31	收汇02	1—31日汇总				3	8	5	1	6	0	0	0												借				5	8	1	3	6	0	0	0	
	31	付汇02	1—31日汇总															3	6	4	6	0	0	0	0	借				2	1	6	9	0	0	0	0	

任务6.6　更正错账

会计人员填制会计凭证和登记账簿，必须严肃认真，以保证会计账簿记录的正确性。一旦发生账簿记录错误，不得采用涂改、挖补、刮擦、药水消除字迹等手段更正，也不允许重抄，而必须采用正确的方法更正。更正错账的方法有以下几种：

一、划线更正法

会计人员根据审核无误的会计凭证登记账簿时，若出现抄写或计算的错误，可以采用划线更正法进行更正。如深圳市佳视达实业有限公司6日收到新星实业交来的包装物押金2 000元，编制的记账凭证为：

借：银行存款　　　　2 000

　贷：其他应付款——新星实业　　　　2 000

检查账簿记录时，发现在“其他应付款——新星实业”明细分类账中，贷方及余额栏登记的金额为20 000元。也就是说，该笔业务的记账凭证中应借、应贷账户及金额无误，但登记账簿时，出现了抄写错误，此时，应采用划线更正法进行更正。具体步骤为：

1.在错误的文字或数字上划一条红线，表示注销，但必须使原有字迹仍可辨认，以备查核。

2.用蓝色或黑色墨水将正确的文字或数字写在划线上方。

3.由记账人员在更正处签名或盖章，以明确责任。

应注意，对于错误的数字，应当全部划红线更正，不得只更正其中的错误数字。对于文字错误，可只划去并更正错误部分。

另外，在尚未登记账簿前，发现会计凭证中的文字或数字有误，原则上应重填凭证，但在会计实务中，也可采用划线更正法进行更正。

二、红字更正法

红字更正法一般适用于以下两种情况：

1.记账以后，发现记账凭证中应借、应贷账户用错，无论是否存在其他记账错误，均应采用此方法更正。如，红星实业收取包装物押金的业务，编制的记账凭证为：

借：银行存款　　2 000

　贷：应付账款——新星实业　　2 000

并已登记入账，发现账簿记录错误时，应采用红字更正法更正，具体步骤为：

(1)编制一张与原错误凭证相同的红字金额凭证，并据以登记入账，用以冲销原记账错误。该凭证中日期填写编制红字凭证的日期，按编制红字凭证时当前凭证顺序编号，在摘要栏中填入“冲销×月×日×类×号错误凭证”，在科目栏中填入原错误凭证中相同科目，金额栏中用红字填入与原错误凭证相同的金额，如红星实业更正上述记账错误时，应编制的红字凭证为：

借：银行存款　　[2 000]

　贷：应付账款——新星实业　　[2 000]

(2)编制一张正确的蓝字凭证，并据以登记入账。该凭证中日期填写实际编制日期，按编制时当前凭证顺序编号，在摘要栏中填入“更正×月×日×类×号错误凭证”，在科目和金额栏中填入正确内容。如红星实业更正上述记账错误时，应编制的蓝字凭证为：

借：银行存款　　2 000

　贷：其他应付款——新星实业　　2 000

(3)在原错误凭证摘要栏中标明“已用×月×日×类×号凭证冲销正”，以防重复更正。

以上账户更正记录，如表6-16所示。

表6-16

借	应付账款	贷
		①2 000
		②2 000

借	银行存款	贷
①2 000		
②2 000		
③2 000		

借	银行存款	贷
		③2 000

2.记账以后，发现记账凭证中应借、应贷账户正确，但所记金额大于应记金额，可采用红字更正法进行更正。如，红星实业上述收到包装物押金的业务，编制的记账凭证为：

借：银行存款　　20 000
　贷：其他应付款——新星实业　　20 000

该笔业务已登记入账，发现账簿记录错误时，应采用红字更正法更正，具体步骤为：

(1)编制一张与原错误凭证账户相同、金额为多记金额的红字凭证，并据以登记入账，用以冲销原多记金额。该凭证中日期填写编制红字凭证的日期，按编制红字凭证时当前凭证顺序编号，在摘要栏中填入"冲销×月×日×类×号错误凭证多记金额"，在科目栏中填入原错误凭证中相同科目，金额栏中用红字填入原错误凭证多记的金额。如红星实业更正上述记账错误时，应编制的凭证为：

借：银行存款　　18 000
　贷：其他应付款——新星实业　　18 000

(2)在原错误凭证摘要栏中标明"已用×月×日×类×号凭证冲销"，以防重复更正。

以上账户更正记录，如表6-17所示。

表6-17

借	其他应付款	贷
		①20 000
		②18 000

借	银行存款	贷
①20 000		
②18 000		

三、补充登记法

记账以后，发现记账凭证中应借、应贷账户正确，但所记金额小于应记金额，可采用补充登记法进行更正，即再填制一张补充少记金额的记账凭证，并将其补充入账。如，红星实业上述收取包装物押金的业务编制的记账凭证为：

借：银行存款　　200

　贷：其他应付款——新星实业　　200

并已登记入账，发现账簿记录错误时，应采用补充登记法进行更正，具体步骤为：

(1)填制一张与原错误凭证账户相同、金额为少记金额的蓝字凭证，并据以登记入账，用以补充原少记金额。该凭证中日期填写编制补充凭证的日期，按编制补充凭证时当前凭证顺序编号，在摘要栏中填入“补充×月×日×类×号错误凭证少记金额”，在科目栏中填入原错误凭证中相同科目，金额栏中填入原错误凭证少记的金额。如红星实业更正上述记账错误时，应编制的凭证为：

借：银行存款　　1 800

　贷：其他应付款——新星实业　　1 800

(2)在原错误凭证摘要栏中标明“已用×月×日×类×号凭证补充更正”，以防重复更正。

以上账户更正记录，如表6-18所示。

表 6-18

借	银行存款	贷
		①200
		②1 800

借	银行存款	贷
① 200		
②1 800		

在采用红字更正及补充登记法更正错账时，原始凭证仍附于原错误记账凭证后，用以冲销的红字凭证和用以更正的蓝字凭证后可以不附原始凭证。

练习题

一、填空题

1.错账的更正方法有__________、__________和__________三种。

2.根据__________的不同，划分出不同的账务处理程序。目前我国常用的账务处理程序有________账务处理程序、________账务处理程序、________账务处理程序、日记总账账务处理程序和多栏式日记账账务处理程序。

3.科目汇总表账务程序的特点是________根据________编制________,并据以登记总账。

4.汇总记账凭证账务程序的特点是________根据________编制________,并据以登记总账。

5.记账员在记账时,误将凭证中的1 000元记为10 000元,应采用________进行更正。其规范的更正步骤为:先在错误的数字上________,然后用________在上方写上正确的数字,最后由记账人员在更正处________。

6.当记账后,发现记账凭证上的会计账户有错,无论是否存在其他记账错误均应采用________进行更正。具体步骤为:先编制一张与________相同的________凭证,并据以登记入账,用以________原记账错误,然后再编制一张正确的凭证,并据以登记入账,最后在________摘要栏中标明已更正。

7.当记账后,发现记账凭证中会计账户无误,但金额大于应记金额,应采用________更正,具体步骤为:先编制一张与________相同,但金额为________的________凭证,用以冲销多记金额,再在________摘要栏中标明已更正。

8.当记账后,发现记账凭证中会计账户无误,但金额小于应记金额,应采用________更正,具体步骤为:先编制一张与________相同,但金额为________的________凭证,用以补充少记金额,再在________摘要栏中标明已更正。

二、单项选择题

1.各种账务处理程序之间的主要区别在于________。

A.原始凭证的种类和格式不同

B.登记日记账和明细账的程序和方法不同

C.登记总账的程序和方法不同

D.汇总的记账凭证格式和方法不同

2.从银行提取现金的业务登记现金日记账的依据是________。

A.现金收款凭证　　B.现金付款凭证

C.银行存款收款凭证　　D.银行存款付款凭证

3.将现金存入银行的业务登记银行存款日记账的依据是________。

A.现金收款凭证　　B.现金付款凭证
C.银行存款收款凭证　　D.银行存款付款凭证

4.登记现金日记账时,误将记账凭证中的“200”抄成“2 000”,应采用__________更正。

A.划线更正法　　B.红字更正法
C.补充登记法　　D.蓝字更正法

5.科目汇总表与汇总记账凭证的共同优点是__________。

A.保持账户之间的对应关系　　B.简化总分类账的登记工作
C.进行发生额试算平衡　　D.总括反映同类经济业务

6.记账后发现记账凭证中账户正确,但所记金额小于应记的金额,应采用__________进行更正。

A.红字更正法　　B.平等登记法
C.划线更正法　　D.补充登记法

7.记账后发现记账凭证中账户用错,且所记金额小于应记的金额,应采用__________进行更正。

A.红字更正法　　B.平行登记法
C.划线更正法　　D.补充登记法

8.已知企业月初库存A产品500件,单位生产成本80元,1日销售发出A产品100件,价格120元,应根据出库单登记A产品明细分类账的方法是__________。

A.以单价80元在借方登记　　B.以单价80元在贷方登记
C.以单价120元在借方登记　　D.以单价120元在贷方登记

9.在汇总记账凭证账务处理程序中,汇总转账凭证上的账户对应关系是__________。

A.一个贷方账户与一个借方账户对应
B.一个贷方账户与多个借方账户对应
C.一个借方账户与多个贷方账户相对应
D.多个借方账户与多个贷方账户相对应

10.将所有的记账凭证按相同的账户分别借方、贷方定期汇总编制成一种汇总表,然后据以登记总分类账的账务处理程序称为__________。

A.科目汇总表账务处理程序　　B.日记总账账务处理程序
C.记账凭证账务处理程序　　D.汇总记账凭证账务处理程序

11.各种账务处理程序的主要区别是__________。

A.登记总分类账的依据和方法不同

B.登记明细分类账的依据和方法不同

C.登记日记账的依据和方法不同

D.编制科目汇总表方法不同

12.科目汇总表的主要缺点是__________。

A.登记总分类账的工作量大　　B.不能进行试算平衡

C.不能反映账户的对应关系　　D.不能反映各账户借方、贷方发生额

13.汇总记账凭证账务处理程序适用的范围是__________。

A.规模较小,经济业务不多　　B.规模较大,经济业务不多

C.规模较大,收付款业务较多　　D.规模较大,转账业务较多

14.需要结计本月发生额的账户,结计账簿过次页的合计数应是__________。

A.年初至本日止　　B.年初至本页末止

C.本月初至本日止　　D.本月初至本页末止

15.不需结计本月发生额,但需结计本年累计发生额的账户,结计账簿过次页的合计数应是__________。

A.年初至本日止　　B.年初至本页末止

C.本月初至本日止　　D.本月初至本页末止

三、多项选择题

1.在账簿中红笔可用于__________。

A.按照红字更正的记账凭证,冲销错误记录

B.在只设借方或贷方栏目的多栏式账页中,登记减少数

C.在余额栏前未设借贷方向时,用以登记反向余额

D.结账划线

E.注销空行或空页

2.登记现金日记账的依据有__________。

A.现金收款凭证　　B.现金付款凭证

C.银行存款收款凭证　　D.银行存款付款凭证

E.转账凭证

3.登记银行存款日记账的依据有__________。

A.现金收款凭证　　B.现金付款凭证

C.银行存款收款凭证　　D.银行存款付款凭证

E.转账凭证

4.在采用汇总记账凭证账务处理的企业,为了便于转账凭证的汇总,只允

许编制的转账分录形式是__________。

A.一借一贷　　B.一借多贷

C.一贷多借　　D.多借多贷

E.只借不贷

5.记账时不得隔页、跳行登记,如果发生隔页、跳行时,不得随意涂改,而应采取的处理方法是__________。

A.将空页、空行用红线划掉　　B.应将账页撕下并装入档案保存

C.应加盖“作废”字样　　D.应注明“此页空白”或“此行空白”

E.应按规定由相关人员签章

6.各种账务处理程序下登记明细分类账的凭据是__________。

A.原始凭证　　B.汇总原始凭证

C.记账凭证　　D.科目汇总表

E.汇总记账凭证

四、判断题

1.记账后发现会计凭证上会计账户用错,应采用红字更正法进行更正。（　　）

2.记账凭证中应借、应贷账户及金额无误,但登记账簿时出现了抄写或计算错误,应采用划线更正法进行更正。（　　）

3.在账簿登记中只能使用蓝色或黑色墨水笔,不得使用圆珠笔和铅笔。（　　）

4.在红字更正法中,编制的红字冲销凭证的编号应与原错误凭证的编号相同。（　　）

5.记账凭证账务处理程序适用于规模较小、业务较多的单位。（　　）

6.科目汇总表账务处理程序和汇总记账凭证账务处理程序的主要相同点在于汇总凭证的格式相同。（　　）

7.汇总记账凭证账务处理程序保持了账户之间的对应关系。（　　）

8.同一个企业可以同时采用几种不同的账务处理程序。（　　）

9.采用汇总记账凭证账务处理程序时,记账凭证应采用收、付、转三种格式。（　　）

10.会计账簿只能根据审核无误的记账凭证登记。（　　）

11.登记银行存款日记账时,若有多个对应科目,应按每一对应科目分多行登记,以明确账户间的对应关系,反映经济业务的来龙去脉。（　　）

12.为了实现钱账分管原则,出纳员负责现金和银行存款的保管与收付,由会计人员负责登记现金及银行存款日记账。（　　）

任务7 期末处理

在将日常发生的各项经济业务登记入账的基础上，期末要对会计资料做进一步的加工，即所谓的期末处理。首先根据权责发生制原则，采用折旧、摊销、计提等方式调整本期的收入和费用，然后根据企业会计制度规定和成本计算的要求计算并结转成本，结转损益，确认本期财务成果，并进行利润分配，最后在对账无误后，进行结账并根据相关账簿记录编制会计报表，同时将本期形成的会计档案整理归档。

任务 7.1 期末账务处理

同步实训

【实训说明】本次实训为“实训(二)”的一部分。

【实训目的】练习期末账务处理的内容和方法。

【实训任务】

1.根据“实训二”资料和前期日常处理的账证资料，分析判断深圳佳视达实业有限公司期末应做出的账务处理，编制相应的记账凭证，据以登记明细账。

2.对佳视达实业有限公司下旬的记账凭证进行汇总，编制科目汇总表，据以登记总分类账。

各单位日常发生的各项经济业务，一般都有明确而具体的业务内容，在业务发生或完成时，业务经办人员必须取得或填制原始凭证，用来记录经济业务的具体内容以及明确业务经办人员的经济责任。当原始凭证传递到会计部门后，会计人员根据原始凭证做出相应的账务处理。而期末账务处理是根据会计假设、会计准则、会计制度以及成本核算方法的要求所进行的账项调整及结转，易出现错漏，更加依赖于会计人员的职业判断。因此，在进行期末账务处理时，应注意两点，一是期末所做的账项调整和结转，应尽可能将调整内容编制成诸如"摊销表""折旧计算表""成本计算表""税金计算表"等，以便于查证；二是期末账务处理存在着一定的逻辑顺序，应按正确的账务处理顺序进行。

一、账项调整

日常处理的实际发生的会计事项，有些会影响到多个会计期间的损益确定。在期末，为了按权责发生制的原则反映财务成果，就必须对有关账户的内容进行调整。需要调整的项目有：

1.采用折旧、摊销等方法分摊应负担的已记账支出

企业发生的各项支出在日常处理时根据其受益期情况分别记入了不同的会计账户，若该支出只在本期受益，则直接记入本期损益账户；若该支出有多个会计期间受益，则先根据受益期的长短分别记入"固定资产""无形资产""长期待摊费用"等账户，在期末再采用一定的方法计算出本期应分摊的支出，采用折旧、摊销等方法记入本期损益。

如实训二中的深圳佳视达实业有限公司，期末应分摊的已记账的支出包括两项：

(1)固定资产折旧。根据本期固定资产折旧资料，编制如下记账凭证并据以登记入账：

借：制造费用——折旧费	9 000	
销售费用——折旧费	370	
管理费用——折旧费	2 751.2	
贷：累计折旧		12 121.2

(2)长期待摊费用。根据相关账证资料，本期应摊销租入行政办公用房屋的装修费用，编制如下记账凭证并据以登记入账：

借：管理费用——房屋装修费	10 000	
贷：长期待摊费用——装修费		10 000

2.分摊实现的已记账收入

企业有时在未完成或未全部完成销售商品或提供劳务的情况下收取了相关账款，收到这些账款时由于收入尚未实现，在日常处理中常记入“预收账款”等表示企业要在未来提供商品或劳务责任的负债账户。期末，需按本期已完成的比例，把当期已实现的部分转作当期收入，并调整以前预收款项时形成的负债。

如某企业月初与一客户签订一个为期两个月的产品返修合同，每月收取修理费 5 000 元，并预收全部价款 10 000 元。在收到返修费时应编制如下记账凭证并据以登记入账：

借：银行存款　　10 000

　贷：预收账款　　10 000

月末，应将本月已实现的修理费转入当期收入，编制如下记账凭证并登记入账：

借：预收账款　　5 000

　贷：主营业务收入　　4 424.78

　　应交税费——应交增值税(销项税额)　　575.22

3.计提应负担但尚未记账的费用

企业有些费用是先受益后支出的，在会计期末，要将本期已发生、因款项尚未支付而未登记入账的费用，如借款利息、工资及附加费、某些应交税费等，采用计提等方式记入当期损益。

如实训二中深圳佳视达实业有限公司，期末应计提的本期应负担但尚未记账的费用有以下几项：

(1)计提各项借款利息。根据企业长期借款的金额、利率、期限，计算本期应负担的借款利息为 5 000 元，应编制如下记账凭证：

借：财务费用——利息支出　　5 000

　贷：应付利息　　5 000

(2)计提应付职工薪酬。

①根据工资结算资料，计算出本月应付工资，并按受益对象进行分配，编制如下记账凭证并据以登记入账：

借：生产成本——A 产品　　50 000

　　　　——B 产品　　40 000

　制造费用——工资　　6 000

　销售费用——工资　　2 000

　管理费用——工资　　20 000

　贷：应付职工薪酬——工资　　118 000

②根据相关规定，企业应按工资总额的一定比例计提福利费、保险费、工

会经费、职工教育经费等工资附加费。如佳视达实业有限公司根据国家的规定，按职工工资总额的9%和7%比例分别计提向社会保险机构缴纳的养老保险和医疗保险，应编制如下记账凭证并据以登记入账：

借：生产成本——A产品	8 000	
——B产品	6 400	
制造费用——社会保险费	960	
销售费用——社会保险费	320	
管理费用——社会保险费	3 200	
贷：应付职工薪酬——社会保险费		18 880

(3)计提相关税费。由于税收申报和缴纳程序的影响，企业期末会有本月应缴但尚未入账的相关税金，应予以计提并登记入账。如实训二中佳视达实业，月末应计提以下相关税费：

①计算本期应交的消费税。本月A产品销售收入为600 000元，适用的消费税税率为5%，计算出本月应交消费税额为30 000元，应编制如下记账凭证并登记入账：

借：税金及附加	30 000	
贷：应交税费——应交消费税		30 000

②结转本期未交或多交增值税。根据“应交税费——应交增值税”账簿记录，当前贷方余额1 040元为本月销项税额与进项税额的差额，即本月应交未交的增值税。应编制如下记账凭证并登记入账：

借：应交税费——应交增值税(转出未交增值税)	1 040	
贷：应交税费——未交增值税		1 040

③计算本期应交的城市维护建设税及教育费附加。本月应交增值税为1 040元，应交消费税30 000元，按本企业适用7%的税率计算出应交的城建税为2 172.80元，应交教育费附加为931.20元，应编制如下记账凭证并据以登记入账：

借：税金及附加	3 104	
贷：应交税费——应交城建税		2 172.80
——应交教育费附加		931.20

4.计提已取得但尚未记账的收入

企业在本期内已实现、因款项未收而未登记入账的收入，期末应予以计提并登记入账。如某企业在月初按面值购买了100 000元的企业债券作为长期投资，该债券期限3年，票面利率为6%，到期一次还本付息，则企业在持有该债券一个月后，应取得500元债券利息收入，该项收入在日常处理中并未登记入账。期末，应编制如下记账凭证并据以登记入账：

借：持有至到期投资 500

　贷：投资收益 500

二、成本计算及结转

期末需要计算及结转的成本包括：材料采购成本、发出材料成本、产品生产成本以及销售产品成本。

1.计算并结转材料采购成本

如果企业材料采购业务较少，材料入库时可在日常处理中逐笔计算并结转材料采购成本。如果企业材料采购业务较多，材料入库时在日常处理中只根据收料单登记原材料的明细分类账，以反映原材料的增减变化情况，而不编制结转材料采购成本的记账凭证。定期根据收料单汇总编制“材料收入汇总表”，并据以编制结转材料采购成本的记账凭证，再根据审核无误的记账凭证登记材料采购明细分类账，并采用一定的方法和程序登记原材料和材料采购总分类账。

如实训二中佳视达实业有限公司，在日常核算中只根据入库单登记原材料明细分类账，月末根据本月入库单汇总编制“材料收入汇总表”，如表 7-1 所示。

表 7-1　材料收入汇总表

金额单位：元

对应科目	甲材料			乙材料			合计
	数量	单价	金额	数量	单价	金额	
物资采购	5 000	100	500 000	2 000	50	100 000	600 000

根据以上材料收入汇总表，编制如下记账凭证：

借：原材料 600 000

　贷：材料采购——甲材料 500 000

　　　　　　——乙材料 100 000

以上记账凭证审核无误后，据以登记“材料采购”明细分类账，再采用一定的方法和程序登记“原材料”和“材料采购”的总分类账。

2.计算并结转发出材料成本

当企业材料发出业务较少时，材料的发出可根据领料单，逐笔编制结转发出材料成本的记账凭证，并据以登记相关明细账和总分类账。当企业材料发出业务较多时，日常发料只根据领料单登记原材料的明细分类账，暂不编制结转发出材料成本的记账凭证，定期根据领料单汇总编制“发出材料汇总表”，并据以编制结转发出材料成本的记账凭证，再根据审核无误的记账凭证登记相关成本费用的明细分类账，并采用一定的方法和程序登记“原材料”及相关成本费用的总分类账。

如实训二中佳视达实业有限公司，在日常核算中只根据领料单登记原材料的明细分类账，月末根据本月领料单汇总编制“材料发出汇总表”如表7-2所示。

表 7-2　材料发出汇总表

金额单位：元

部门及用途	甲材料			乙材料			合计
	数量	单价	金额	数量	单价	金额	
生产车间：A 产品生产	3 500	100	350 000	1 200	50	60 000	410 000
B 产品生产	1 500	100	150 000				150 000
一般耗用	400	100	40 000	100	50	5 000	45 000
销售部门	100	100	10 000				10 000
管理部门	20	100	2 000				2 000
材料销售	100	100	10 000				10 000
合计	5 620	100	562 000	1 300	50	65 000	627 000

根据“材料发出汇总表”编制如下记账凭证：

借：生产成本——A 产品　　410 000
　　　　　　——B 产品　　150 000
　　制造费用——物料消耗　　45 000
　　销售费用——物料消耗　　10 000
　　管理费用——物料消耗　　2 000
　　其他业务成本——材料销售　　10 000
　贷：原材料　　627 000

以上记账凭证审核无误后，据以登记借方“生产成本”等账户的明细分类账，再采用一定的方法和程序登记“原材料”和“生产成本”等相关成本费用账户的总分类账。

3.计算并结转本期完工产品生产成本

(1)分配结转本期制造费用。根据制造费用账户中归集的本月发生的制造费用金额，按生产工时、机器工时、生产工人工资、耗用直接材料成本等标准在不同的产品间进行分配。如实训二中，佳视达实业本月共发生的制造费用为 77 500 元，按生产工时的比例在 A、B 产品之间进行分配，其中 A 产品本月耗用生产工时 6 000 工时，B 产品本月耗用工时为 4 000 工时，计算出 A 产品应负担 46 500 元，B 产品应负担 31 000 元。根据制造费用分配表编制如下记账凭证并据以登记入账：

借：生产成本——A 产品　　46 500
　　　　　　——B 产品　　31 000
　贷：制造费用　　77 500

（2）计算并结转本月完工产品成本。根据生产成本明细账及完工产品入库单，计算出本月完工产品成本，编制结转完工产品成本的记账凭证并据以登记入账。如实训二中佳视达实业有限公司 B 产品 4 000 件全部完工入库，其生产成本明细账中归集的总成本为 238 600 元，则单位成本为 59.65 元，根据产品成本计算表，编制如下记账凭证并据以登记入账：

借：库存商品——B 产品　　238 600
　贷：生产成本——B 产品　　238 600

需要说明的是，库存商品的明细分类账在产品实际出入库时，根据产品出入库单据登记。由于本期入库产品的实际生产成本至月末才能归集计算出来，因此，从出现无入库成本的产品入库单起，在库存商品明细分类账中，只登记出入库产品的数量，以及时反映库存商品的增减变动情况。待月末计算出入库产品成本时，需在相关库存商品明细账中回填出入库产品的单价和金额。

4.计算并结转本期销售产品成本

根据本期销售产品的出库单以及库存商品明细分类账，计算本期销售产品的实际生产成本，并将其结转入“主营业务成本”账户。如实训二中佳视达实业有限公司，根据销售产品出库单汇总本期共销售 A 产品 1 500 件，从库存商品明细账中，查明该产品单位成本为 200 元，销售成本为 300 000 元；销售 B 产品 200 件，查明该产品单位成本为 59.65 元，销售成本为 11 930 元，编制如下记账凭证并据以登记入账：

借：主营业务成本——A 产品　　300 000
　　　　　　　　——B 产品　　11 930
　贷：库存商品　　311 930

三、结转损益，确认本期财务成果

根据相关规定，企业应分期结算账目，计算当期损益，具体步骤为：

1.将本期取得的各项收入结转到“本年利润”账户。如实训二中佳视达实业有限公司，结转本期收入时编制如下记账凭证：

借：主营业务收入	620 000	
其他业务收入	12 000	
营业外收入	200 000	
贷：本年利润		832 000

2.将本期发生的费用结转到“本年利润”账户。如实训二中佳视达实业有限公司，结转本期费用时编制如下记账凭证：

借：本年利润	437 594.20	
贷：主营业务成本		311 930.00
其他业务成本		10 000.00
税金及附加		33 104.00
销售费用		21 294.00
管理费用		54 266.20
财务费用		5 000.00
营业外支出		2 000.00

本期利润总额＝832 000－437 594.2 ＝394 405.80 元

3.计算并结转所得税。根据本期的利润总额，按本企业适用的所得税率计算并结转本月应交所得税。如实训二中佳视达实业有限公司本月利润总额为 394 405.80 元，适用的所得税率为 25%，则本月应交所得税为 98 601.45 元，应根据计算结果编制如下记账凭证：

借：所得税费用	98 601.45	
贷：应交税费——应交所得税		98 601.45
借：本年利润	98 601.45	
贷：所得税费用		98 601.45

本期净利润＝394 405.80－98 601.45＝295 804.35 元

四、利润分配

企业的税后利润可以根据相关法规制度的规定以及投资者的决议进行分配，在利润分配时根据利润分配的情况编制记账凭证并据以登记入账。如实训二中佳视达实业有限公司在本期末进行利润分配时，应编制如下记账凭证并据以登记入账：

1.按本年净利润的 10%计提法定盈余公积：

借：利润分配——提取法定盈余公积	76 534.44	
贷：盈余公积——法定盈余公积		76 534.44

2.将本年净利润的 20%按期初投资比例分配给投资者：

借:利润分配——应付现金股利　　153 068.88
　贷:应付股利——兴业公司　　76 534.44
　　　　　——实达公司　　76 534.44

五、年末账目结转

根据相关会计制度的规定,在每个会计年度结束时,应将"本年利润"及"利润分配"的各明细账户的余额,全额结转到"利润分配——未分配利润"账户中。也就是说,"本年利润"及"利润分配"下属各明细账户中除"未分配利润"外,年末均应无余额。如实训二中佳视达实业有限公司在12月末完成以上期末账务处理后,还需结转"本年利润"及"利润分配"的各明细账户余额,结转时,编制如下记账凭证并据以登记入账:

1.结转"本年利润"账户余额:

借:本年利润　　765 344.35
　贷:利润分配——未分配利润　　765 344.35

2.结转"利润分配"各明细账户余额:

借:利润分配——未分配利润　　229 603.32
　贷:利润分配——提取法定盈余公积　　76 534.44
　　　　　——应付现金股利　　153 068.88

任务 7.2　对账

同步实训

【实训说明】本次实训为"实训(二)"的一部分。

【实训目的】练习期末对账。

【实训资料】本节例7-1及本章练习部分"实训二"资料。

【实训任务】根据前期"实训二"中完成的深圳佳视达实业有限公司账簿资料,完成以下核对工作:

1.编制12月"总账科目试算平衡表",与总分类账簿记录核对相符。

2.将总分类账簿中"库存现金"和"银行存款"账户记录,与现金日记账、银行存款日记账簿记录核对相符。

3.将总分类账簿中其他账户记录,与其所属明细分类账簿记录核对相符。

4.结合本节例 7-1 中深圳佳视达实业有限公司 11 月银行存款余额调节表和本章练习部分“实训二”资料，核对 12 月份的银行日记账和银行对账单，并编制银行存款余额调节表。

会计账簿是编制会计报告的重要依据，账簿记录是否正确将直接影响会计报告的质量，因此，为了保证账簿记录的真实准确，在记账后必须做好对账工作。对账，是指对账簿记录进行的检查和核对工作，以保证账证相符、账账相符和账实相符。对账的主要内容包括以下三个方面：

一、账证核对

账证核对是指将各种账簿的记录与有关的会计凭证进行核对，保证账证相符。其中，账簿与原始凭证核对，主要是对账簿记录的经济业务的真实性、合法性和合理性进行检查；账簿与记账凭证进行核对，主要是检查过账工作是否正确，即是否根据记账凭证记入相关的日记账、明细账和总分类账，记录的金额和方向是否与记账凭证上指明的金额和方向相同。账证核对，主要是在日常工作中通过复核进行。月末，如果对账中发现账账不符、账实不符，也应根据试算平衡等方式发现的记账错误，按一定的线索将账簿记录与会计凭证进行核对，以确保账证相符。

二、账账核对

账账核对是指各账簿之间的相关数据要互相核对相符。由于账簿之间存在着内在的关联关系，通过账账核对，可以检查、验证账簿间数据的勾稽关系，从而及时发现问题，纠正错误。具体核对的内容包括：

1.总分类账簿中各账户核对相符。这一核对主要通过编制“总账科目试算平衡表”来完成。具体操作步骤如下：

(1)从总分类账簿中将各账户的期初余额、本期借方发生额、本期贷方发生额及期末余额逐个抄写在“总账科目试算平衡表”中，抄写中应注意不要出现遗漏，不要记错余额的借贷方向。

(2)计算总分类账户的期初借贷方余额合计数、本期借贷方发生额合计数和期末借贷方余额合计数。

(3)检查计算出的各总分类账户的期初借贷方余额合计数、本期借贷方发生额合计数和期末借贷方余额合计数是否相等，若相等，则说明总分类账簿的记录有可能是正确的，可以继续进行其他的账簿核对工作；若不相等，则说明在编制“试算平衡表”及登记总分类账簿的工作中一定存在错误，需要根据“试算平衡表”中提供的错误线索对相关账证资料进行检查，对查出的错误进行更正，直至总分类账户试算平衡为止。

2.总分类账簿中各账户应与其所属的各明细分类账户核对相符。

3.总分类账中“库存现金”“银行存款”账户应与“现金日记账”“银行存款日记账”核对相符。

4.会计部门有关财产物资明细账应与财产物资保管、使用部门的明细账核对相符。

三、账实核对

账实核对是指各种财产物资和往来款项的账面余额与实存数相核对。这一核对方法称为财产清查。

1.财产清查的概念

财产清查是指通过实地盘点、核对、查询等方法，确定各项财产物资、货币资金、往来款项的实际结存数，并与账面结存数相核对，以确定账实是否相符的一种专门方法。

会计核算要以真实的经济业务为对象，如实反映企业财务状况和经营成果，提供客观的会计核算指标，这是会计核算的一般原则。因此，在会计核算工作中，加强对会计凭证的日常审核，定期进行账证核对、账账核对，在一定程度上能保证账簿记录本身的正确性，但账簿记录的正确并不能保证其反映的财务状况和经营成果的客观真实。

在实际工作中，会由于多方面的原因造成各项财产物资的账面结存数与实际结存数不符。一般来讲，造成账实不符的原因主要有以下几种：

(1)财产物资收发时，由于度量衡具的误差造成差异。

(2)工作人员在填制凭证、登记账簿的过程中，出现重记、漏记、错记或计算错误。

(3)财产物资在保管中发生自然损耗，如鲜活商品的腐烂变质、易挥发物资的自然挥发等造成数量或质量上的降低。

(4)由于管理不善或工作人员失职而发生的财产物资残损、变质、短缺，如将物资露天堆放，遭受雨淋发生霉变等。

(5)由于贪污盗窃、营私舞弊造成财产损失。

(6)由于发生自然灾害，如水灾、火灾、地震，造成财产物资损失。

(7)在结算过程中，由于往来双方记账时间不一致造成记录上的差异。

这些造成账实不符的原因有些是正常的，难以避免的，有些是非正常的，可以避免的。为了掌握财产物资的真实情况，必须对各项财产物资进行定期或不定期的盘点与核对，确保账实相符。若在财产清查中发现账实不符，应根据实存数调整账面记录，并查明原因，采取相应措施，改进财产物资的保管工作，保障财产物资的安全完整。

2.财产清查的种类

财产清查按不同分类标准，可分为不同的类别：

(1)按清查的范围和对象，可分为全面清查和局部清查两种：

①全面清查。指对全部的财产物资及往来款项进行全面彻底的盘点、核对。全面清查涉及的范围较大，包括货币资金、存货、固定资产等财产物资，应收、应付等往来款项及各种借款，工作量较大，一般只在年终结算前或企业出现关、停、并、转等情况下进行。

②局部清查。指根据实际需要，对部分财产物资及往来款项进行盘点、核对。各单位可以根据需要对其部分资产或负债进行局部清查。例如，对库存现金，应在每日营业终了，由出纳员进行清点、核对，以便及时发现长、短款情况；对银行存款，每月末要与银行对账单核对，并编制“银行存款余额调节表”；对流动性强又易于发生短缺的原材料、在产品、产成品等，要定期盘点；对往来款项，每年至少要核对一至两次。通过局部清查，及时发现和解决财产物资在保管中存在的问题。

(2)按清查的时间，可分为定期清查和不定期清查：

①定期清查。指按预先规定好的时间进行的财产清查。一般在月度、季度、年度末对账时进行。定期清查的范围和对象，可以根据实际需要，进行局部清查，如在月末、季末进行的清查；也可以是全面清查，如在年末进行的清查。

②不定期清查。指事先未规定好清查日期，根据实际需要而进行的临时性清查。不定期清查的范围和对象，可以根据需要，进行全面清查或局部清查。例如更换财产保管人员时，应对其保管的财产物资进行局部清查，以分清保管责任；在关、停、并、转等情况下，应进行全面清查，以确定实有资产情况。

(3)按财产清查的执行单位，可分为内部清查和外部清查两种：

①内部清查。指由本单位内部人员对本单位的财产物资进行的清查。大多数财产清查都是内部清查。

②外部清查。指由上级主管部门、审计机关、司法部门、注册会计师等根据国家有关的规定或实际需要进行的财产清查。一般来讲，进行外部清查时

应有本单位有关人员参加。

3.财产清查的准备工作

财产清查是一项复杂而细致的工作,因此,在进行财产清查前,必须做好各项准备工作,包括组织准备和业务准备,以保证财产清查的顺利进行。

(1)组织准备。在财产清查前,必须抽调财会、仓库以及其他业务人员组成清查小组,通过简短学习和培训,使其明确本次清查的目的,掌握清查的技术、方法。

在进行实际清查前,清查小组要制订详细的清查计划,对财产清查的对象和范围、清查进度和清查方法,以及清查人员等事先做好安排,并通知各有关部门做好相关准备。清查小组在清查中应监督清查工作质量,并在清查结束后写出财产清查的书面报告,对发生的盘盈、盘亏提出处理意见。

(2)业务准备。为了使财产清查工作能准确、顺利进行,有关部门必须协助清查小组工作,在清查前做好以下准备工作:

①财会部门应在财产清查前,将所有的经济业务登记入账,结出余额,并核对正确,做到账证相符、账账相符,为财产清查提供准确可靠的账存数据。

②财产物资部门和保管人员,应把截至清查日前的所有经济业务的原始凭证办好,并传递至相关部门,登记入账,结出余额。同时,对使用和保管的物资应按财产清查的要求,分类整理排列整齐,并挂上标签,以便财产清查的顺利进行。

③对银行存款、银行借款和往来结算款项,要取得对账单。

④准备好清查中需使用的各种度量衡具,并对其进行检查校正,以减少误差。

⑤准备好清查中需使用的各种空白单据。

4.财产清查的内容和方法

(1)货币资金的清查。货币资金包括库存现金、银行存款和其他货币资金。

①库存现金的清查。库存现金是指通过实地盘点的方法,确定库存现金的实存数,再与现金日记账余额相核对,以查明现金的盈亏情况。

在清查前,出纳员应将收、付款凭证全部登记入账,并结计出余额。清点时出纳员应在场,逐张查点库存现钞,盘点结束后,根据盘点结果和现金日记账余额编制"库存现金盘点报告表"(格式见表7-3),并由清查人员和出纳员签章,作为调整账簿记录的重要原始凭证,它也是分析账实差异原因,明确经济责任的依据。

表 7-3 库存现金盘点报告表

20××年 11 月 30 日

单位名称：深圳佳视达实业有限公司　　　　单位：元

币别	实存金额	账存金额	对比结果		备注
			盘盈	盘亏	
人民币	9 140	9 140			

盘点人：王明　　　　出纳员：李莉

在清查库存现金时，除了要查明账实是否相符外，还要查明现金管理制度的执行情况，如是否有挪用现金，有无白条抵库，现金库存是否超过银行核定限额，有无坐支现金等现象。

②银行存款的清查。银行存款的清查是采用核对的方法，将银行对账单与单位银行存款日记账相互核对，以查明银行存款是否正确。银行存款应至少每月与银行核对一次。

一般来讲，造成银行对账单与单位银行存款日记账不符的原因，主要有三个：一是单位记录银行存款日记账有误，二是银行存在记账错误，三是存在未达账项。

未达账项，是指由于结算手续和凭证传递处理时间的影响，造成单位与银行一方已入账，另一方尚未入账的账项。单位与银行的未达账项，一般有以下四种情况：

第一，单位送存银行款项，单位已记录银行存款增加，银行尚未入账。

第二，单位支付银行存款，单位已记录银行存款减少，银行尚未入账。

第三，银行代单位收取款项，已记录单位银行存款增加，单位尚未入账。

第四，银行代单位付出款项，已记录单位银行存款减少，单位尚未入账。

为了便于核对银行存款，各单位应在月底前从银行取回银行存款对账单及各种传票，并根据传票编制记账凭证，登记入账，结出余额；然后根据日期、银行结算凭证的种类和编号、借贷方向及金额，逐笔核对银行存款日记账和银行对账单，凡双方都有记录的账项，分别在银行存款日记账和银行对账单金额栏旁做出"√"标志，表示发生额已核对相符。

核对完毕后，对银行存款日记账和对账单中未核对上的账项，要分析判断其是未达账项，还是一方或双方的记账错、漏。对于确认的本单位记账错、漏，应及时在账簿中进行更正；对银行的记账错、漏，应在银行对账单中予以注明，提请银行更正其账簿记录；而由于未达账项造成的对账不符，则不需调整账簿记录，待相关原始凭证传到时，再据以作出相应账务处理。

为了进一步检查银行存款日记账和银行对账单中是否存在余额计算和抄写的错误，反映银行账户资金的准确数据，应根据查明的未达账项编制“银行存款余额调节表”。下面举例说明银行存款余额调节表的编制方法。

【例 7-1】佳视达实业有限公司 20××年 11 月 30 日银行存款日记账及银行对账单分别如表 7-4、表 7-5 所示。

表 7-4　银行存款日记账

CASH　JOURNAL

开户银行　模拟银行

账　　号　20030221087　　　　第 1 页

20××年 月	日	凭证字号	银行凭证	摘　要	对应科目	借　方	贷　方	借或贷	余　额	√
11	1			期初余额				借	152 500.00	
	1	记 03	电汇 0284	收前欠账款	应收账款	35 100.00		借	187 600.00	
	5	记 09	银汇 2392	票据到期收款	应收票据	117 000.00		借	304 600.00	
	7	记 15	电汇 0121	购机器设备	固定资产		80 000.00	借	224 600.00	
	12	记 18	现缴 051	缴存现销收入	主营业务收入	5 000.00		借	229 600.00	
	18	记 22	支 3199	向南丰电子采购	材料采购		70 200.00	借	159 400.00	
	27	记 32	支 3200	付办公用房租金	管理费用		10 000.00	借	149 400.00	
	30	记 55		现销	主营业务收入	46 800.00		借	196 200.00	
	30			本月合计		203 900.00	160 200.00			

（借方、贷方、余额栏按亿、千、百、十、万、千、百、十、元、角、分分位填列）

表 7-5　银行对账单　　　　第 1 页

网点号：0202　　　　20××年 11 月 30 日　　　　币种：人民币　　　　单位：元

账号 20030021087　　　　户名：深圳市佳视达实业有限公司　　　　期初余额 172 600.00

日期	交易代码	凭证种类	凭证号	摘要	借方发生额	贷方发生额	余额	网点号
11-01	11	支	3198	货款		20 000.00	187 600.00	0202
11-02	08	银行承兑	2392	票据到期		117 000.00	304 600.00	0202
11-07	04	电汇	0121	货款	80 000.00		224 600.00	0202
11-12	01	现缴		存入		5 000.00	229 600.00	0202
11-28	11	支	3199	货款	70 200.00		159 400.00	0202
11-30	05	支	0184	货款		234 000.00	393 400.00	0202

可用余额 393 400.00

核对时，应注意银行对账单中是以银行为会计主体来记账，借方发生额表示单位银行存款的减少，贷方发生额表示单位银行存款的增加。另外，上月未达账项会在本月初到账，对账时还应将上月银行存款余额调节表与本月银行对账单、银行日记账核对，确认本月到账的上月未达账项。如企业的银行日记账上 11 月 1 日收到北京天达公司汇入前欠账款 35 100 元，以及银行对账单上 11 月 1 日收到货款 20 000 元，均为上月未达账项，核对确认后，以上两笔记录的余额栏分别做出核对相符的“√”标志。

经核对，发现银行日记账上有两笔未达账项：

11 月 27 日，开出支票支付租用办公用房租金 10 000 元，银行尚未记账。

11 月 30 日，销售产品收支票一张存入银行 46 800 元，银行尚未记账。

银行对账单上有两笔未达账项：

11 月 30 日，客户转入 234 000 元账款，单位尚未记账。

根据以上资料，编制银行存款余额调节表如表 7-6 所示。

表 7-6 银行存款余额调节表

20××年 11 月 30 日

编制单位：深圳市佳视达实业有限公司　　　　单位：元

项目	金额	项目	金额
企业银行存款日记账余额	196 200	银行对账单余额	393 400
加：银行已收，企业未收账项	234 000	加：企业已收，银行未收账项	46 800
减：银行已付，企业未付账项		减：企业已付，银行未付账项	10 000
调整后余额	430 200	调整后余额	430 200

（2）实物资产的清查：

情境案例1

如果你已经在深圳佳视达实业有限公司做了一个月会计工作了，经过前面的实训，是不是对会计工作有点感觉了？

采购部经理问你：“王会计啊，这个月公司的甲材料发出了多少？仓库现在还有多少库存啊？”

他想知道两个指标：甲材料本期发出数量和甲材料期末库存数量。作为信息加工者的你会怎样解决这个问题呢？

你会拿出进销存明细账，找到甲材料明细账户页，上面清晰地记着甲材料每笔领用发出的数量和结存数量，将这些数据提供给采购部经理呗！

放假回家，你也许会问你妈妈一个类似的问题："妈，我们家一个月要吃多少米？现在家里还有多少米？"她会拿出个账本查看后告诉你答案吗？当然不会，那她会怎样解决这个问题呢？

她可能会在月初称量一下现有的米有多少，再记住这个月买了多少米，在月末时再实际称量一下家里剩余的米，然后根据"月初＋买入－月末"计算出这个月家里吃了多少米。

吃多少？

本期发出　＝　期初结存　＋　本期购入　－　期末结存

以上两种确定本月某种存货发出和结存数量的方法，就是我们所说的永续盘存制和实地盘存制。

①财产物资的盘存制度。财产物资的盘存制度，即确定实物资产账面结存数和本期发出数的方法，有"永续盘存制"和"实地盘存制"两种：

第一，永续盘存制，又称账面盘存制，是指对财产物资的收入数和发出数，都应根据相关会计凭证，在账簿中逐笔进行登记，并随时在账上结出结存数的一种方法。计算公式为：

本期减少数量＝发出财产物资数量×单价

期末结存金额＝期初结存金额＋本期增加金额－本期减少金额

【例 7-2】佳视达实业有限公司甲材料单位成本为 100 元，20××年 11 月 1 日实际库存为 1 000 公斤，本月甲材料的购入及发出情况如下：

11 月 5 日，购入 5 000 公斤。

11 月 7 日，生产领用 2 000 公斤。

11 月 10 日，生产领用 650 公斤。

11 月 22 日，购入 6 000 公斤。

11 月 28 日，生产领用 800 公斤。

采用永续盘存制，需设置甲材料的数量金额式明细分类账，在分类账中对甲材料的收入和发出应根据相关凭证逐笔进行登记，并结计出余额。按此方法登记的甲材料明细分类账如表 7-7 所示。

表 7-7 原材料进销存　　　　总第　页

SUBSIDIARY LEDGER OF INVENTORG　　　　分第　页

部类______　产地______　单位　公斤　规格______　品名甲材料

20××年		凭证字号	摘要	收入												发出												结存												√
				数量	单价	金额										数量	单价	金额										数量	单价	金额										
月	日					千	百	十	万	千	百	十	元	角	分			千	百	十	万	千	百	十	元	角	分			千	百	十	万	千	百	十	元	角	分	
11	1		期初结存																									1 000	100			1	0	0	0	0	0	0	0	
	5	入 10342	购入	5 000	100			5	0	0	0	0	0	0	0													6 000	100			6	0	0	0	0	0	0	0	
	7	领 200298	生产领用													2 000	100			2	0	0	0	0	0	0	0	4 000	100			4	0	0	0	0	0	0	0	
	10	领 200299	生产领用													650	100				6	5	0	0	0	0	0	3 350	100			3	3	5	0	0	0	0	0	
	22	入 10343	购入	6 000	100			6	0	0	0	0	0	0	0													9 350	100			9	3	5	0	0	0	0	0	
	28	领 200300	生产领用													800	100				8	0	0	0	0	0	0	8 550	100			8	5	5	0	0	0	0	0	

从账上可以看出，本期生产领用甲材料 3 450 公斤，计 345 000 元，期末账面结存 8 550 公斤，计 855 000 元。

在永续盘存制下，为了保证账实相符，需定期对财产物资进行清查，清查的目的是检查账实是否相符。如佳视达实业月末对甲材料进行盘点，其实际库存为 8 500 公斤。通过盘点，发现账实差异 50 公斤，一方面应根据实存数调整账存数，以保证账实相符；另一方面要进一步查明账实不符的原因，并采取相应措施，以保证财产物资的安全完整。

采用永续盘存制，财产物资的明细核算工作量较大，但财产物资的明细账可随时动态反映其增减变化情况，便于对财产物资进行监控和管理，加快资金周转。另外，财产物资的账存数可以对其实存数起监督和控制作用，通过实地盘点可以发现账实差异，更有利于财产物资的安全完整。因此，各单位的财产物资一般应采用永续盘存制。

第二，实地盘存制，又称“以存计耗制”，是指平时根据会计凭证在账簿中只登记财产物资的增加数，不登记减少数，月末，根据实地盘点来确定财产物资的实际结存数量，作为期末账面结存数记入账簿，倒轧出本期减少数的一种方法。计算公式为：

期末结存金额＝期末财产物资盘点数×单价

本期减少数＝期初结存数＋本期增加数－本期结存数

【例 7-3】佳视达实业有限公司甲材料单位成本为 100 元，20××年 11 月 1 日实际库存为 1 000 公斤，若采用实地盘存制，则平时只根据会计凭证记录甲材料的购入如下：

11 月 5 日，购入 5 000 公斤。

11 月 22 日，购入 6 000 公斤。

月末，通过对甲材料的实地盘点，确定其实际结存数为 8 500 公斤，计 850 000元，将其作为账存数记入甲材料明细分类账，并据以倒轧出本期生产领用甲材料金额为：

本期发出甲材料成本＝100 000＋1 100 000－850 000＝350 000 元

按此方法登记的甲材料明细分类账如表 7-8 所示。

表 7-8　原材料进销存

SUBSIDIARY LEDGER OF INVENTORG

总第　页

分第 1 页

部类＿＿＿＿　产地＿＿＿＿　单位　公斤　规格＿＿＿＿　品名甲材料

<table>
<tr><td colspan="2">20××年</td><td rowspan="3">凭证字号</td><td rowspan="3">摘要</td><td colspan="12">收　入</td><td colspan="12">发　出</td><td colspan="12">结　存</td><td rowspan="3">√</td></tr>
<tr><td rowspan="2">月</td><td rowspan="2">日</td><td rowspan="2">数量</td><td rowspan="2">单价</td><td colspan="10">金额</td><td rowspan="2">数量</td><td rowspan="2">单价</td><td colspan="10">金额</td><td rowspan="2">数量</td><td rowspan="2">单价</td><td colspan="10">金额</td></tr>
<tr><td>千</td><td>百</td><td>十</td><td>万</td><td>千</td><td>百</td><td>十</td><td>元</td><td>角</td><td>分</td><td>千</td><td>百</td><td>十</td><td>万</td><td>千</td><td>百</td><td>十</td><td>元</td><td>角</td><td>分</td><td>千</td><td>百</td><td>十</td><td>万</td><td>千</td><td>百</td><td>十</td><td>元</td><td>角</td><td>分</td></tr>
<tr><td>11</td><td>1</td><td></td><td>期初结存</td><td></td><td></td><td></td><td></td><td></td><td></td><td></td><td></td><td></td><td></td><td></td><td></td><td></td><td></td><td></td><td></td><td></td><td></td><td></td><td></td><td></td><td></td><td></td><td></td><td>1 000</td><td>100</td><td></td><td></td><td>1</td><td>0</td><td>0</td><td>0</td><td>0</td><td>0</td><td>0</td><td>0</td><td></td></tr>
<tr><td></td><td>5</td><td>入 10342</td><td>购入</td><td>5 000</td><td>100</td><td></td><td></td><td>5</td><td>0</td><td>0</td><td>0</td><td>0</td><td>0</td><td>0</td><td>0</td><td></td><td></td><td></td><td></td><td></td><td></td><td></td><td></td><td></td><td></td><td></td><td></td><td></td><td></td><td></td><td></td><td></td><td></td><td></td><td></td><td></td><td></td><td></td><td></td><td></td></tr>
<tr><td></td><td>22</td><td>入 10343</td><td>购入</td><td>6 000</td><td>100</td><td></td><td></td><td>6</td><td>0</td><td>0</td><td>0</td><td>0</td><td>0</td><td>0</td><td>0</td><td></td><td></td><td></td><td></td><td></td><td></td><td></td><td></td><td></td><td></td><td></td><td></td><td></td><td></td><td></td><td></td><td></td><td></td><td></td><td></td><td></td><td></td><td></td><td></td><td></td></tr>
<tr><td></td><td>30</td><td></td><td>生产领用</td><td></td><td></td><td></td><td></td><td></td><td></td><td></td><td></td><td></td><td></td><td></td><td></td><td>3 500</td><td>100</td><td></td><td></td><td>3</td><td>5</td><td>0</td><td>0</td><td>0</td><td>0</td><td>0</td><td>0</td><td>8 500</td><td>100</td><td></td><td></td><td>8</td><td>5</td><td>0</td><td>0</td><td>0</td><td>0</td><td>0</td><td>0</td><td></td></tr>
</table>

可以看出，采用实地盘存制，财产物资的明细账平时只登记购进成本，对减少及结存不做记录，明细核算工作较简单。但财产物资的明细账不能随时反映财产物资的增减变化情况，不利于及时提供核算资料。另外，由于根据实际结存来倒轧本期发出成本，凡未包含在期末实际结存中的减少都被视为销售或耗用，从而掩盖了贪污、盗窃、浪费等非正常损耗，削弱了账簿记录对实物的控制作用，不利于财产物资的安全有效管理。因此，实地盘存制一般只适用于价值低、易于损耗、进出频繁和计量确有困难的财产物资，特别是对易腐烂变质的鲜活商品等可以采用。

②财产物资的清查方法。实物财产物资应采用实地盘点的方法进行清查，清查的内容包括数量和质量两个方面。清查时应根据财产物资的存在形式、体积重量、堆放特点等采用不同的盘点方法。对于大多数财产物资，应逐一清点或用度量衡具来度量其实有数；对于堆垛笨重、确实难以逐一清点或过秤的，可采用量方、计尺等技术推算方法进行推算；对于那些包装好的材料或产成品，可按大件清点，但应适量抽查，打开包装细点，以确保清查质量。

在清查实物财产时，为了明确经济责任，实物保管人员必须参加盘点工作。盘点的结果，应填写在“盘存表”（格式见表 7-9）中，并由盘点人和实物保管人共同签名。盘点表是记录盘点结果的书面证明，也是财产物资实有数量的原始凭证。

表 7-9 盘点表

第 页,总 页

单位:深圳市佳视达实业有限公司　　　　金额单位:元

编号	品名及规格	单位	数量	单价	金额	√
1230101	甲材料	公斤	8 500	100	850 000	
1230102	乙材料	公斤	2 400	50	120 000	√
137901	A 产品	件	4 500	200	900 000	√

盘点人:李东　　　　实物保管人:陈明

盘点结束后,应将“盘点表”和相关账簿记录相核对,编制“账存实存对比表”(格式见表 7-10)。为了简化工作,该表只登记账实存在差异的财产物资,对于账实相符的实物资产,在盘存表中该项资产后做出“√”标志即可。“账存实存对比表”是一张重要的原始凭证,它所确定的账实差异既是调整账簿记录的依据,又是分析差异原因、明确经济责任的依据。

表 7-10 账存实存对比表

20××年 11 月 30 日

单位:深圳市佳视达实业有限公司　　　　金额单位:元

编号	品名及规格	计量单位	单价	账存数		实际盘点数		差异				备注
								盘盈		盘亏		
				数量	金额	数量	金额	数量	金额	数量	金额	
1230101	甲材料	公斤	100	8 550	855 000	8 500	850 000			50	5 000	

主管:　　　　会计:　　　　制表:王勇

(3)往来款项的清查。往来款项主要包括应收账款、应付账款、其他应收款、其他应付款以及预收、预付账款等。

往来款项一般采用函证的方式,与往来客户相互核对确认往来款项情况。在核对前应将本单位账目核对清楚,确认无误后,将每一往来客户的明细账抄录成一式两份对账单,寄送往来客户,供其核对。客户核对无误后,应将其中一份盖章后寄回，若核对时发现差异，应将差异情况在寄回对账单中注明，以供进一步检查核对。在收到对方回单后，应填制“往来账项清查表”（格式见表7-11）。

表 7-11　往来账项清查表

总分类账户名称：应收账款　　20××年11月30日　　单位：元

明细分类账户		清查结果		核对不符原因分析			备注
名称	金额	核对相符金额	核对不符金额	未达账项金额	有争议账项金额	其他	
深职网络	585 000	585 000					
三勇建材	234 000	117 000	117 000	117 00			

主管：　　会计：　　制表：张华

通过往来款项的清查，要及时催收应收款项，避免和减少坏账损失。对双方有争议款项及确属无法收回、无须偿还的款项，应按有关规定及时进行账务处理。

5.财产清查结果的处理

财产清查的结果有三种情况：一是账存数与实存数相符；二是账存数大于实存数，即盘亏；三是账存数小于实存数，即盘盈。对于财产清查中出现的盘盈、盘亏，必须根据国家有关政策、法规和财经制度，按规定的程序报批后进行处理。

（1）查明差异，分析原因。对于财产清查中发现的账实不符，无论溢缺，均应进行认真深入的调查，分析原因，明确经济责任，提出处理意见，按规定的程序报请有关部门审批处理。

（2）加强管理，完善制度。对于清查中发现的各种资产管理中存在的问题，必须根据具体情况及时处理，例如对超储积压、呆滞物资，要尽早处理，除尽量在生产中利用外，还要组织对外推销；对储备不足物资，应提请有关部门采购；对逾期应收、应付账款，应组织催收，安排还款，对有争议的往来款项要检查凭证，查明原因。同时，要根据管理中存在的问题，提出改善措施，进一步完善以岗位责任制为核心的财产管理制度，保护财产的安全完整。

（3）调整账簿记录，保证账实相符。为了保证账实相符，对财产清查中发现的账实差异，以及对差异进行的处理，都应及时调整账簿记录，具体账务处理分两步：

第一步，对已查明盘盈、盘亏的财产物资，根据有关的原始凭证编制记账凭证，登记入账，将财产物资的账存数调整为实存数，使账实相符。

第二步，待各种财产物资的盘盈、盘亏按规定程序报批处理后，根据盘盈、盘亏的性质、原因，以及处理意见，编制记账凭证，将财产物资的盘盈、盘亏结转入有关账户。

为了反映和监督各种财产物资的盘盈、盘亏以及处理转销情况，需设置“待处理财产损溢”账户。该账户借方用以登记财产物资的盘亏数，以及盘盈财产物资的转销数；贷方用以登记财产物资的盘盈数，以及盘亏财产物资的转销数。企业的财产损溢，应查明原因，在期末结账前处理完毕，处理后该账户应无余额。该科目应按盘盈、盘亏的资产种类和项目设置明细账进行明细核算。

①存货盘盈、盘亏的处理。发生存货盘盈时，按盘盈存货价值借记“原材料”“库存商品”等科目，贷记“待处理财产损溢”科目；按规定报批处理后，借记“待处理财产损溢”科目，贷记“管理费用”等科目。

发生存货盘亏时，应按盘亏存货价值借记“待处理财产损溢”科目，贷记“原材料”“库存商品”等科目；按规定程序报批处理后，根据不同的处理结果，对于可收回的部分残料，借记“原材料”科目，由过失人或保险公司赔偿的部分借记“其他应收款”科目，属于一般经营损失的部分，借记“管理费用”科目，属于非常损失的部分，借记“营业外支出”科目，同时贷记“待处理财产损溢”科目。

应注意的是，企业的存货发生定额损耗外的盘亏和毁损，其已记入应交增值税账户借方的进项税额不得抵扣，必须从应交增值税账户的贷方转出，与存货的成本一并转入“待处理财产损溢”账户。

【例 7-4】佳视达实业有限公司某月在财产清查中盘盈甲材料 10 公斤，计 1 000 元，经查证，该差异是由于计量仪器不准造成的。

在发现差异时，根据“账存实存对比表”编制记账凭证如下：

借：原材料——甲材料	1 000	
贷：待处理财产损溢		1 000

报批处理后，根据处理意见记入当期损益，编制如下记账凭证：

借：待处理财产损溢	1 000	
贷：管理费用		1 000

【例 7-5】佳视达实业有限公司某月在财产清查中盘亏乙材料 15 公斤，计 450 元，经查证，该差异是由于乙材料易挥发性造成的，属一般经营损失。

在发现差异时，应编制如下记账凭证：

借：待处理财产损溢	450	
贷：原材料——乙材料		450

在报批处理后，根据处理意见记入当期损益，编制记账凭证如下：

借：管理费用	450	
贷：待处理财产损溢		450

【例 7-6】佳视达实业有限公司某月财产清查中发现甲材料由于管理不善，发生火灾损失 5 000 元，其中 4 000 元可获保险公司赔偿，经报批处理，责令保管员陈明赔偿 500 元，其余记入非常损失。

在发现差异时，应编制如下记账凭证：

借：待处理财产损溢	5 650	
贷：原材料——甲材料		5 000
应交税费——应交增值税（进项税额转出）		650

报批处理后，根据处理意见编制如下记账凭证：

借：其他应收款——保险公司	4 000	
——陈明	500	
营业外支出——非常损失	1 150	
贷：待处理财产损溢		5 650

②固定资产盘盈、盘亏处理。企业在财产清查中盘盈的固定资产，作为前期差错处理，按固定资产的入账价值，借记“固定资产”科目，贷记“以前年度损益调整”科目。

企业在财产清查中盘亏的固定资产，按盘亏固定资产的账面价值，借记“待处理财产损溢”科目，按已计提的累计折旧，借记“累计折旧”科目，按固定资产的账面原值，贷记“固定资产”科目。报批处理后，按可收回的保险赔偿或过失人赔偿，借记“其他应收款”科目，按应记入营业外支出的金额，借记“营业外支出”科目，贷记“待处理财产损溢”科目。

【例 7-7】佳视达实业有限公司某月财产清查中盘盈设备一台，其同类产品的市场价格为 5 000 元，该设备为七成新，估计折旧为 1 500 元。应编制如下记账凭证：

借：固定资产	3 500	
贷：以前年度损益调整		3 500

【例 7-8】佳视达实业有限公司某月财产清查中盘亏电脑一台，原价 6 000 元，已提折旧 2 000 元，责令保管人王莉赔偿 500 元。

发现差异时，应编制如下记账凭证：

借：待处理财产损溢 4 000
　　累计折旧 2 000
　贷：固定资产 6 000

报批处理后，根据处理意见编制如下记账凭证：

借：其他应收款——王莉 500
　　营业外支出——盘亏损失 3 500
　贷：待处理财产损溢 4 000

③往来款项的处理。在财产清查中发现的确实无法收回的应收款项，以及确定不需偿付的应付款项，也应按规定做出相应账务处理。

对确实无法收回的应收款项，按管理权限报经批准后作为坏账转销，借记“坏账准备”科目，贷记“应收账款”等科目。

对于确实无法支付的应付款项，应按其账面价值计入营业外收入，借记“应付账款”等科目，贷记“营业外收入”科目。

【例 7-9】佳视达实业有限公司某月财产清查中发现某客户所欠的 4 000 元账款已无法收回。按管理权限报经批准确认坏账损失时，应编制如下记账凭证：

借：坏账准备 4 000
　贷：应收账款 4 000

【例 7-10】佳视达实业有限公司某月财产清查中发现应付账款中某客户已破产，欠其 3 000 元账款已无须偿还。

该项应付账款应予转销，编制记账凭证如下：

借：应付账款 3 000
　贷：营业外收入——其他 3 000

任务 7.3　结账

同步实训

【实训说明】本次实训为“实训(二)”的一部分。

【实训目的】练习各类账户的结账方法。

【实训任务】对前期完成的深圳市佳视达实业有限公司的各类账簿进行期末结账。

为了正确反映一定时期内在账簿中记录的经济业务,总结有关经济业务活动和财务状况,各单位必须在每一个会计期末结账。

结账是在将本期内所发生的经济业务全部登记入账并在对账无误的基础上,按照规定的方法对该期内的账簿记录进行小结,结算出本期发生额合计数和余额,并将其余额结转下期或者转入新账。

习惯上将每年1—11月的结账工作称为月结,将每年12月的结账工作称为年结。

结账时,应根据不同的会计期间和不同账户记录,分别采用不同的方法。各类账户一般可按以下类别顺序归类进行结账。

一、损益类账户

损益类账户一般无余额,期末结账主要对其发生额进行结计。损益类无论是总分类账户,还是明细分类账户,也无论其采用何种账页格式,期末结账时均需结计本期发生额和本年累计发生额。

结账时,首先在本月最后一笔业务记录行下画一条通栏单红线,若采用的是三栏式账页,则结计出借贷方发生额,若采用的是多栏式账页,则结计出各栏目实际发生额,记入下一行相应金额栏内,在摘要栏内注明"本月合计"字样,并在下面画一条通栏单红线。

接着,结计出自年初起至本月末止的累计发生额,记入下一行相应金额栏内,在摘要栏内注明"本年累计"字样,若是月结,在下面画通栏单红线;若为年结,则在下面画通栏双红线。

应注意的是,结账时在账簿中画红线的目的,是为了突出有关数字,表示本期的会计记录已截止或结束,并将本期与下期的记录明显分开,因此必须画通栏红线,不能只在金额栏下画线。结账时在不同账簿中可能会有一至多次画线,月结时应全部画通栏单红线,表示本月记录结束,以下账页用以登记下一月份的相关经济业务。年结时除最后一次画线外,均画通栏单红线,最后一次画线为通栏双红线,表示本年度会计记录结束,一般应更换新账簿并将本账簿中的期末余额结转入新账簿。

另外,若账簿中本期记录较为简单,在账簿记录中有明显的本期发生额或本年累计发生额,则可将结计的"本月合计"或"本年累计"省略,直接画线即可。如某企业采用全月一次汇总的科目汇总表账务处理程序,1月份在总账

"主营业务收入"账户中只有一条记录,其数据既是1月份的"本月合计",也是1月份的"本年累计",月结时则不必在账簿中再抄写相关内容,直接在该条记录下画通栏单红线即可。2月份在总账"主营业务收入"账户又只有一条记录,其数据是2月份的"本月合计",但2月份的"本年累计"则需经过计算才能得出,月结时,不需抄写"本月合计",只需结计"本年累计"记入账户。若某账户本期无发生额,不需进行月结,年结时只需在下面画通栏双红线。

二、现金、银行存款日记账

为了加强对货币资金的管理,现金、银行存款日记账需按日结计本日发生额,按月结计本月发生额,但不需结计本年累计发生额。

每日终了,先在本日最后一笔业务记录下画通栏单红线,结计出本日借贷方发生额,填在下一行的借贷方金额栏,在摘要栏内注明"本日合计"字样,并在下面画通栏单红线;

每月终了在日结的基础上,结计出本月借贷方发生额,填在下一行的借贷方金额栏,在摘要栏内注明"本月合计"字样,并在下面画通栏单红线。

年末结账时,在"本月合计"行下面画通栏双红线。

三、多栏明细账

多栏明细账中损益类账户按损益类账户结账方法进行。其他账户只需结计本期发生额,不需结计本年累计发生额。

多栏账的结账应按以下两种情况分别进行:

1.期末无余额或账页中设有余额栏的多栏明细分类账,如"制造费用"明细账。首先在本月最后一笔业务记录下画一条通栏单红线,然后结计出本期各栏目的实际发生额,记入下一行相应栏目内,在摘要栏内注明"本月合计"字样,并在下面画通栏单红线。年末结账时,在"本月合计"行下要画通栏双红线。

2.期末有余额且账页中未设有余额栏的多栏明细分类账,如"生产成本"明细账。首先在本月最后一笔业务记录下画一条通栏单红线,然后结计出本期各栏目的实际发生额,记入下一行相应栏目内,在摘要栏内注明"本月合计"字样,并在下面画通栏单红线。

接着结计出期末余额,记入下一行各栏目内,在摘要栏内注明"期末余额"字样,其下账页用以继续登记下一月份的相关记录。若是年结,应在"期末余额"行下面画通栏双红线。按此方法结记的A产品生产成本明细分类账如表7-12所示。

表 7-12　生产成本账

SUBSIDIARY LEDGER OF PRODUCTIVE COST

总第　页
分第 1 页

总账科目 生产成本

产品名称 AB 产品

规格型号

计量单位 个

20××年		凭证字号	摘要	合计											成本项目																										
月	日														直接材料									直接人工									制造费用								
				亿	千	百	十	万	千	百	十	元	角	分	百	十	万	千	百	十	元	角	分	百	十	万	千	百	十	元	角	分	百	十	万	千	百	十	元	角	分
12	31	记 28	分配工资费用					5	0	0	0	0	0	0												5	0	0	0	0	0	0									
	31	记 29	计提社会保险费						8	0	0	0	0	0													8	0	0	0	0	0									
	31	记 33	领用材料				4	1	0	0	0	0	0	0		4	1	0	0	0	0	0	0																		
	31	记 34	分配制造费用					4	6	5	0	0	0	0																					4	6	5	0	0	0	0
			本月合计				5	2	4	5	0	0	0	0		4	1	0	0	0	0	0	0			6	8	0	0	0	0	0			4	6	5	0	0	0	0
			期末余额				5	2	4	5	0	0	0	0		4	1	0	0	0	0	0	0			6	8	0	0	0	0	0			4	6	5	0	0	0	0
			结转下年																																						

注：月结时“期末余额”行下不用画线。

四、总分类账户

总分类账户中的损益类账户，按损益类账户的结账方法进行结账。其他总分类账户月结时既不需要结计“本月合计”，也不需要结计“本年累计”，但在年结时为了总括地反映全年各项资金运动情况的全貌，核对账目，需结计全年发生额。因此，月结时，只需在账户的最后一条记录下画通栏单红线即可；年结时，先在该年最后一条记录下画通栏单红线，然后结计出借贷方本年发生额合计数，记入下行借贷方金额栏，并在摘要栏内注明“本年合计”字样，并在下面画通栏双红线。

五、其他账户

以上账户外的其他账户，如各项应收应付款明细账和各项财产物资明细账等，结账时既不需结计“本月合计”，也不需结计“本年累计”。因此，结账时只需画线即可。月结时画通栏单红线，年结时画通栏双红线。

六、年末余额的结转

一般来讲，总账、日记账和大多数明细分类账应每年更换一次。但有些财产物资明细账和债权债务明细账，由于材料品种、规格和往来单位较多，更换新账工作量较大，可以跨年度使用，不必每年都更换一次。各种备查簿也可以连续使用。

当更换新账时，对旧账中有年末余额的账户，应将其余额结转下年。结转的方法是：在旧账年结双红线下行摘要栏内注明“结转下年”字样，将账户余额直接记入新账第一行余额栏，并在摘要栏内注明“上年结转”字样。结转余额时不需编制记账凭证，也不需将余额再记入本年账户的借方或贷方，使本年有余额的账户的余额结平。

任务 7.4　会计档案整理与保管

同步实训

【实训说明】本次实训为“实训(二)”的一部分。

【实训目的】练习会计档案的整理和会计凭证的装订方法。

【实训任务】对以上完成的深圳佳视达实业有限公司各项会计资料按会计档案的归档要求进行整理，装订会计凭证。

在每一会计期末，财务部门应对本期所形成的会计档案，按照归档要求进行整理立卷，装订成册，并按照会计档案保管要求进行妥善保管。

一、会计档案及其内容

会计档案是指单位在进行会计核算等过程中接收或形成的，记录和反映单位经济业务事项的，具有保存价值的文字、图表等各种形式的会计资料，包括通过计算机等电子设备形成、传输和存储的电子会计档案。会计档案是国家经济档案的重要组成部分，是记录和反映单位经济业务的重要史料和证据。具体包括：

1.会计凭证：包括原始凭证、记账凭证。

2.会计账簿：包括总账、明细账、日记账、固定资产卡片及其他辅助性账簿。

3.财务会计报告：包括月度、季度、半年度、年度财务会计报告。

4.其他会计资料：包括银行存款余额调节表、银行对账单、纳税申报表、会计档案移交清册、会计档案保管清册、会计档案销毁清册、会计档案鉴定意见书及其他具有保存价值的会计资料。

单位可以利用计算机、网络通信等信息技术手段管理会计档案，对单位内部形成的，以及从外部接收附有合法电子签名的电子会计资料，在符合国家相关条件时，可仅以电子形式保存，形成电子会计档案。

二、会计档案的整理

1.会计凭证的整理与装订

会计凭证一般应按月整理，并装订成册。

(1)会计凭证的整理。月末，首先将所有需要归档的会计凭证收集齐全，并根据记账凭证的种类进行分类，如采用专用凭证，可按收、付、转分为三类，每一类按顺序号整理排列。同时，注意整理记账凭证后附的原始凭证，清除订书针、大头针、曲别针等金属物，凡超过记账凭证宽度和长度的原始凭证，都要整齐地折叠进去。特别要注意装订眼处的折叠方法，以防装订后影响原始凭证的翻查。随后将每类记账凭证按1.5～2厘米厚度分成若干册，每册的厚度应尽可能保持一致。若单位采用汇总记账凭证账务处理程序和科目汇总表账务处理程序，在凭证分册时还应兼顾记账凭证的汇总范围，并将汇总记账凭证或科目汇总表附于各汇总段记账凭证之前。

(2)会计凭证的装订。凭证装订可采用左侧打孔装订或左上角打孔装订，如图7-1所示，装订好的凭证要整齐、美观、牢固。

图7-1　凭证装订

①将分好册的会计凭证用铁夹夹好。

②用凭证装订机打孔。左侧装订时，在整理好的凭证距左边沿1.5厘米

处均匀打2个或3个孔。

左上角装订时，在整理好的凭证前加包角纸和凭证封面，然后在左上角画一斜边长为5厘米的等腰三角形，在斜边上均匀地打两个孔。

③穿绳固定。用千枚锥从凭证正面穿过打孔，将装订绳卡在锥头卡槽内，将装订线从打孔中拉出一线圈，将装订线开放端从凭证背面绕到凭证正面，穿入拉出的线圈中，再牵引至凭证背面拉紧。再按相同方法，将装订线开放端从另一打孔拉出，穿线固定。剪断装订线，在凭证背面将装订线两端打结固定。

④左侧装订的，用胶水粘好封面；左上角装订的，折叠粘好包角。

⑤填写凭证封面，写明单位名称、年度、月份、凭证种类（收付转）、起始日期、起始号数、本月共几册、本册为第几册等内容，交由相关人员签章。在凭证侧面标注相关信息，以便于归档后查找。

对于数量过多的原始凭证，如收料单和领料单等，可以单独成册装订保管，在封面上注明记账凭证日期、编号、种类，同时在记账凭证上注明“附件另订”和原始凭证名称及编号。

2.会计账簿的整理

年度终了，各种账簿在结转下年、建立新账后，要统一整理归档。对活页式账簿，首先要将其中的空白账页取出，其中的明细分类账户按其所属总分类科目的编码顺序排列，对各明细账户按“第×页”顺序排列。然后对整本活页账簿中的账页不分账户只按其在账簿中的排列顺序编号，填入各账页上端“总页”处。编码完毕后，将账页总数填入账簿扉页“账簿启用表”，并填写账簿目录表。

3.会计报表的整理

会计报表一般在年度终了后，由专人统一收集、整理、装订并归档。整理时，将全年的会计报表，按时间顺序排列并装订成册，加具封面，并在封面中注明报表的名称、页数、归档日期等，经财务负责人审核、盖章后归档。

三、会计档案的保管

各单位当年形成的会计档案，在会计年度终了后，可暂由会计机构保管一年，期满之后，应移交本单位档案部门按规定的期限统一保管。若单位未设立档案机构，应当在会计机构内部指定专人保管，但出纳员不得兼管会计档案。

专职保管会计档案的要员离岗、离职应当移交会计档案，办理交接手续。

会计档案在保管期间，不得借出。若有特殊需要，经本单位负责人同意后，可以提供查阅或者复制，并办理登记手续。我国境内所有单位的会计档案不得携带出境。

会计档案的保管期限分永久、定期两类。定期保管分为3年、5年、10年、15年、25年5类，各类会计档案的具体保管期限如表7-13所示。会计档案的保管期限从会计年度终了后的第一天算起。

表7-13　企业和其他经济组织会计档案保管期限

序号	档案名称	保管期限	备注
一	会计凭证		
1	原始凭证	30年	
2	记账凭证	30年	
二	会计账簿		
3	总账	30年	
4	明细账	30年	
5	日记账	30年	
6	固定资产卡片		固定资产报废清理后保管5年
7	其他辅助性账簿	30年	
三	财务会计报告		
8	月度、季度、半年度财务会计报告	10年	
9	年度财务会计报告	永久	
四	其他会计资料		
10	银行存款余额调节表	10年	
11	银行对账单	10年	
12	纳税申报表	10年	
13	会计档案移交清册	30年	
14	会计档案保管清册	永久	
15	会计档案销毁清册	永久	
16	会计档案鉴定意见书	永久	

四、会计档案的销毁

单位应当定期对已到保管期限的会计档案进行鉴定，并形成会计档案鉴定意见书。

经鉴定，仍需继续保存的会计档案，应当重新划定保管期限；对保管期满，确无保存价值的会计档案，可以按以下程序销毁。

1.单位档案管理机构编制会计档案销毁清册，列明拟销毁会计档案的名称、卷号、册数、起止年度、档案编号、应保管期限、已保管期限和销毁时间等内容。

2.单位负责人、档案管理机构负责人、会计管理机构负责人、档案管理机构经办人、会计管理机构经办人在会计档案销毁清册上签署意见。

3.单位档案管理机构负责组织会计档案销毁工作，并与会计管理机构共同派员监销。

监销人在会计档案销毁前，应当按照会计档案销毁清册所列内容进行清点核对；在会计档案销毁后，应当在会计档案销毁清册上签名或盖章。

电子会计档案的销毁，还应当符合国家有关电子档案的规定，并由单位档案管理机构、会计管理机构和信息系统管理机构共同派员监销。

应当注意的是，保管期满但未结清的债权债务会计凭证，以及涉及其他未了事项的会计凭证，不得销毁。若为纸质会计档案，应当单独抽出立卷；若为电子会计档案，应当单独转存，并在会计档案鉴定意见书、会计档案销毁清册和会计档案保管清册中列明，对其保管到未了事项完结时为止。

练习题

一、填空题

1.对账是对账簿记录进行的检查和核对工作，具体内容包括__________、__________和__________。

2.会计工作要做到四相符，即__________、__________、__________和__________。

3.企业存货的盘存制度包括__________和__________两种。

4.已知甲材料单位成本为10元，本月初实际库存和账面余额均为500公斤，本月发生如下收发业务：

5 日，生产领用 400 公斤；

7 日，购入 1 000 公斤；

15 日，生产领用 800 公斤；

20 日，购入 500 公斤；

25 日，生产领用 400 公斤。

期末盘点实际库存为 350 公斤。

若企业采用永续盘存制，则本月发出材料成本为＿＿＿＿＿元，期末账面库存为＿＿＿＿＿元，若企业采用实地盘存制，则本月发出材料成本为＿＿＿＿＿元，期末账面库存为＿＿＿＿＿元。

5.财产清查属于对账中的＿＿＿＿＿核对，对库存现金应采用＿＿＿＿＿的方法清查，对银行存款应采用＿＿＿＿＿的方法清查，对存货采用＿＿＿＿＿方法清查，对往来款项采用＿＿＿＿＿方法清查。

6.由于结算手续和凭证传递处理时间的影响，造成企业和银行一方已入账、另一方尚未入账的账项称＿＿＿＿＿。

7.财产清查按清查的对象和范围可分为＿＿＿＿＿和＿＿＿＿＿，按清查的时间，又可分为＿＿＿＿＿和＿＿＿＿＿。

8.某企业月末与银行对账，发现以下未达账项：

(1)开出支票支付前欠账款 23 400 元，银行尚未记账；

(2)销售产品 58 500 元，收到支票一张送存银行，银行尚未记账；

(3)银行代扣电话费 2 300 元，企业尚未收到账单；

(4)客户汇入保证金 10 000 元，企业尚未收到账单。

请填写银行存款余额调节表。

银行存款余额调节表

项　目	金额	项　目	金额
企业银行存款日记账余额 加：银行已收企业未收 减：银行已付企业未付	240 100	银行对账单余额 加：企业已收银行未收 减：企业已付银行未付	212 700
调整后余额		调整后余额	

二、单项选择题

1.对各项财产的增减变化，根据会计凭证连续记载并随时结出余额的制度是＿＿＿＿＿。

A.权责发生制　B.收付实现制　C.永续盘存制　D.实地盘存制

2.清查中发现原材料盘盈是由于工作中的收发差错造成的，则应将其从“待处理财产损溢”转入__________账户。

A.生产成本　　B.制造费用　　C.管理费用　　D.营业外收入

3.清查中发现原材料盘亏是由于自然灾害造成的，对其中由企业承担的损失应记入__________账户。

A.制造费用　　B.管理费用　　C.其他应收款　　D.营业外支出

4.清查中财产盘亏是由于财产保管人责任造成的，应记入__________。

A.制造费用　　B.管理费用　　C.其他应收款　　D.营业外支出

5.对原材料、产成品盘点后应编制__________，它是据以调整存货账簿记录的原始凭证。

A.账存实存对比表　　B.盘点表

C.余额调节表　　D.对账单

6.企业在撤销或合并时，对企业的财产物资应进行__________。

A.临时清查　　B.定期清查　　C.局部清查　　D.全面清查

7.在清查中发现账外固定资产，应借记“固定资产”科目，贷记__________科目。

A.管理费用　　B.待处理财产损溢

C.营业外收入　　D.以前年度损益调整

8.在清查中发现固定资产盘亏，在报经处理后，由企业负担的损失部分应从“待处理财产损溢”账户转入__________账户。

A.管理费用　　B.其他应收款　　C.营业外收入　　D.营业外支出

9.对于企业确实无法收回的应收账款，应依据相应权限报批后确认坏账损失，借记__________科目，贷记“应收账款”科目。

A.营业外支出　　B.管理费用　　C.坏账准备　　D.资本公积

10.对于确实不需支付的应付款项应记入__________。

A.管理费用　　B.营业外收入　　C.坏账准备　　D.资本公积

11.以下账户中月结时，只需划线即可的是__________。

A.银行存款日记账　　B.主营业务收入明细账

C.原材料明细账　　D.生产成本明细账

三、多项选择题

1.对账的主要工作包括__________。

A.账证核对　　B.账账核对　　C.账实核对　　D.账存核对

E.账表核对

2.账账核对包括的内容有__________。

A.核对总分类账簿的记录

B.总分类账簿与所属的明细分类账簿核对

C.总分类账与日记账核对

D.会计部门与实物使用保管部门账簿核对

E.银行日记账与银行对账单核对

3.会计工作中要做到__________。

A.账证相符　　B.账账相符　　C.账实相符　　D.账存相符

E.账表相符

4.企业银行存款日记账和银行对账单核对不符的原因有__________。

A.企业记账错误　　B.银行记账错误

C.存在未达账项　　D.未及时取得银行对账单

5.以下清查结果不通过“待处理财产损溢”账户核算的有__________。

A.材料盘盈　　B.材料盘亏

C.固定资产盘盈　　D.固定资产盘亏

E.无法收、付的往来款项

6.企业与银行间的未达账项包括__________。

A.企业已收，银行未记　　B.企业已付，银行未记

C.银行已收，企业未记　　D.银行已付，企业未记

E.企业已记，银行漏记

7.以下账户中月结时，只需划线即可的是__________。

A.银行存款日记账　　B.主营业务收入明细账

C.原材料明细账　　D.生产成本明细账

E.应收账款明细账

8.以下账户中月结时，需结计本月发生额的有__________。

A.银行存款日记账　　B.主营业务成本总分类账

C.应收账款总分类账　　D.管理费用明细分类账

E.生产成本明细账

9.以下账簿中必须每年更换的有__________。

A.银行存款日记账　　B.总分类账簿

C.备查账簿　　D.固定资产卡片

E.生产成本明细账

10.会计档案定期保管的期限为__________。

A.3 年　　B.5 年　　C.8 年　　D.10 年
E.30 年

四、判断题

1.若企业银行日记账与银行对账单核对不符，则说明企业或银行一方存在记账错误。（　）

2.更换财产物资和现金保管人员时要进行全面清查，应属于不定期清查。（　）

3.坏账损失是指企业无法支付的应付账款。（　）

4.对于坏账损失及其转销，不通过“待处理财产损溢”账户处理。（　）

5.对于银行已记、企业未记的未达账项，应根据银行对账单登记银行日记账，以保证账实相符。（　）

6.由于实地盘存制下凡未包含在期末实际结存中的减少数均被视为销售或耗用，从而掩盖了财产物资的非正常损耗，因此不利于财产物资的安全完整。（　）

7.企业的存货一般应采用永续盘存制，对于价值低、品种杂、进出频繁，特别是易腐烂变质的鲜活商品可以采用实地盘存制。（　）

8.更换账簿时，将旧账余额抄入新账时，应编制记账凭证。（　）

9.永续盘存制是对企业各项财产物资的增减变动，平时只登记增加数，不登记减少数。（　）

10.盘点时，发现账面数额大于实存数，即为盘盈。（　）

11.未达账项只存在企业与银行之间。（　）

12.在企业现金和银行存款收付业务不多时，可由出纳员兼管会计档案的保管。（　）

13.会计档案在保管期间，不得借出，我国境内所有单位的会计档案不得携带出境。（　）

14.永续盘存制和实地盘存制是两种计算存货结存数的方法，在实际工作中，一个企业可以同时使用两种方法。（　）

15.企业在财产清查时，发现企业银行存款的期末余额小于银行对账单的余额，这种现金即是盘亏。（　）

16.《会计档案管理办法》规定，企业的年度决算报表应永久保存。（　）

17.会计档案保管期满，档案保管人员即可自行将其销毁。（　）

18.相关人员在经单位领导批准后，可将会计档案借出企业查阅或影印。（　）

五、实训二资料

20××年12月31日，佳视达实业有限公司取得银行对账单如下：

深职模拟银行存款对账单　　第1页

网点号：0202　　20××年12月31日　　币种：人民币　　单位：元

账号20020031087　　户名：深圳市佳视达实业有限公司　　期初余额393 400.00

日期	交易代码	凭证种类	凭证号	摘要	借方发生额	贷方发生额	余额	网点号
12-1	05	支	7542	货款		46 800.00	440 200.00	0202
12-2	14	支	3200	房租	10 000.00		430 200.00	0202
12-4	14	支	3201	备用金	5 000.00		425 200.00	0202
12-5	09	委收	0120	增值税	18 960.00		406 420.00	0400
12-5	09	委收	0121	消费税	6 000.00		400 420.00	0400
12-6	05	支	2581	其他贷方		2 000.00	402 420.00	
12-6	05	支	2561	货款		135 600.00	538 020.00	0202
12-13	14	支	3203	货款	13 080.00		517 940.00	0202
12-14	14	支	3204	工资	108 000.00		416 940.00	
12-14	14	支	3202	货款	117 000.00		299 940.00	0400
12-20	14	支	3205	货款	1 090.00		298 850.00	0202
12-20	25	委收		电费	23 400.00		275 450.00	0400
12-24	05	支	8512	货款		13 560.00	289 010.00	0202
12-24	14	支	3206	货款	3 180.00		285 830.00	0230
12-25	06			收取利息	60 000.00		225 830.00	0202
12-27	25	委收		罚款	2 000.00		223 830.00	0230
12-30	42			利息转账		560.00	224 390.00	0202
12-30		委收		代扣通信	1 200.00		223 190.00	0202

可用余额223 190.00

任务8 财务报告

财务报告是财务会计工作的重要组成部分，是财务会计工作的主要成果。会计人员通过编制记账凭证、登记账簿等会计程序，对日常发生的、数量繁多的、分散的数据资料加以具体的识别、判断，进行了选择、归类、整理和汇总后，通过编制财务报表这种会计核算的专门方法，在会计日常核算的基础上，对会计凭证和账簿中所反映的经济内容进行进一步的加工提炼，使其转换成更为综合、系统、全面地反映企业经济活动情况和经营成果的财务信息。

任务 8.1 认识财务报告

一、财务报告

1.财务报告的概念

财务报告，是指企业对外提供的反映企业某一特定日期的财务状况和某一会计期间的经营成果、现金流量等会计信息的文件。财务报告是企业会计信息的主要载体，是企业投资者、债权人、政府管理者等相关利益者评价、考核、监督企业管理者受托经管责任履行状况的基本手段。

2.财务报告的体系

财务报告包括财务报表和其他应当在财务报告中披露的相关信息和资料。财务报表是财务报告的主体和核心内容，其他应当在财务报告中披露的相关信息和资料是对财务报表的补充说明，共同构成财务报告体系。

财务报表，又称财务会计报表，是指对企业财务状况、经营成果和现金流量表的结构性表述。一套完整的财务报表至少应当包括“四表一注”，即资产负债表、利润表、现金流量表、所有者权益变动表和附注。小企业编制的会计报表可以不包括现金流量表。附注是对在资产负债表、利润表、现金流量表、所有者权益变动表等报表中列示的文字描述或明细资料，以及对未能在这些报表中列示项目的说明等。

二、财务报表的种类

企业的财务报表可以按照其反映的内容、编报时间、编制单位和服务对象进行分类。

1.按反映的内容不同，财务报表可分为资产负债表、利润表、现金流量表、所有者权益（或股东权益）变动表和报表附注。

2.按列报的时间不同，财务报表可分为年度财务会计报表和中期财务会计报表。年度报表，是指年度终了对外提供的会计报表；中期报表是指一年以内的报表，主要包括月度报表、季度报表和半年度报表。年度报表要求揭示完整、反映全面；月度报表是按月编报的报表，要求简明扼要、及时编报；季度报表和半年度报表的详细程度介于年度报表与月度报表之间。

3.按编制单位的不同，财务报表可分为个别报表和合并报表。个别报表，是指反映母公司所属子公司财务状况、经营成果和现金流量的财务报表；合并报表，是指反映母公司和其全部子公司组成的企业集团整体财务状况、经营成果和现金流量情况的财务报表。

4.按服务对象的不同，财务报表可分为对外报表和内部报表。对外报表，一般是按照会计准则所规定的格式和编制要求编制的公开报告的财务报表；内部报表是根据企业内部管理需要而编制的财务报表，一般不需要对外报告，没有统一的编制要求与格式。

三、财务报表的编制要求

财务报表应当依据国家统一会计制度要求，根据登记完整、核对无误的会计账簿记录和其他有关资料编制，编制的基本要求是：

1.数字真实，计算准确。编制财务报表的数字来源于各账户，而各账户的数字来源于记账凭证，记账凭证的数字来源于经过确认的原始凭证，因此，为了保证会计报表数字的真实、准确，在报表数字来源正确的前提下，最关键的是对原始凭证数字的确认和计量。不能以估计数代替实际数，更不能弄虚作假、隐瞒谎报。在编制报表之前，应完成以下几项工作：

（1）按期结账，确认会计主体的所有交易和事项是否均已登记入账，是否存在应摊销而未摊销、应计提而未计提的费用。

(2)认真做好对账和财产清查工作,以达到账证相符、账账相符、账实相符。

(3)通过编制试算平衡表,验证总分类账户本期发生额的正确性,为正确编制财务报表提供可靠的数据。

2.内容完整,说明清楚。按照会计准则规定的编制基础、编制依据、编制原则和方法,按统一规定的报表种类、格式和内容编制财务报表;报表内所涉及的所有表内项目及补充资料必须填列完整,必要时应对有关事项用文字加以简要说明。

3.及时编制,及时报送。为了保证会计信息的及时性,要求各单位应及时编制,并按国家或上级部门规定的期限和程序及时报送财务报表。

任务 8.2 资产负债表

一、资产负债表的概念

资产负债表,是反映企业在某一特定日期(如月末、季末、年末)财务状况的报表。该表根据"资产=负债+所有者权益"会计恒等式设计,依据一定的分类标准和顺序,将企业在一定日期的资产、负债和所有者权益各项目予以适当排列,并对日常核算中形成的大量数据进行整理汇总后编制而成,反映企业资产、负债、所有者权益的总体规模和结构,是静态报表。

二、资产负债表的格式

资产负债表的表格格式一般有两种:报告式资产负债表和账户式资产负债表。报告式资产负债表是上下结构,上半部分列示资产各项目,下半部分列示负债和所有者权益各项目。账户式资产负债表是左右结构,左边列示资产各项目,反映全部资产的分布及存在状态;右边列示负债和所有者权益各项目,反映全部负债和所有者权益的内容及构成情况。

三、资产负债表的结构

资产负债表主要由表首、表体两部分组成。表首部分应列明报表名称、编制单位名称、资产负债表日、报表编号和计量单位;表体部分是资产负债表的主体,列示了用以说明企业财务状况的各个项目。我国资产负债表采用账户式结构，如表8-1所示，分为左右两方，左边为资产项目，按资产的流动性大小或变现能力强弱排列，流动性大、变现能力强的项目排在前面，流动性小、变现能力弱的项目排在后面，即先是流动资产，后是非流动资产；右边为负债及所有者权益项目，一般按要求清偿期限长短的先后顺序排列，需要在1年内或者长于1年的一个正常营业周期内偿还的负债排在前面，1年以上才需要偿还的负债排在后面，即先是流动负债，后是非流动负债；企业清算之前不需要偿还的所有者权益项目排在负债后面，按照稳定性程度或永久性程度高低顺序排列，稳定性程度或永久性程度高的项目排在前面，稳定性程度或永久性程度较低的项目排在后面。

表8-1　资产负债表

会企01表

编制单位：　　　　年　　月　　日　　　　单位：元

资产	期末余额	上年年末余额	负债和所有者权益（或股东权益）	期末余额	上年年末余额
流动资产：			流动负债：		
货币资金			短期借款		
交易性金融资产			交易性金融负债		
衍生金融资产			衍生金融负债		
应收票据			应付票据		
应收账款			应付账款		
应收款项融资			预收款项		
预付款项			合同负债		
其他应收款			应付职工薪酬		
存货			应交税费		
合同资产			其他应付款		
持有待售资产			持有待售负债		
一年内到期的非流动资产			一年内到期的非流动负债		
其他流动资产			其他流动负债		
流动资产合计			流动负债合计		
非流动资产：			非流动负债：		
债权投资			长期借款		
其他债权投资			应付债券		
长期应收款			其中：优先股		

续表

资产	期末余额	上年年末余额	负债和所有者权益（或股东权益）	期末余额	上年年末余额
长期股权投资			永续债		
其他权益工具投资			租赁负债		
其他非流动金融资产			长期应付款		
投资性房地产			预计负债		
固定资产			递延收益		
在建工程			递延所得税负债		
生产性生物资产			其他非流动负债		
油气资产			非流动负债合计		
使用权资产			负债合计		
无形资产			所有者权益（或股东权益）：		
开发支出			实收资本（或股本）		
商誉			其他权益工具		
长期待摊费用			其中：优先股		
递延所得税资产			永续债		
其他非流动资产			资本公积		
非流动资产合计			减：库存股		
			其他综合收益		
			专项储备		
			盈余公积		
			未分配利润		
			所有者权益（或股东权益）合计		
资产总计			负债和所有者权益（或股东权益）总计		

四、资产负债表的编制方法

资产负债表各项目均需填列“期末余额”和“上年年末余额”两栏。

资产负债表的“上年年末余额”栏内各项数字，应根据上年年末资产负债表的“期末余额”栏内所列数字填列。如果上年度资产负债表规定的各个项目的名称和内容与本年度不相一致，应按照本年度的规定对上年年末资产负债表各项目的名称和数字进行调整，填入本表“上年年末余额”栏内。

资产负债表“期末余额”栏的填列，可以分为以下几种情况：

1.根据总账科目余额直接填列。例如：交易性金融资产、长期待摊费用、应收票据、短期借款、应付票据、应付职工薪酬、应交税费、实收资本(或股本)、资本公积、盈余公积等项目。

应注意的是“应付职工薪酬”和“应交税费”项目，应分别根据“应付职工薪酬”账户和“应交税费”账户的期末贷方余额填列，如果“应付职工薪酬”账户或“应交税费”账户期末为借方余额，则以“－”号填列。

2.根据几个总账科目的余额计算填列。例如：

(1)货币资金：应根据“库存现金”“银行存款”和“其他货币资金”科目的期末余额合计数填列。

(2)其他应付款：反映企业除应付票据、应付账款、预收账款、应付职工薪酬、应交税费等经营活动以外的其他各种应付、暂收的款项。应根据“应付利息”“应付股利”和“其他应付款”科目的期末余额合计数填列。

(3)未分配利润：反映企业尚未分配的利润。应根据“本年利润”账户期末贷方余额，减去“利润分配”账户的期末借方余额后的金额填列，未弥补的亏损，在本项目中以“－”数填列。

3.根据明细账目余额计算填列。例如：

(1)应付账款：反映资产负债表日以摊余成本计量的，企业因购买材料、商品和接受服务等经营活动应支付的款项。应根据“应付账款”和“预付账款”科目所属相关明细科目的期末贷方余额合计数填列。

(2)预收账款：反映企业按照合同规定预收的款项。应根据“应收账款”和“预收账款”科目所属相关明细科目的期末贷方余额合计数填列。

(3)开发支出：反映企业开发无形资产过程中能够资本化形成无形资产成本的支出部分。应根据“研发支出”所属的“资本化支出”明细科目期末余额计算填列。

4.根据总账科目和明细科目余额分析计算填列。例如：

(1)应付债券：反映企业为筹集长期资金而发行的债券本金及应付的利息。应根据“应付债券”账户的期末余额减去将于一年内到期的债券本息后的余额填列。

(2)长期借款：反映企业向银行或其他金融机构借入的期限在一年以上(不含一年)的各项借款。应根据“长期借款”总账科目余额扣除“长期借款”科目所属的明细科目中将资产负债表日起一年内到期且企业不能自主地将清偿义务展期的长期借款后的金额填列。

(3)长期应收款:反映企业租赁产生的应收款项和采用递延方式分期收款,实质上具有融资性质的销售商品和提供劳务等经营活动产生的应收款项。应根据"长期应收款"总账科目余额,减去"未实现融资收益"总账科目余额,再减去所属相关明细科目中将于一年内到期的部分填列。

(4)长期应付款:应根据"长期应付款"总账科目余额,减去"未确认融资费用"总账科目余额,再减去所属相关明细科目中将于一年内到期的部分填列。

5.根据有关科目余额减去其备抵科目余额后的净额填列。例如:

(1)应收账款:反映资产负债表日以摊余成本计量的,企业因销售商品、提供劳务等经营活动应收取的款项。应根据"应收账款"所属明细账户的期末借方余额,减去"坏账准备"账户中有关应收账款计提的坏账准备期末余额后的金额填列。

(2)长期股权投资:反映投资方对投资单位实施控制和重大影响的权益性投资,以及对其合营企业的权益性投资。应根据"长期股权投资"账户余额,减去"长期股权投资减值准备"账户的期末余额后的金额填列。

(3)其他应收款:反映企业除应收票据、应收账款、预付账款等经营活动以外的其他各种应收、暂付款项。应根据"应收利息""应收股利"和"其他应收款"科目的期末余额合计数,减去"坏账准备"科目中相关坏账准备期末余额后的金额填列。

(4)固定资产:反映资产负债表日企业固定资产的期末账面价值和企业尚未清理完毕的固定资产清理净损益。应根据"固定资产"账户的期末余额,减去"累计折旧"和"固定资产减值准备"账户的期末余额以及"固定资产清理"账户的期末余额后的金额填列。

(5)在建工程:反映资产负债表日企业尚未达到预定可使用状态的在建工程的期末账面价值和企业为在建工程准备的各种物资的期末账面价值。应根据"在建工程"科目的期末余额,减去"在建工程减值准备"科目的期末余额后的金额,以及"工程物资"科目的期末余额,减去"工程物资减值准备"科目的期末余额后的金额填列。

(6)无形资产:反映企业持有的专利权等无形资产的成本减去累计摊销和减值准备后的净额。应根据"无形资产"账户的期末借方余额,减去"累计摊销"和"无形资产减值准备"账户期末贷方余额后的金额填列。

6.综合运用上述填列方法。例如:

存货:反映企业期末在库、在途和加工中的各种存货的可变现净值或成本

(成本与可变现净值孰低)。应根据"材料采购""在途物资""原材料""库存商品""发出商品""委托加工物资""周转材料""生产成本""委托代销商品"等科目的期末余额合计数,减去"存货跌价准备""委托代销商品款"科目期末余额后的金额填列。

五、资产负债表的编制举例

【例 8-1】华南公司 20××年 12 月 31 日,有关账户的期末余额资料见表 8-2。

表 8-2　华南公司账户余额

单位:元

账户名称	借方金额	账户名称	贷方金额
库存现金	2 000	短期借款	1 770 000
银行存款	5 980 000	应付票据	681 200
其他货币资金	68 800	应付账款	5 476 000
交易性金融资产	1 757 000	应付职工薪酬	434 587
应收票据	80 000	应付股利	540 700
应收股利	4 000	应交税费	1 007 500
应收利息	6 400	其他应付款	453 450
应收账款	1 452 600	长期借款	5 600 000
坏账准备	(46 572)	其中:1 年内到期长期借款	400 000
其他应收款	14 800	实收资本	11 500 000
材料采购	252 050	资本公积	900 000
原材料	683 450	盈余公积	600 000
生产成本	2 123 650	未分配利润	910 391
库存商品	10 038 350		
存货跌价准备	(98 200)		
长期股权投资	666 800		
长期股权投资减值准备	(96 600)		
固定资产	9 678 200		
累计折旧	(4 663 900)		
固定资产减值准备	(90 000)		
无形资产	641 900		
累计摊销	(56 900)		
长期待摊费用	1 476 000		
合计	29 873 828	合计	29 873 828

根据表 8-2 资料，编制华南公司资产负债表，如表 8-3 所示。

表 8-3 资产负债表

编制单位：华南公司　　20××年 12 月 31 日　　单位：元

资产	期末余额	上年年末余额	负债和所有者权益（或股东权益）	期末余额	上年年末余额
流动资产：			流动负债：		
货币资金	6 050 800		短期借款	1 770 000	
交易性金融资产	1 757 000		交易性金融负债		
衍生金融资产			衍生金融负债		
应收票据	80 000		应付票据	681 200	
应收账款	1 406 028		应付账款	5 476 000	
应收款项融资			预收款项		
预付款项			合同负债		
其他应收款	25 200		应付职工薪酬	434 587	
存货	12 999 300		应交税费	1 007 500	
合同资产			其他应付款	994 150	
持有待售资产			持有待售负债		
一年内到期的非流动资产			一年内到期的非流动负债	400 000	
其他流动资产			其他流动负债		
流动资产合计	22 318 328		流动负债合计	10 763 437	
非流动资产：			非流动负债：		
债权投资			长期借款	5 200 000	
其他债权投资			应付债券		
长期应收款			其中：优先股		
长期股权投资	570 200		永续债		
其他权益工具投资			租赁负债		
其他非流动金融资产			长期应付款		
投资性房地产			预计负债		
固定资产	4 924 300		递延收益		
在建工程	585 000		递延所得税负债		

续表

资产	期末余额	上年年末余额	负债和所有者权益（或股东权益）	期末余额	上年年末余额
生产性生物资产			其他非流动负债		
油气资产			非流动负债合计	5 200 000	
使用权资产			负债合计	15 963 437	
无形资产			所有者权益（或股东权益）：		
开发支出			实收资本（或股本）	11 500 000	
商誉			其他权益工具		
长期待摊费用	1 476 000		其中：优先股		
递延所得税资产			永续债		
其他非流动资产			资本公积	900 000	
非流动资产合计	7 555 500		减：库存股		
			其他综合收益		
			专项储备		
			盈余公积	600 000	
			未分配利润	910 391	
			所有者权益（或股东权益）合计	13 910 391	
资产总计	29 873 828		负债和所有者权益（或股东权益）总计	29 873 828	

任务 8.3　利润表

一、利润表的概念

利润表又称损益表，是指反映企业在一定会计期间经营成果的报表。它是根据“收入－费用＝利润”的会计等式设计，属于动态报表。通过利润表，可以在会计凭证、会计账簿等会计资料的基础上进一步确认企业一定会计期间的经营成果，综合反映企业利润的实现过程和利润的来源及构成情况，是对企业一定会计期间经营业绩的系统总结。

二、利润表的格式

利润表包括单步式和多步式两种格式。单步式利润表，是将企业本期发生的全部收入和全部费用相抵，计算企业当期净损益。多步式利润表，是通过对当期的收入、费用、支出项目按性质加以归类，按利润形成的主要环节列示一些中间性利润指标，分步计算当期净损益。

三、利润表的结构

利润表一般包括表首、正表两部分。其中，表首包括报表名称、编制单位、编制日期、报表编号、货币名称和计量单位。表体部分是利润表的主体，列示了形成经营成果的各个项目和计算过程。我国企业会计准则规定，利润表采用多步式，如表 8-4 所示。利润表按照各具体项目的性质和功能作为分类标准，依次将某一会计期间的收入、费用和利润的具体项目予以适当的排列，依次是营业利润、利润总额、净利润、其他综合收益的税后净额、综合收益总额和每股收益。其中，营业利润单独列报项目包括营业收入、营业成本、税金及附加、销售费用、管理费用、研发费用、财务费用、信用减值损失、资产减值损失、其他收益、投资收益、公允价值变动损益、资产处置收益等；利润总额项目为营业利润加上营业外收入减去营业外支出；净利润项目为利润总额减去所得税费用，包括持续经营净利润和终止经营净利润等项目；其他综合收益的税后净额包括不能重分类进损益的其他综合收益和将重分类进损益的其他综合收益等项目；综合收益总额为净利润加上其他综合收益的税后净额；每股收益包括基本每股收益和稀释后每股收益。

表 8-4 利润表 会企 02 表

编制单位： 年 月 单位：元

项目	本期金额	上期金额
一、营业收入		
减：营业成本		
税金及附加		
销售费用		
管理费用		
研发费用		

续表

项目	本期金额	上期金额
财务费用		
其中:利息费用		
利息收入		
加:其他收益		
投资收益(损失以"—"号填列)		
其中:对联营企业和合营企业的投资收益		
以摊余成本计量的金融资产终止确认收益(损失以"—"号填列)		
净敞口套期收益(损失以"—"号填列)		
公允价值变动收益(损失以"—"号填列)		
信用减值损失(损失以"—"号填列)		
资产减值损失(损失以"—"号填列)		
资产处置收益(损失以"—"号填列)		
二、营业利润(亏损以"—"号填列)		
加:营业外收入		
减:营业外支出		
三、利润总额(亏损总额以"—"号填列)		
减:所得税费用		
四、净利润(净亏损以"—"号填列)		
(一)持续经营净利润(净亏损以"—"号填列)		
(二)终止经营净利润(净亏损以"—"号填列)		
五、其他综合收益的税后净额		
(一)不能重分类进损益的其他综合收益		
1.重新计量设定受益计划变动额		
2.权益法下不能转损益的其他综合收益		
3.其他权益工具投资公允价值变动		
4.企业自身信用风险公允价值变动		
……		
(二)将重分类进损益的其他综合收益		
1.权益法下可转损益的其他综合收益		

续表

项目	本期金额	上期金额
2.其他债权投资公允价值变动		
3.金融资产重分类计入其他综合收益的金额		
4.其他债权投资信用减值准备		
5.现金流量套期储备		
6.外币财务报表折算差额		
……		
六、综合收益总额		
七、每股收益		
(一)基本每股收益		
(二)稀释每股收益		

四、利润表的编制方法

利润表各项目需填列“本期金额”和“上期金额”两栏。“上期金额”栏内各项数字,应根据上期利润表的“本期金额” 栏所列各项目数字填列。如果上期利润表规定的各项目的名称和内容与本期不相一致,应对上期利润表各项目的名称和数字按本期规定进行调整,填入本表的“上期金额”栏内。

利润表中“本期金额”各项目的内容及填列方法说明如下:

1.营业收入:反映企业经营主要业务和其他业务所确认的收入总额。应根据“主营业务收入”和“其他业务收入”科目的发生额分析填列。

2.营业成本:反映企业经营主要业务和其他业务所发生的成本总额。应根据“主营业务成本”和“其他业务成本”科目的发生额分析填列。

3.税金及附加:反映企业经营业务应负担的消费税、城市维护建设税、资源税、土地增值税、房产税、印花税和教育费附加等。应根据“税金及附加”科目的发生额分析填列。

4.销售费用:反映企业在销售商品过程中发生的费用。应根据“销售费用”科目的发生额分析填列。

5.管理费用:反映企业为组织和管理生产经营发生的管理费用。应根据“管理费用”科目的发生额分析填列。

6.研发费用:反映企业进行研究与开发过程中发生的费用化支出以及计入管理费用的自行开发无形资产的摊销。应根据“管理费用”科目下的“研发费用”明细科目的发生额以及“管理费用”科目下“无形资产摊销”明细科目的发生额分析填列。

7.财务费用:反映企业为筹集生产经营所需资金等而发生的应予费用化的利息支出。应根据“财务费用”科目的相关明细科目发生额分析填列。其中,“利息费用”反映企业为筹集生产经营所需资金等而发生的应予以费用化的利息支出,“利息收入”反映企业应冲减财务费用的利息收入。

8.其他收益:反映计入其他收益的政府补助,以及其他与日常活动相关且计入其他收益的项目。应根据“其他收益”科目的发生额分析填列。

9.投资收益:反映企业以各种方式对外投资所取得的收益。应根据“投资收益”科目的发生额分析填列,如为投资损失,以“—”号填列。

10.净敞口套期收益:反映净敞口套期下被套期项目累计公允价值变动转入当期损益的金额或现金流量套期储备转入当期损益的金额。应根据“净敞口套期收益”科目的发生额分析填列,如为套期损失,以“—”号填列。

11.公允价值变动收益:反映企业应当计入当期损益的资产或负债公允价值变动收益。应根据“公允价值变动收益”科目的发生额分析填列,如为净损失,以“—”号填列。

12.信用减值损失:反映企业按照《企业会计准则第22号——金融工具确认和计量》的要求计提的各项金融工具信用减值准备所确认的信用损失。应根据“信用减值损失”科目的发生额分析填列。

13.资产减值损失:反映企业有关资产发生的减值损失。应根据“资产减值损失”科目的发生额分析填列。

14.资产处置收益:反映企业出售划分为持有待售的非流动资产(金融工具、长期股权投资和投资性房地产除外)或处置组(子公司和业务除外)时确认的处置利得或损失,以及处置未划分为持有待售的固定资产、在建工程、生产性生物资产及无形资产而产生的处置利得或损失。债务重组中因处置非流动资产(金融工具、长期股权投资和投资性房地产除外)产生的利得或损失和非货币性资产交换中换出非流动资产(金融工具、长期股权投资和投资性房地产除外)产生的利得或损失也包括在本项目内。应根据“资产处置损益”科目的发生额分析填列;如为处置损失,以“—”号填列。

15.营业利润:反映企业实现的营业利润。如为亏损,则以“—”号填列。

16.营业外收入和营业外支出:反映企业发生的与其生产经营无直接关系的各项收入和支出。分别应根据“营业外收入”和“营业外支出”科目的发生额分析填列。

17.利润总额:反映企业实现的利润总额。如为亏损,则以"—"号填列。

18.所得税费用:反映企业根据所得税准则确认的应从当期利润总额中扣除的所得税费用。应根据"所得税费用"科目的发生额分析填列。

19.净利润:反映企业实现的净利润。如为亏损,则以"—"号填列。

20.其他综合收益的税后净额:反映企业根据企业会计准则规定未在损益中确认的各项利得和损失扣除所得税影响后的净额。

21.综合收益总额:反映企业净利润与其他综合收益(税后净额)的合计金额。

22.每股收益:包括基本每股收益和稀释每股收益两项指标,反映普通股或潜在普通股已公开交易的企业,以及正处在公开发行普通股或潜在普通股过程中的企业的每股收益信息。

五、利润表的编制举例

【例 8-2】华南公司 20××年 12 月 31 日,有关损益类账户资料见表 8-5。

表 8-5 华南公司损益账户发生额

单位:元

账户名称	借或贷	本年数	上年数
主营业务收入	贷	550 500	330 350
其他业务收入	贷	8 900	13 850
主营业务成本	借	385 000	223 830
其他业务成本	借	6 900	10 870
税金及附加	借	27 500	16 500
销售费用	借	18 200	8 950
管理费用	借	37 500	22 500
财务费用	借	8 200	6 520
投资收益	贷	1 200	1 200
营业外收入	贷	400	250
营业外支出	借	600	500
所得税费用	借	25 700	17 500

根据以上资料,编制华南公司 20××年 12 月份的利润表如表 8-6 所示。

表 8-6　利润表

20××年 12 月　　　　会企 02 表

编制单位：华南公司　　　　单位：元

项目	本期金额	上期金额
一、营业收入	559 400	344 200
减：营业成本	391 900	234 700
税金及附加	27 500	16 500
销售费用	18 200	8 950
管理费用	37 500	22 500
研发费用		
财务费用	8 200	6 520
其中：利息费用		
利息收入		
加：其他收益		
投资收益（损失以“－”号填列）	1 200	1 200
其中：对联营企业和合营企业的投资收益		
以摊余成本计量的金融资产终止确认收益（损失以“－”号填列）		
净敞口套期收益（损失以“－”号填列）		
公允价值变动收益（损失以“－”号填列）		
信用减值损失（损失以“－”号填列）		
资产减值损失（损失以“－”号填列）		
资产处置收益（损失以“－”号填列）		
二、营业利润（亏损以“－”号填列）	77 300	56 230
加：营业外收入	400	250
减：营业外支出	600	500
三、利润总额（亏损总额以“－”号填列）	77 100	55 980
减：所得税费用	25 700	17 500
四、净利润（净亏损以“－”号填列）	51 400	38 480
（一）持续经营净利润（净亏损以“－”号填列）		
（二）终止经营净利润（净亏损以“－”号填列）		

续表

项目	本期金额	上期金额
五、其他综合收益的税后净额		
(一)不能重分类进损益的其他综合收益		
1.重新计量设定受益计划变动额		
2.权益法下不能转损益的其他综合收益		
3.其他权益工具投资公允价值变动		
4.企业自身信用风险公允价值变动		
……		
(二)将重分类进损益的其他综合收益		
1.权益法下可转损益的其他综合收益		
2.其他债权投资公允价值变动		
3.金融资产重分类计入其他综合收益的金额		
4.其他债权投资信用减值准备		
5.现金流量套期储备		
6.外币财务报表折算差额		
……		
六、综合收益总额	51 400	38 480
七、每股收益		
(一)基本每股收益		
(二)稀释每股收益		

任务 8.4　现金流量表

一、现金流量表的概念

现金流量表,是以现金为基础编制的、反映企业在一定会计期间的现金及现金等价物(简称为现金)的流入和流出信息的报表,属于动态报表。它是以资产负债表和利润表等会计核算资料为依据,按照收付实现制会计基础的要求对现金流量的结构性表述,揭示企业在一定会计期间获取现金及现金等价物的能力。

二、现金流量表的格式

现金流量表的格式，是指现金流量表结构内容的编排顺序和方式。现金流量表的格式应有利于反映企业业务活动的性质和现金流量的来源，其基本原理是以权责发生制为基础提供的会计核算资料为依据，按照收付实现制基础进行调整计算，以反映现金流量增减变动及其结果，即将以权责发生制为基础编制的资产负债表和利润表资料按照收付实现制基础调整计算，编制现金流量表。调整计算方法通常有直接法和间接法两种。

直接法，是指通过现金收入和现金支出的主要类别列示企业经营活动现金流量的一种方法。间接法，是指将净利润调整为经营活动现金流量的一种方法。

三、现金流量表的结构

现金流量表的基本结构根据“现金流入量－现金流出量＝现金净流量”公式设计。一般企业现金流量表如表 8-7 所示，现金流量包括现金流入量、现金流出量、现金净流量。根据企业业务活动的性质和现金流量的功能，主要的现金流量分为三类并在现金流量表中列示，即：经营活动产生的现金流量、投资活动产生的现金流量和筹资活动产生的现金流量。每一项分为流入量、流出量和净流量三部分分项列示。

经营活动产生的现金流量，是指与销售商品、提供劳务有关的活动产生的现金流量，包括企业投资活动和筹资活动以外的所有交易和事项产生的现金流量。如销售商品收到现金、购买商品支付现金、经营性租赁、制造产品、广告宣传、缴纳税款等。经营活动产生的现金流量分为经营活动产生的现金流入量、经营活动产生的现金流出量以及经营活动产生的现金净流量。

投资活动产生的现金流量，是指与非流动资产的取得或处置有关的活动产生的现金流量，包括企业长期资产的购建和不包括在现金等价物范围内的投资及其处置活动产生的现金流量，如购买股票或债券支付现金，销售长期投资收回现金，购建或处置固定资产、无形资产等。投资活动产生的现金流量分为投资活动产生的现金流入量、投资活动产生的现金流出量以及投资活动产生的现金净流量。

筹资活动产生的现金流量，是指涉及企业财务规模的更改或财务结构组成变化的活动，也就是指导致企业资本及债务规模和构成发生变动的活动产生的现金流量。如向银行借入款项收到现金、归还银行借款支付现金、吸收投资、发行股票、分配利润等。筹资活动产生的现金流量分为筹资活动产生的现金流入量、筹资活动产生的现金流出量以及筹资活动产生的现金净流量。

表 8-7 现金流量表

会企 03 表

编制单位： ______年______月 单位：元

项目	本期金额	上期金额
一、经营活动产生的现金流量		
销售商品、提供劳务收到的现金		
收到的税费返还		
收到其他与经营活动有关的现金		
经营活动现金流入小计		
购买商品、接受劳务支付的现金		
支付给职工以及为职工支付的现金		
支付的各项税费		
支付其他与经营活动有关的现金		
经营活动现金流出小计		
经营活动产生的现金流量净额		
二、投资活动产生的现金流量		
收回投资收到的现金		
取得投资收益收到的现金		
处置固定资产、无形资产和其他长期资产收回的现金净额		
处置子公司及其他营业单位收到的现金净额		
收到其他与投资活动有关的现金		
投资活动现金流入小计		
购建固定资产、无形资产和其他长期资产支付的现金		
投资支付的现金		
取得子公司及其他营业单位支付的现金净额		
支付其他与投资活动有关的现金		
投资活动现金流出小计		
投资活动产生的现金流量净额		

续表

项目	本期金额	上期金额
三、筹资活动产生的现金流量		
吸收投资收到的现金		
取得借款收到的现金		
收到其他与筹资活动有关的现金		
筹资活动现金流入小计		
偿还债务支付的现金		
分配股利、利润或偿付利息支付的现金		
支付其他与筹资活动有关的现金		
筹资活动现金流出小计		
筹资活动产生的现金流量净额		
四、汇率变动对现金及现金等价物的影响		
五、现金及现金等价物净增加额		
加:期初现金及现金等价物余额		
六、期末现金及现金等价物余额		

任务8.5　所有者权益变动表

一、所有者权益变动表的概念

所有者权益变动表,是指反映构成所有者权益各组成部分当期增减变动情况的报表。它是对资产负债表的补充及对所有者权益增减变动情况的进一步说明。其主要作用体现在两个方面:一是通过所有者权益变动表,可以为财务报表使用者提供所有者权益总量增减变动的信息,也能为其提供所有者权益增减变动的结构性信息,特别是能够让财务报表使用者理解所有者权益增减变动的根源;二是所有者权益增减变动表将综合收益和所有者(或股东)的资本交易导致的所有者权益的变动分项列示,有利于分清导致所有者权益增减变动的缘由与责任,对于考察、评价企业一定时期所有者权益的保全状况,正确评价管理当局受托责任的履行情况等具有重要的作用。

二、所有者权益变动表的内容

在所有者权益变动表上，企业至少应当单独列示反映下列信息的项目：综合收益总额；会计政策变更和差错更正的累积影响金额；所有者投入资本和向所有者分配利润等；提取的盈余公积；实收资本、其他权益工具、资本公积、其他综合收益、专项储备、盈余公积、未分配利润的期初和期末余额及其调节情况。

三、所有者权益变动表的结构

所有者权益变动表结构为纵横交叉的矩阵式结构，如表8-8所示。

1.纵向结构。纵向结构按所有者权益增减变动时间及内容分为“上年年末余额”“本年年初余额”“本年增减变动金额”和“本年年末余额”四栏。

上年年末余额＋会计政策变更、前期差错更正及其他变动＝本年年初余额

本年年初余额＋本年增减变动金额＝本年年末余额

其中，本年增减变动金额按照所有者权益增减变动的交易或事项列示，即：

本年增减变动金额＝综合收益总额±所有者投入和减少资本±利润分配±所有者权益内部结转

2.横向结构。横向结构采用比较式结构，分为“本年金额”和“上年金额”两栏，每栏的具体结构按照所有者权益构成内容逐项列示，即：

实收资本（或股本）＋其他权益工具＋资本公积－库存股＋其他综合收益＋未分配利润＝所有者权益合计

纵横填列结果归结到本年年末所有者权益合计数，保持所有者权益变动表的表内填列数额的平衡。

所有者权益变动表以矩阵式结构列报，一方面，列示导致所有者权益变动的交易或事项，即所有者权益变动的来源，对一定时期所有者权益的变动情况进行全面反映；另一方面，按照实收资本、其他权益工具、资本公积、库存股、其他综合收益、盈余公积、未分配利润等所有者权益各组成部分及其总额列示交易或事项对所有者权益各部分的影响。此外，所有者权益变动表采用逐项的本年金额和上年金额比较式结构，能够清楚地表明构成所有者权益的各组成部分当期的增减变动情况以及与上期的增减变动情况的对照和比较。

表 8-8　所有者权益变动表

会企 04 表

编制单位：　　　　　　　　　　年度　　　　　　　　　　单位：元

项目	本年金额											上年金额										
	实收资本（或股本）	其他权益工具			资本公积	减：库存股	其他综合收益	专项储备	盈余公积	未分配利润	所有者权益合计	实收资本（或股本）	其他权益工具			资本公积	减：库存股	其他综合收益	专项储备	盈余公积	未分配利润	所有者权益合计
		优先股	永续债	其他									优先股	永续债	其他							
一、上年年末余额																						
加：会计政策变更																						
前期差错更正																						
其他																						
二、本年年初余额																						
三、本年增减变动金额（减少以"—"号填列）																						
（一）综合收益总额																						
（二）所有者投入和减少资本																						
1.所有者投入的普通股																						
2.其他权益工具持有者投入资本																						
3.股份支付计入所有者权益的金额																						

续表

项目	本年金额												上年金额											
	实收资本（或股本）	其他权益工具			资本公积	减：库存股	其他综合收益	专项储备	盈余公积	未分配利润	所有者权益合计	实收资本（或股本）	其他权益工具			资本公积	减：库存股	其他综合收益	专项储备	盈余公积	未分配利润	所有者权益合计
		优先股	永续债	其他									优先股	永续债	其他							
4.其他																								
（三）利润分配																								
1.提取盈余公积																								
2.对所有者（或股东）的分配																								
3.其他																								
（四）所有者权益内部结转																								
1.资本公积转增资本（或股本）																								
2.盈余公积转增资本（或股本）																								
3.盈余公积弥补亏损																								
4.设定受益计划变动额结转留存收益																								
5.其他综合收益结转留存收益																								
6.其他																								
四、本年年末余额																								

任务 8.6　财务报表附注

一、附注的概念

附注是财务报表的重要组成部分，是对资产负债表、利润表、现金流量表和所有者权益变动表列示项目含义的补充说明，能够帮助财务报表使用者更准确地把握其含义。例如，通过阅读附注中披露的固定资产折旧政策的说明，使用者可以掌握报告企业与其他企业在固定资产折旧政策上的异同，以便进行更准确的比较。附注提供了对资产负债表、利润表、现金流量表和所有者权益变动表中未列示项目的详细或明细说明。例如，通过阅读附注中披露的存货增减变动情况，财务报表使用者可以了解资产负债表中未单列的存货分类信息。另外，通过附注与资产负债表、利润表、现金流量表和所有者权益变动表列示项目的相互参照关系，以及对未能在财务报表中列示项目的说明，可以使财务报表使用者全面了解企业的财务状况、经营成果和现金流量以及所有者权益的情况。

二、附注的内容

根据企业会计准则的规定，企业应当按照如下顺序编制披露附注的主要内容：

1.企业简介和主要财务指标，包括：

(1)企业名称、注册地、组织形式和总部地址。

(2)企业的业务性质和主要经营活动。

(3)母公司以及集团最终母公司的名称。

(4)财务报告的批准报出者和财务报告的批准报出日。

(5)营业期限有限的企业，还应当披露有关营业期限的信息。

(6)截至报告期末公司近 3 年的主要会计数据和财务指标。

2.财务报表的编制基础。财务报表的编制基础是指财务报表是在持续经营基础上还是在非持续经营基础上编制的。企业一般是在持续经营基础上编制财务报表，清算、破产属于非持续经营基础。

3.遵循企业会计准则的声明。企业应当声明编制的财务报表符合企业会计准则的要求，真实、完整地反映了企业的财务状况、经营成果和现金流量等有关信息，以此明确企业编制财务报表所依据的制度基础。

4.重要会计政策和会计估计。企业应当披露采用的重要会计政策和会计估计，不重要的会计政策和会计估计可以不披露。在披露重要会计政策和会计估计时，企业应当披露重要会计政策的确定依据和财务报表项目的计量基础，以及会计估计中所采用的关键假设和不确定因素。

会计政策的确定依据，主要是指企业在运用会计政策过程中所做的对报表中确认的项目金额最具影响的判断，有助于财务报表使用者理解企业选择和运用会计政策的背景，增加财务报表的可理解性。财务报表项目的计量基础，是指企业计量该项目采用的是历史成本、重置成本、可变现净值、现值还是公允价值，这直接影响财务报表使用者对财务报表的理解和分析。

在确定财务报表中确认的资产和负债的账面价值过程中，企业需要对不确定的未来事项在资产负债表日对这些资产和负债的影响加以估计，如企业预计固定资产未来现金流量采用的折现率和假设。这类假设的变动对这些资产和负债项目金额的确定影响很大，有可能会在下一个会计年度内做出重大调整。因此，强调这一披露要求，有助于提高财务报表的可理解性。

5.会计政策和会计估计变更以及差错更正的说明。企业应当按照会计政策、会计估计变更和差错更正会计准则的规定，披露会计政策和会计估计变更以及差错更正的有关情况。

6.报表重要项目的说明。企业对报表重要项目的说明，应当按照资产负债表、利润表、现金流量表、所有者权益变动表及其项目列示的顺序，采用文字和数字描述相结合的方式进行披露。报表重要项目的明细金额合计应当与报表项目金额相衔接，主要包括以下重要项目：应收款项、存货、长期股权投资、投资性房地产、固定资产、无形资产、职工薪酬、应交税费、短期借款和长期借款、应付债券、长期应付款、营业收入、公允价值变动收益、投资收益、资产减值损失、营业外收入、营业外支出、所得税费用、其他综合收益、政府补助、借款费用。

7.或有和承诺事项、资产负债日表后非调整事项、关联方关系及其交易等需要说明的事项。

8.有助于财务报表使用者评价企业管理资本的目标、政策及程序的信息。

练习题

一、填空题

1.财务会计报告是企业对外提供的反映企业某一特定日期的__________和某一会计期间的__________、__________等会计信息的文件。

2.财务报表是对企业____________、____________和____________的____________表述。

3.企业的财务报表至少应当包括__________、__________、__________、所有者权益(或股东权益)变动表和附注。小企业编制的财务报表可以不包括__________。

4.资产负债表是指反映企业在某一__________的__________的财务报表。我国的__________式资产负债表是根据__________的会计等式设计的,属于__________态报表。

5.利润表是指反映企业在一定__________的__________的财务报表。它是根据__________的会计等式设计的,属于__________态报表。

6.我国编制的________式利润表中利润按照形成过程列示,依次包括________、________、________、__________、__________和__________。

7.资产负债表中的"货币资金"项目应按__________和__________其他货币资金账户的期末余额填列。

8.现金流量表是以__________为基础编制的,反映企业在一定__________的现金及现金等价物(简称为现金)的__________和__________信息的财务报表。

9.__________,是反映构成所有者权益各组成部分当期增减变动情况的报表。

10.附注是财务报表的重要组成部分,是对__________、__________、__________和所有者权益变动表列示项目含义的补充说明,能够帮助财务报表使用者更准确地把握其含义。

二、单项选择题

1.以下报表中属于静态报表的是__________。

A.资产负债表　　B.利润表

C.现金流量表　　D.所有者权益变动表

2.在资产负债表中，可按总分类账户的余额直接填列的是__________。

A.货币资金 B.存货 C.固定资产 D.应付职工薪酬

3.在资产负债表中，应按几个总分类账户的余额计算填列的是__________。

A.货币资金 B.应交税费 C.应付股利 D.应付职工薪酬

4.利润表是反映企业__________经营成果的报表。

A.一个时点 B.一年 C.某一特定日期 D.某一特定期间

5.编制资产负债表的主要依据是__________。

A.资产、负债及所有者权益各账户的本期发生额

B.各损益类账户的本期发生额

C.资产、负债及所有者权益各账户的期末余额

D.各损益类账户的期末余额

6.编制利润表的主要依据是__________。

A.资产、负债及所有者权益各账户的本期发生额

B.各损益类账户的本期发生额

C.资产、负债及所有者权益各账户的期末余额

D.各损益类账户的期末余额

7.资产负债表中"未分配利润"项目应根据__________账户的余额填列。

A.本年利润和应付股利 B.利润分配和应付股利

C.本年利润和盈余公积 D.本年利润和利润分配

8.资产负债表中的资产项目应按资产的__________程序大小排列。

A.流动性 B.重要性 C.变动性 D.盈利性

9."应收账款"总账账户借方余额为100 000元，所属明细账户借方余额为120 000元，贷方余额为20 000元，"坏账准备"账户中根据应收账款计提的部分为5 000元，则资产负债表中"应收账款"项目应填列的金额为__________元。

A.100 000 B.95 000 C.120 000 D.115 000

10.我国的利润表采用__________格式。

A.报告式 B.账户式 C.单步式 D.多步式

三、多项选择题

1.根据规定，企业编制的财务报表至少应当包括__________。

A.资产负债表 B.利润表 C.现金流量表 D.附注

E.所有者权益(股东权益)变动表

2.以下报表中属于动态报表的是__________。

A.资产负债表　　B.利润表

C.现金流量表　　D.资产减值准备明细表

E.所有者权益(股东权益)变动表

3.以下报表中应按月编制的________。

A.资产负债表　　B.利润表

C.现金流量表　　D.股东权益增减变动表

E.资产减值准备明细表

4.在资产负债表中,应按几个总分类账户的余额计算填列的是________。

A.货币资金　　B.应交税费　　C.应付职工薪酬　　D.存货

E.未分配利润

5.资产负债表中的"存货"项目包含以下科目中的________。

A.材料采购　　B.原材料　　C.库存商品　　D.生产成本

E.应交税费

6.资产负债表以下项目中,可以根据相关总账账户余额直接填列的有________。

A.应收股利　　B.应收账款　　C.固定资产　　D.应付票据

E.实收资本

7.财务报表编制的原则包括________。

A.数字真实,计算准确　　B.满足要求,讲求科学

C.内容完整,说明清楚　　D.手续完备,力求适用

E.及时编制,及时报送

8.利润表中的"营业收入"项目应根据________账户发生额填列。

A.主营业务收入　　B.其他业务收入

C.营业外收入　　D.投资收益

E.公允价值变动收益

四、判断题

1.资产负债表是反映企业在某一特定时期的财务状况的会计报表。　　(　　)

2.在资产负债表中资产按资产的流动性大小排列。　　(　　)

3.资产负债表中"未分配利润"金额应按"本年利润"的借方余额与"利润分配"的借方余额之间的差额填列。　　(　　)

4.资产负债表的格式有单步式和多步式。　　(　　)

五、业务题

1.深云实业20××年12月31日账户余额如下表所示：

账户余额表(12月31日)

单位：元

账户名称	借方余额	贷方余额	账户名称	借方余额	贷方余额
库存现金	1 000		短期借款		60 000
银行存款	15 000		应付账款		10 000
交易性金融资产	14 000		预收账款		1 000
应收账款	23 000		其他应付款		6 000
预付账款	4 700		应付职工薪酬		34 700
其他应收款	5 000		应交税费		60 000
材料采购	10 000		应付股利		23 000
原材料	27 000		长期借款		30 000
库存商品	20 000		实收资本		334 000
长期股权投资	200 000		盈余公积		22 080
固定资产	400 000		利润分配		159 920
累计折旧		6 000			
无形资产	23 000				
长期待摊费用	4 000				

要求：根据上述账户记录编制深云实业该年12月31日资产负债表。

2.深云实业20××年12月份有关损益类账户的发生额如下表所示：

损益类账户发生额

单位：元

账户名称	借方发生额	贷方发生额
主营业务收入	450 000	4 930 800
其他业务收入		2 345 800
投资收益	300 000	2 450 878
营业外收入		500 940
主营业务成本	3 670 700	345 800
税金及附加	1 222 454	

续表

账户名称	借方发生额	贷方发生额
其他业务成本	754 600	
销售费用	333 655	
管理费用	326 000	45 000
财务费用	229 767	76 348
营业外支出	547 657	
所得税费用	809 774	
合计	8 644 607	10 695 566

要求:根据上述资料编制深云实业20××年12月份利润表。

国家精品课程

21世纪高职高专会计学系列教材

会计学原理与实务（第五版）实训材料

KUAIJIXUEYUANLIYUSHIWUSHIXUNCAILIAO

主　编　张艳萍

副主编　夏维朝

刘津杉

厦门大学出版社 XIAMEN UNIVERSITY PRESS | 国家一级出版社 全国百佳图书出版单位

目　　录

实训一:会计数字书写训练

手写体字样

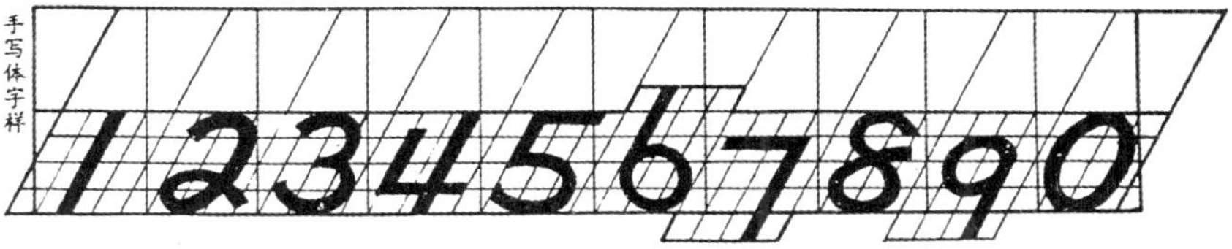

日期:________ 姓名:________ 规范及美观度:________ 效率:____分____秒

(一)阿拉伯数字练习

（二）汉字数字练习

壹	贰	叁	肆	伍	陆	柒	捌	玖	拾	佰	仟	万	亿	元	整	零	角	分
壹	贰	叁	肆	伍	陆	柒	捌	玖	拾	佰	仟	万	亿	元	整	零	角	分

实训二

业务 1

银行进账单

（回单或收账通知）

20××年12月03日　　3

收款人	全称	深圳市佳视达实业有限公司										
	账号	20030021087										
	开户银行	深职模拟银行										
人民币		千	百	十	万	千	百	十	元	角	分	
			¥	2	3	4	0	0	0	0	0	
付款人	全称	深圳三勇建材有限公司										
	账号	1280406780001										
	开户银行	招商银行蛇口支行										
款项来源	前欠账款											
收款人开户行盖章												

深职模拟银行 转讫章

业务 2

费用申请单

部门：销售部　　20××年12月02日填　　单据及附件共____页

申请人	李立东	备注	情况属实，同意补助。工会：王宁 12.2	
金额（元）	¥ 4444.00			
申请原因	因家中遭受火灾，造成家庭生活一时困难，特申请临时性生活困难补助。	领导审批	同意 盛成四 12.4	同意 陈冬 12.4
金额大写：⊕万肆仟肆佰肆拾肆元零角零分				

现金付讫

会计主管：张莉　会计：陈卫　出纳：李洁华　报销人：　领款人：李立东

深圳市统一会计凭证账簿系列　深财监制立信印刷厂

业务 3

深圳职业技术学院模拟银行 支票存根

№ 6042109

科目：银行存款

对方科目：库存现金

出票日期：20×× 年 12 月 04 日

收款人：本单位

金额：￥5000. 00

用途：备用金

单位主管 张莉 会计 李峰

业务 4

领 料 单 0008559

领料部门 生产车间 20×× 年 12 月 05 日

编号	品名	规格	单位	请领数量	实发数量	单价	金额								备注
							十	万	千	百	十	元	角	分	
	甲材料		公斤	400	400										
	乙材料		公斤	100	100										
附注：				张	合计										

第二联：交财务

主管 会计： 发料：于波 领料：王建设

业务 5-1

费用报销单

报销部门：采购部　　　　20×× 年 12 月 05 日填　　　　单据及附件共 1 页

用　途	金额（元）	备注	属实，同意报销。 郑向阳 12.5
采购材料一批	551440.00		
		领导审批	同意，请财务安排付款。 易明 12.5
合　计	¥551440.00		
金额大写：伍拾伍万壹仟肆佰肆拾零元零角零分		原借款：　　元	应退余款：　　元

会计主管：张莉　　会计：陈卫　　出纳：　　　　报销人：方华　　领款人：

深圳市统一会计凭证账簿系列　深财监制立信印刷厂

业务 5-2

3100114140

上海增值税专用发票

No: 0001790

发票联（全国统一发票监制章 国家税务局监制）

开票日期：20×× 年 12 月 05 日

购货单位	
名称	深圳市佳视达实业有限公司
纳税人识别号	4403011924384831
地址、电话	深圳福田八卦一路628栋4楼0755-82692523
开户行及账号	深圳职业技术学院模拟银行20030021087

密码区：
6>5-5738<6*5954/4/1　加密版本01
9758<-54/-,,2940*8+0　4403021140
>58-<95*22485>7711332
-1824>8>>2431</+5>>+/

货物或应税劳务名称	规格型号	单位	数量	单价	金额	税率	税额
甲材料		公斤	4000	98.00	392000.00	13%	50960.00
乙材料		公斤	2000	48.00	96000.00	13%	12480.00
合　计					488000.00		63440.00
价税合计（大写）	⊕伍拾伍万壹仟肆佰肆拾元整				（小写）	¥551,400.00	

销货单位	
名称	上海全网有限公司
纳税人识别号	3405022187839927
地址、电话	上海浦东高新路486号
开户行及账号	工行浦东支行3327036587

备注：（上海全网有限公司 3402022187839927 发票专用章）

收款人：　　复核：　　开票人：万芳　　销货单位：（章）

第三联：发票联　购货方记账凭证

业务 5-3

3100114140 **上海增值税专用发票** No: 0001790

抵扣联

开票日期：20×× 年 12 月 05 日

购货单位	名称：深圳市佳视达实业有限公司 纳税人识别号：4403011924384831 地址、电话：深圳福田八卦一路628栋4楼0755-82692523 开户行及账号：深圳职业技术学院模拟银行20030021087			密码区	6>5-5738<6*5954/4/1 加密版本01 9758<-54/-,,2940*8+0 4403021140 >58-<95*22485>7711332 -1824>8>>2431</+5>>+/		
货物或应税劳务名称	规格型号	单位	数量	单价	金额	税率	税额
甲材料		公斤	4000	98.00	392000.00	13%	50960.00
乙材料		公斤	2000	48.00	96000.00	13%	12480.00
合计					488000.00		63440.00
价税合计（大写）	⊕伍拾伍万壹仟肆佰肆拾元整				（小写）	¥551,400.00	
销货单位	名称：上海全网有限公司 纳税人识别号：3405022187839927 地址、电话：上海浦东高新路486号 开户行及账号：工行浦东支行3327036587			备注			

收款人： 复核： 开票人：万芳 销货单位：（章）

第二联：抵扣联 购货方扣税凭证

注：企业取得的所有增值税专用发票，均包含发票联和抵扣联，本实训资料后继业务省略抵扣联

业务 5-4

深圳职业技术学院 **模拟银行承兑汇票** 3 编号：44052140

出票日期：20×× 年壹拾贰月零伍日
（大写）

出票人全称	深圳佳视达实业有限公司	收款人	全称	上海全网有限公司	
出票人账号	20030021087		账号	3327036587	
付款行全称	深职模拟银行 行号		开户行	工行浦东支行	行号
汇票金额	人民币（大写） 伍拾伍壹仟肆佰肆拾元整		千百十万千百十元角分	¥ 5 5 1 4 4 0 0 0	
汇票到期日	贰零××年叁月零伍日		承兑协议编号	56200	
本汇票请你行承兑，到期无条件付款 出票人签章 20××年12月04日	本汇票已经承兑，到期日由本行付款 兑行签章 承兑日期 20××年12月05日 备注：		科目（借） 对方科目（贷） 转账 年 月 日 复核 记账		

此联承兑行留存备查到期支付票款时做借方传票

业务 6-1

440311202310 **深圳增值税专用发票** No: 0000391

此联不作报销、扣税凭证使用

开票日期： 20×× 年 12 月 06 日

购货单位	名　　称：新星实业有限公司 纳税人识别号：4308726580039254 地址 、电话：深圳市宝安新乡工业区24栋0755-27782514 开户行及账号：工行宝安新城支行221400586	密码区：6>5-5738<6*5954/4/1 加密版本01 9758<-54/-,,2940*8+0 4403021140 >58-<95*22485>7711332 -1824>8>>2431</+5>>+/

货物或应税劳务名称	规格型号	单位	数量	单价	金额	税率	税额
A产品		件	300	400.00	120000.00	13%	15600.00
合　　计					120000.00		15600.00
价税合计（大写）	⊕壹拾叁万伍仟陆佰元整				（小写）	¥135,600.00	

销货单位	名　　称：深圳市佳视达实业有限公司 纳税人识别号：440301192438483 地址 、电话：深圳福田八卦一路628栋4楼0755-82692523 开户行及账号：深圳职业技术学院模拟银行20030021087	备注：（深圳佳视达实业有限公司 440301192438483 发票专用章）

收款人：　　复核：　　开票人：李明　　销货单位：（章）

第一联：记账联 销售方记账凭证

业务 6-2

出　库　单 0001397

20××年12月06日

编号	品名	单位	规格	数量	单价	金额（十 万 千 百 十 元 角 分）	备注
	A产品	件		300			销售新星实业
	合计						

记账：　　保管：于波　　制单：　　提货人：陈强

第二联：交财务

业务 6-3

银 行 进账单

（回单或收账通知）

20×× 年 12 月 03 日　　3

收款人	全　称	深圳市佳视达实业有限公司									
	账　号	20030021087									
	开户银行	深职模拟银行									
人民币		千	百	十	万	千	百	十	元	角	分
			¥	1	3	5	6	0	0	0	0
付款人	全　称	新星实业有限公司									
	账　号	221400586									
	开户银行	工行宝安新城支行									
款项来源	销售货款										
		收款人开户行盖章									

深职模拟银行
转讫章

业务 7-1

收 款 收 据　　№ 0049782

20×× 年 12 月 06 日

今收到：新星实业有限公司

交来：借用包装物押金

金额人民币（大写）零仟零佰零拾零万贰仟零百零拾零元零角零分

¥ 2000.00

备注

深圳佳视达实业有限公司 财务专用章　　现金付讫

第二联：交财务

单位盖章　　会计　　出纳 李洁莉　　经手人 李放

业务 7-2

银行进账单

（回单或收账通知）

20×× 年 12 月 06 日　　3

收款人	全称	深圳市佳视达实业有限公司										
	账号	20030021087										
	开户银行	深职模拟银行										
人民币		千	百	十	万	千	百	十	元	角	分	
					¥	2	0	0	0	0	0	
付款人	全称	新星实业有限公司										
	账号	221400586										
	开户银行	工行宝安新城支行										
款项来源	借用包装物押金											
收款人开户行盖章												

深职模拟银行
转讫章

业务 8-1

委托收款凭证（付款通知）

凭证编号：201168660020201				委托日期：20××年12月05日		
付款人	全称	深圳市佳视达实业有限公司		收款人	全称	深圳国税局福田征收分局
	账号	20030021087			账号	人民银行国税处
	开户银行	模拟银行			开户银行	
委收金额	人民币（大写）	壹万捌仟玖佰陆拾元整				¥18960.00
款项内容	代扣地税款	委托收款凭据名称			附寄单据张数	
银行盖章 转账日期：20××年12月05日	提示：纳税编码：22015641　电子税票号：75039420　深圳市佳视达实业有限公司 税种　税目　所属期　计税金额　抵扣税款　纳税金额 增值税　20××年11月　¥18960.00					

深职模拟银行
转讫

打印日期：20××年12月05日　　　　制单员：谷婉黎

业务 8-2

委托收款凭证（付款通知）

凭证编号：201168660020201		委托日期：20××年12月05日			
付款人	全　称	深圳市佳视达实业有限公司	收款人	全　称	深圳地税局福田征收分局
	账　号	20030021087		账　号	208001
	开户银行	模拟银行		开户银行	
委收金额	人民币（大写）	陆仟元整			￥6000.00
款项内容	代扣地税款	委托收款凭据名称		附寄单据张数	
银行盖章 转账日期：20××年12月05日		提示：纳税编码：20116866 电子税票号：73036713 深圳市佳视达实业有限公司 税种　税目　所属期　计税金额　抵扣税款　纳税金额 消费税　20××年11月　￥120000.00　￥6000.00			

深圳模拟银行 转讫

打印日期：20××年12月05日　　制单员：谷晓黎

业务 9-1

付款通知书

20××年12月08日

收款单位	上海全网有限公司				
账　号	3327036587	开户行	工商银行上海浦东支行		
付款方式	支票□　电汇☑　信汇□　票汇□　现金□				
品　种		数量		单价	
金　额	(大写) 零佰壹拾壹万柒仟零佰零拾零元零角零分 ￥117 000.00				
备　注	1. 已到合同付款期，请予以支付　同意，予以安排付款				
	2. 郑向阳 12.8　易明 12.8　银行付讫				

单位主管 张莉　　审核 陈卫　　经办 方华

深圳市统一会计凭证账簿系列　深财监制立信印刷厂

业务 9-2

深圳职业技术学院模拟银行电汇凭证（回单） 1

第　　号

委托日期：20××年 12月 08 日

汇款人	全　称	深圳佳视达实业有限公司		收款人	全　称	上海全网有限公司		
	账　号 或住址	20030021087			账　号 或住址	3327036587		
	汇　出 地　点	广东省深圳 市/县	汇出行名称：深职模拟银行		汇　入 地　点	省上海 市/县	汇入行名称	工行浦东支行

金额	人民币（大写）	千	百	十	万	千	百	十	元	角	分
	壹拾壹万柒仟元整		¥	1	1	7	0	0	0	0	0

汇款用途：支付前欠货款

上列款项已根据委托办理，如需查询，请持此回单来行面洽。

深职模拟银行 转讫章

汇出行盖章

20×× 年 12 月 08 日

单位主管　　会计　　出纳　　记账

此联汇出行给汇款人的回单

业务 10-1

领　料　单

0008560

领料部门 生产车间A产品　　20××年 12 月 08 日

编号	品名	规格	单位	请领数量	实发数量	单价	金额 十	万	千	百	十	元	角	分	备注
	甲材料		公斤	1200	1200										
附注：				张	合计										

主管：　　会计：　　发料：于波　　领料：王建设

第二联：交财务

业务 10-2

领料单

0008561

领料部门 生产车间B产品　　20×× 年 12 月 08 日

编号	品名	规格	单位	请领数量	实发数量	单价	金额 十	万	千	百	十	元	角	分	备注
	甲材料		公斤	1500	1500										
附注：			张		合计										

主管：　　会计：　　发料：于波　　领料：王建设

第二联：交财务

业务 11-1

费用报销单

报销部门：行政管理部　　20×× 年12月09日填　　单据及附件共 1 页

用途	金额（元）	备注	属实，同意报销。朴相良 12.9
零星办公用品	885.00		
		领导审批	
合计	¥885.00		
金额大写：零拾零万零仟捌佰捌拾伍元零角零分		原借款：　元	应退余款：　元

现金付讫

会计主管：张莉　会计：陈卫　出纳：李洁华　报销人：彦涛　领款人：彦涛

深圳市统一会计凭证账簿系列　深财监制立信印刷厂

业务 11-2

机器编号：25216524120

深圳增值税电子普通发票

发票代码：044023112012
发票号码：22356925
开票日期：20××年12月07日
校验码：85210 52123 521112 52123

购货单位	名称：深圳市佳视达实业有限公司 纳税人识别号：440301192438483l 地址、电话：深圳福田八卦一路628栋4楼0755-82692523 开户行及账号：深圳职业技术学院模拟银行20030021087				密码区	5231*>37<2（254*/523019*573/ 4-21/<52130/8+80<231/854>626 5243201250200>3<320**469<521 23_*4588/<93547/8+80<52<386	
货物或应税劳务名称	规格型号	单位	数量	单价	金额	税率	税额
办公用品（附清单）		批	1	783.19	783.19	13%	101.81
合计					783.19		101.81
价税合计（大写）	⊕捌佰捌拾伍元整				（小写）	¥885.00	
销货单位	名称：深圳市万方文具有限公司 纳税人识别号：440301130087753 地址、电话：深圳市福田区莲花路0755－23652312 开户行及账号：工行福田支行52365231025631425				备注		

收款人： 复核： 开票人：李响 销货单位：（章）

业务 12

入 库 单

030021

20××年 12 月 09 日

编号	品名规格	单位	数量	物品编号	购物地点	金额 十	万	千	百	十	元	角	分	备注
	B产品		4000											完工入库
合计														

第二联：交财务

记账＿＿＿＿ 保管 于波 制单＿＿＿＿

业务 13-1

费用报销单

报销部门：采购部　　20×× 年 12 月 09 日填　　单据及附件共 2 页

用　途	金额（元）	备注	属实，同意报销。郑向阳 12.9
采购原材料	113000.00		
		领导审批	同意。易明 12.9
合　计	¥113000.00		
金额大写：壹拾壹万叁仟零佰零拾零元零角零分		原借款：　元	应退余款：　元

深圳市统一会计凭证账簿系列列　深财监制立信印刷厂

会计主管：张莉　会计：陈卫　出纳：　报销人：方华　领款人：

业务 13-2

深圳增值税专用发票

440311202310　　No: 0034021

发票联

开票日期：20×× 年 12 月 10 日

购货单位	名称：深圳市佳视达实业有限公司 纳税人识别号：440301192438483l 地址、电话：深圳福田八卦一路628栋4楼0755-82692523 开户行及账号：深圳职业技术学院模拟银行20030021087	密码区	6>5-5738<6*5954/4/1　加密版本01 9758<-54/-,,2940*8+0　4403021140 >58-<95*22485>7711332 -1824>8>>2431</+5>>+/

货物或应税劳务名称	规格型号	单位	数量	单价	金额	税率	税额
甲材料		公斤	1000	100.00	100000.00	13%	13000.00
合　计					100000.00		13000.00
价税合计（大写）	⊕壹拾壹万叁仟元整				（小写）	¥113,000.00	

销货单位	名称：深圳支联工贸有限公司 纳税人识别号：440302215243552 地址、电话：深圳福田北环大道南新工业区 3 栋 开户行及账号：工行华侨城支行2603448900873876	备注	

收款人：　复核：　开票人：李向阳　销货单位：（章）

第三联：发票联　购货方记账凭证

业务 13-3

入 库 单

030022

20×× 年 12 月 09 日

编号	品名规格	单位	数量	物品编号	购物地点	金额								备注
						十	万	千	百	十	元	角	分	
	甲材料		1000											外购入库（深圳支联）
合计														

第二联：交财务

记账 ________ 保管 于波 制单 ________

业务 14-1

深圳增值税专用发票

440311202310 No: 0000392

此联不作报销、扣税凭证使用

开票日期：20×× 年 12 月 10 日

购货单位	
名称：	深圳职业网络技术股份有限公司
纳税人识别号：	440319224465183
地址、电话：	深圳蛇口工业六路职业大厦0755-26692523
开户行及账号：	工行蛇口支行40000202192000007465

密码区：6>5-5738<6*5954/4/1 9758<-54/-,,2940*8+0 >58-<95*22485>7711332 -1824>8>>2431</+5>>+/

加密版本01 4403021140

货物或应税劳务名称	规格型号	单位	数量	单价	金额	税率	税额
A产品		件	1200	400.00	480000.00	13%	62400.00
合计					480000.00		62400.00
价税合计（大写）	⊕伍拾肆万贰仟肆佰元整				（小写）	¥542,400.00	

销货单位	
名称：	深圳市佳视达实业有限公司
纳税人识别号：	440301192438483
地址、电话：	深圳福田八卦一路628栋4楼0755-82692523
开户行及账号：	深圳职业技术学院模拟银行20030021087

备注：（印章：深圳佳视达实业有限公司 440301192438483 发票专用章）

收款人： 复核： 开票人：李明 销货单位：（章）

第一联：记账联 销售方记账凭证

业务 14-2

出　库　单

0001398

20××年 12 月 12 日

编号	成品名称	单位	规格	数量	单价	金额								附注
						十	万	千	百	十	元	角	分	
	A产品	件		1200										销售深职股份
合计														

第二联：交财务

记账：　　保管：于波　　制单：　　提货人：王敏

业务 15

捐赠协议书

甲方(捐赠方):深圳海昌贸易有限公司

乙方(受赠方):深圳市佳视达实业有限公司

以上双方根据《中华人民共和国公益捐赠法》、《中华人民共和国合同法》有关规定,订立协议如下:

第一条　甲方自愿向乙方捐赠机箱冲压模拉手注塑模机一台,经深圳南方会计师事务所评估,价值人民币贰拾万元整(¥200 000.00),并提供合法的所有权凭证。

第二条　乙方受赠设备用于本单位生产使用,不得出售、出租、出借。甲方有权向乙方查询捐赠财产的使用、管理情况,并提出意见和建议。对于甲方的查询,乙方应当如实答复。

第三条　乙方有权按照本协议约定的用途合理使用捐赠财产,但不得擅自改变捐赠财产的用途。如果确需改变用途的,应当征得甲方的同意。

第四条　双方遵循诚实信用原则签订协议,如有未尽事宜,以实现协议为目的,自愿协商解决。

甲方(签名盖章):深圳海昌贸易有限公司
地址:深圳市南山大道海昌大厦
法定代表人:李利
签约代表:陈勇
电话:26030658
时间:20××年12月12日

乙方(盖章):深圳佳视达实业有限公司
地址:深圳福田八卦一路628栋4楼
法定代表人:陈民芳
签约代表:陈民芳
电话:82692523
时间:20××年12月12日

业务 16-1

费用报销单

报销部门：采购部　　20××年12月13日填　　单据及附件共 2 页

深圳市统一会计凭证账簿系列　深财监制立信印刷厂

用途	金额（元）	备注	请支票付款：深圳安达货运有限公司
上海采购甲、乙材料运费	13080		
		领导审批	属实，同意报销。郑向阳 12.13　同意，请财务安排付款。12.13
合计	¥13080.00		
金额大写：零拾壹万叁仟零佰捌拾零元零角零分		原借款：　元	应退余款：　元

银行付讫

会计主管：张莉　会计：陈卫　出纳：　　报销人：方华　领款人：

业务 16-2

440301182350　　**深圳增值税专用发票**　　No: 06201862

全国统一发票监制章 广东省深圳市 国家税务局监制

发票联

开票日期：20××年12月11日

购货单位	名称：深圳市佳视达实业有限公司 纳税人识别号：440301192438483 1 地址、电话：深圳福田八卦一路628栋4楼0755-82692523 开户行及账号：深圳职业技术学院模拟银行20030021087	密码区	8506>20<-5821<7*5620/14/21 6523<-54/-,,5847*48+052104 >52-<21*6232>7711<3320/881 -5211>8>2363>2431<8/+5>>+/

货物或应税劳务名称	规格型号	单位	数量	单价	金额	税率	税额
*运输服务*运输费					12000.00	9%	1080.00
合计					12000.00		1080.00
价税合计（大写）	⊕壹万叁仟零捌拾元整				（小写）	¥13,080.00	

销货单位	名称：深圳安达货运有限公司 纳税人识别号：440300707656115 地址、电话：深圳市南山区南海大道4463号 0755－22673162 开户行及账号：工行深圳南山支行2561553026330018	备注	起运地：上海 到达地 深圳 车种车号：拖挂车 沪C25602 运输货物类型：电子原器件

深圳安达货运有限公司 440300707656115 发票专用章

收款人：　　复核：　　开票人：林长达　　销货单位：（章）

第三联：发票联购货方记账凭证

业务 16-3

深圳职业技术学院模拟银行 支票存根
№ 6042110

科目：银行存款

对方科目：材料采购

出票日期：20×× 年 12 月 13 日

收款人：安达货运有限公司

金额：￥13080.00

用途：运费

单位主管 张莉 会计 李峰

业务 16-4

入 库 单 030023

20×× 年 12 月 13 日

编号	品名规格	单位	数量	物品编号	购物地点	金额								备注
						十	万	千	百	十	元	角	分	
	甲材料		4000											外购入库（上海全网）
	乙材料		2000											
合计														

第二联：交财务

记账 ______ 保管 于波 制单 ______

业务 17

领　料　单

0008562

领料部门 生产车间A产品　　20×× 年 12 月 14 日

编号	品名	规格	单位	请领数量	实发数量	单价	金额								备注
							十	万	千	百	十	元	角	分	
	甲材料		公斤	1800	1800										
	乙材料		公斤	1000	1000										
附注：				张	合计										

第二联：交财务

主管：　　会计：　　发料：于波　　领料：王建设

业务 18

领　料　单

0008563

领料部门 销售部　　20×× 年 12 月 17 日

编号	品名	规格	单位	请领数量	实发数量	单价	金额								备注
							十	万	千	百	十	元	角	分	
	甲材料		公斤	100	100										
附注：				张	合计										

第二联：交财务

主管：　　会计：　　发料：于波　　领料：秦向荣

业务19-1

深圳佳视达实业有限公司工资发放表

20××年11月

部门	基本	岗位	加班	绩效	房补	独补	交补	凉资	事假	病假	应发工资	房租	水电	工会	所得税	养老	医疗	实发工资
总经办	4409.00	5500		560	1000		200	132	64		11737.00	1200.00	255.32	12.00	214.14	350.00	320.00	9385.54
销售部	1030.00	1000		200		15	200	150			2595.00	300.00	134.20	8.00		350.00		1802.80
财务部	2000.00	500		120	200	15		50	110		2775.00			10.00	156.28	250.00	200.00	2158.72
行政管理	1540.00	1400		150			100	50			3240.00	600.00	155.20	4.00		150.00		2330.80
制造部	56871.46	12000	5890	2864	5900	15		5400			88940.46			45.00	124.60	3500.00		85270.86
采购部	1516.00	1500		450		30	300	50		60	3786.00	150.00	46.20	8.00		120.00		3461.80
计划部	1623.48	1500		240	300			50			3713.48			4.00		120.00		3589.48
																		0.00
合计	68989.94	23400	5890	4584	7400	75	800	5882	174	60	116786.94	2250.00	590.92	91.00	495.02	4840.00	520.00	108000.00

银行付讫

行政管理部：朴相良　　财务部：张莉　　财务总监：易明 12.18　　总经理：王伟 12.18

业务 19-2

深圳职业技术学院模拟银行 支票存根

№ 6042111

科目：银行存款

对方科目：应付职工薪酬

出票日期：20×× 年 12 月 18 日

收款人：王伟等

金额：￥108000.00

用途：发放工资

单位主管 张莉 会计 李峰

业务 20-1

440311202310 深圳增值税专用发票 No: 0000393

此联不作报销、扣税凭证使用

（印章：全国统一发票监制章 广东省深圳市 国家税务局监制）

开票日期： 20×× 年 12 月 19 日

购货单位		密码区
名　　称：	深圳三勇建材有限公司	6>5-5528<6*52314/4/1 加密版本01
纳税人识别号：	440301192446593	9758<-54/-,,2940*8+0 4403021140
地址 、电话：	深圳蛇口工业八路六号0755-82622541	>58-<95*22485>7711332-230*1520120
开户行及账号：	招行蛇口支行1280406780001	-5244>8>>5231</+5>>+/52\2354=3215

货物或应税劳务名称	规格型号	单位	数量	单价	金额	税率	税额
B产品		件	200	100.00	20000.00	13%	2600.00
合　　计					20000.00		2600.00
价税合计（大写）	⊕贰万贰仟陆佰元整				（小写）	￥22,600.00	

销货单位		备注
名　　称：	深圳市佳视达实业有限公司	（印章：深圳佳视达实业有限公司 440301192438483 发票专用章）
纳税人识别号：	440301192438483	
地址 、电话：	深圳福田八卦一路628栋4楼0755-82692523	
开户行及账号：	深圳职业技术学院模拟银行20030021087	

第一联：记账联 销售方记账凭证

收款人：　　复核：　　开票人：李明　　销货单位：（章）

业务 20-2

出库单

0001399

20×× 年 12 月 06 日

编号	成品名称	单位	规格	数量	单价	金额	附注
	B产品	件		200			销售三勇建材
合计							

记账： 保管：于波 制单： 提货人：李涛

第二联：交财务

业务 21-1

费用报销单

报销部门：销售部 20×× 年 12月19日填 单据及附件共 2 页

用途	金额（元）	备注	请支票付款：深圳捷顺运输有限公司
销售产品运费	1090.00		
		领导审批	属实，同意报销。王红发 12.19
合计	¥1090.00		
金额大写：零拾零万壹仟零佰玖拾零元零角零分		原借款： 元	应退余款： 元

银行付讫

会计主管：张莉 会计：陈卫 出纳： 报销人：秦向荣 领款人：

深圳市统一会计凭证账簿系列 深财监制立信印刷厂

业务 21-2

440301182350　　**深圳增值税专用发票**　　No: 200623351

发票联

开票日期：20×× 年 12 月 19 日

购货单位	名称：深圳市佳视达实业有限公司 纳税人识别号：440301192438483 1 地址、电话：深圳福田八卦一路628栋4楼0755-82692523 开户行及账号：深圳职业技术学院模拟银行20030021087		密码区	2314>12<-2214<7*52410/4/25 5527<-87/-==221*1+052/0104 >20-<65*24>77--52<6523/223 -3625>8>5214>62/531<8/+5>>			
货物或应税劳务名称	规格型号	单位	数量	单价	金额	税率	税额
*运输服务*运输费			1	1000.00	1000.00	9%	90.00
合计					1000.00		90.00
价税合计（大写）	⊕壹仟零玖拾元整				（小写）	¥1,090.00	
销货单位	名称：安达捷顺运输有限公司 纳税人识别号：440321082787002 地址、电话：深圳市南山区工业三路　0755—26625412 开户行及账号：招行深圳南山支行3500263100256321		备注	起运地：深圳 到达地 深圳 车种车号：拖挂车 粤B9C321 运输货物类型：电子产品			

第三联：发票联 购货方记账凭证

收款人：　　复核：　　开票人：马安华　　销货单位：（章）

（印章：安达捷顺运输有限公司 440321082787002 发票专用章）

业务 21-3

深圳职业技术学院模拟银行 支票存根

№　6042112

科目：银行存款

对方科目：销售费用

出票日期：20×× 年 12 月 19 日

收款人：安达捷顺运输有限公司

金额：¥1090.00

用途：运费

单位主管　张莉　　会计　李峰

业务 22-1

委托收款凭证（付款通知）

凭证编号：201168660020201				委托日期：20×× 年12月19日		
付款人	全　称	深圳市佳视达实业有限公司	收款人	全　称	深圳市供电有限公司	
	账　号	20030021087		账　号	004002610017934	
	开户银行	深职模拟银行		开户银行	建行罗湖支行	
委收金额	人民币（大写）	贰万零叁佰肆拾元整			¥20340.00	
款项内容	电费	委托收款凭据名称		附寄单据张数		
银行盖章 转账日期：20×× 年12月19日	提示：					

深职模拟银行 转讫章

打印日期：20×× 年12月19日　　制单员：谷婉黎

业务 22-2

深圳增值税专用发票

440335265120　　发票联　　No: 622032841

开票日期：20×× 年 12 月 19 日

购货单位	名　　称：深圳市佳视达实业有限公司 纳税人识别号：4403011924384831 地址、电话：深圳福田八卦一路628栋4楼0755-82692523 开户行及账号：深圳职业技术学院模拟银行20030021087			密码区	96-6+>8331——-<4<105*3241 -65887<-17/-==22+5*<>+2/01 21=25*=/2253-23-\2563*210 -255>8>6524>52/851<2/+4>>0		
货物或应税劳务名称	规格型号	单位	数量	单价	金额	税率	税额
*供电*电费		千瓦时	30000	0.60	18000.00	13%	2340.00
合　计					18000.00		2340.00
价税合计（大写）	⊕贰万零叁佰肆拾元整				（小写）	¥20,340.00	
销货单位	名　　称：深圳供电局有限公司 纳税人识别号：91440300589179428T 地址、电话：深圳市罗湖区深南东咱4062号88933333 开户行及账号：建行罗湖支行442015288000516666			备注	09450004821302489 ×年12月抄表计费		

第三联：发票联 购货方记账凭证

收款人：　　复核：　　开票人：余俊　　销货单位：（章）

深圳供电局有限公司 91440300589179428T 发票专用章

业务 22-3

电费分配表

20××年 12 月

部　　门	分担金额(元)
生产车间	16540
行政管理部门	1300
销售部门	160
合　　计	18000

业务 23

借　款　单

20××年12月21日

部门	行政管理部	姓名	李群
借款事由	差旅		
借款金额	（大写）　零 拾 零 万 伍 仟 零 佰 零 拾 零 元		
预计还款报销日期	2002.12.28	￥	5000.00
审批意见	同意 陈芳 12.21	借款人签收	李群 现金付讫 20××年12月21日

会计主管 张莉 12.21　　　　出纳 李洁莉

深圳市统一会计凭证账簿系列　深财监制立信印刷厂

业务 24-1

领 料 单

0008564

领料部门 生产车间A产品 20×× 年 12 月 21 日

编号	品名	规格	单位	请领数量	实发数量	单价	金额 十	万	千	百	十	元	角	分	备注
	甲材料		公斤	500	500										
	乙材料		公斤	200	200										
附注：				张	合计										

第二联：交财务

主管： 会计： 发料：于波 领料：王建设

业务 24-2

领 料 单

0008565

领料部门 行政管理部 20×× 年 12 月 21 日

编号	品名	规格	单位	请领数量	实发数量	单价	金额 十	万	千	百	十	元	角	分	备注
	甲材料		公斤	20	20										
附注：				张	合计										

第二联：交财务

主管： 会计： 发料：于波 领料：陈斌

业务 25-1

费用报销单

报销部门：销售部　　20×× 年12月22日填　　单据及附件共 2 页

用　途	金额（元）	备注	请付款：深圳京慧广化传媒有限公司 账号：40000202192000007465 开户行：工商银行蛇口支行
12月广告费	3180.00		
		领导审批	属实，同意报销。王红发 12.22　同意，请财务安排付款。易明 12.22
合　计	￥3180.00		
金额大写：零拾零万叁仟壹佰捌拾零元零角零分		原借款：　元	应退余款：　元

银行付讫

会计主管：张莉　会计：李峰　出纳：　　报销人：秦向荣　领款人：

深圳市统一会计凭证账簿系列　深财监制立信印刷厂

业务 25-2

4403188611　　**深圳增值税专用发票**　　No: 58336523

广东省深圳市 发票联 国家税务总局监制

开票日期：20×× 年 12 月 22 日

购货单位		密码区	
名　　称：	深圳市佳视达实业有限公司		6>5-5738<6*5954/4/1　加密版本01
纳税人识别号：	440301192438483 1		9758<-54/-,,2940*8+0　4403021140
地址、电话：	深圳福田八卦一路628栋4楼0755-82692523		>58-<95*22485>7711332
开户行及账号：	深圳职业技术学院模拟银行20030021087		-1824>8>>2431</+5>>+/

货物或应税劳务名称	规格型号	单位	数量	单价	金额	税率	税额
*广告代理服务*广告费			1	3000.00	3000.00	6%	180.00
合　　计					3000.00		180.00
价税合计（大写）	⊕叁仟壹佰捌拾元整				（小写）	￥3,180.00	

销货单位		备注
名　　称：	深圳京慧广化传媒有限公司	深圳市京慧传媒文化有限公司 440301130087632 发票专用章
纳税人识别号：	440301130087632	
地址、电话：	深圳蛇口工业大道423号26635210	
开户行及账号：	工行蛇口支行40000202192000007465	

收款人：　　复核：　　开票人：白天一　　销货单位：（章）

第三联：发票联 购货方记账凭证

业务 25-3

深圳职业技术学院模拟银行 支票存根	
№	6042113
科目：	银行存款
对方科目：	销售费用
出票日期：	20×× 年 12 月 22 日
收款人：	深圳京慧文化传媒
金额：	¥3180.00
用途：	广告费
单位主管 张莉	会计 李峰

业务 26-1

440311202310　　深圳增值税专用发票　　No: 0000394

此联不作报销、扣税凭证使用

开票日期： 20×× 年 12 月 23 日

购货单位	名　　称：武汉市长江电讯器材厂			密码区	6>5-5738<6*5954/4/1　加密版本01		
	纳税人识别号：420103177839638				9758<-54/-,,2940*8+0　4403021140		
	地址、电话：汉口下路杨汉湖小区49栋裙楼027－85883972				>58-<95*22485>7711332		
	开户行及账号：商业银行前进支行89136820105126497				-1824>8>>2431</+5>>+/		
货物或应税劳务名称	规格型号	单位	数量	单价	金额	税率	税额
甲材料		公斤	100	120.00	12000.00	13%	1560.00
合　　计					12000.00		1560.00
价税合计（大写）	⊕壹万叁仟伍佰陆拾元整				（小写）	¥13,560.00	
销货单位	名　　称：深圳市佳视达实业有限公司			备注			
	纳税人识别号：4403011924384831						
	地址、电话：深圳福田八卦一路628栋4楼0755-82692523						
	开户行及账号：深圳职业技术学院模拟银行20030021087						

第一联：记账联 销售方记账凭证

深圳佳视达实业有限公司 440301192438483 发票专用章

收款人：　　复核：　　开票人：李明　　销货单位：（章）

业务 26-2

出 库 单

0001400

20×× 年 12 月 06 日

编号	成品名称	单位	规格	数量	单价	金额								附注
						十	万	千	百	十	元	角	分	
	甲材料	公斤		100										销售长江电讯
合计														

第二联：交财务

记账：　　保管：于波　　制单：　　提货人：张力

业务 26-3

银 行 进账单

（回单或收账通知）

20×× 年 12 月 23 日　　3

收款人	全　称	深圳市佳视达实业有限公司
	账　号	20030021087
	开户银行	深职模拟银行

人民币	千	百	十	万	千	百	十	元	角	分
			¥	1	3	5	6	0	0	0

付款人	全　称	武汉长江电讯器材厂
	账　号	89136820105126497
	开户银行	商业银行前进支行
款项来源	销售账款	
		收款人开户行盖章

深职模拟银行
转讫章

业务 27

代收罚款收据

收款日期：20××年12月28日　　　　编号：0021041

行政机关：	深圳市交通管理局								处罚决定书号码：	KJ2005101
缴款单位：	深圳市佳视达实业有限公司									
项　　目		万	千	百	十	元	角	分	备注	
罚款金额			2	0	0	0	0	0		
加收罚款金额										
合　　计		¥	2	0	0	0	0	0		
金额人民币（大写）　贰仟元整										
深职模拟银行 转讫章 代收机构（盖章）									收款：	
									复核：	

业务 28-1

费用报销单

报销部门：行政管理部　　20×× 年 12 月 28 日填　　单据及附件共 2 页

用　　途	金额（元）	备注	请付款：深圳长丰投资有限公司 账号：340008270034236401 开户行：农业银行福田支行
12月办公用房租	9810.00		
		领导审批	属实，同意报销。朴相良 12.22　同意，请财务安排付款。易明 12.22
合　计	¥9810.00		
金额大写：零拾零万玖仟捌佰壹拾零元零角零分		原借款：　元	应退余款：　元

深圳市统一会计凭证账簿系列　深财监制立信印刷厂

银行付讫

会计主管：张莉　会计：李峰　出纳：　报销人：彦涛　领款人：

业务 28-2

4403188611 深圳增值税专用发票 No: 23562301

发票联

开票日期： 20×× 年 12 月 28 日

购货单位	名　　称：深圳市佳视达实业有限公司 纳税人识别号：440301192438483l 地址　、电话：深圳福田八卦一路628栋4楼0755-82692523 开户行及账号：深圳职业技术学院模拟银行20030021087	密码区	2><23==->2538<6*2654/234/12 52\/238<-54/-232940*82>>0+0 251>21+-23--=2521<>/251+100 -1256=》18254>2>>25411</>+/

货物或应税劳务名称	规格型号	单位	数量	单价	金额	税率	税额
*经营租赁*12月房租			1	9000.00	9000.00	9%	810.00
合　　计					9000.00		810.00
价税合计（大写）	⊕玖仟捌佰壹拾元整				（小写）	¥9,810.00	

销货单位	名　　称：深圳市长丰投资有限公司 纳税人识别号：440301123000235 地址　、电话：深圳市福田区金地工业园23栋4楼23348752 开户行及账号：农行福田支行340008270034236401	备注	深圳市长丰投资有限公司 440301123000235 发票专用章

收款人：　　复核：　　开票人：江伟　　销货单位：（章）

第三联：发票联 购货方记账凭证

业务 28-3

深圳职业技术学院模拟银行 支票存根	
№	6042114
科目：	银行存款
对方科目：	管理费用
出票日期：	20×× 年 12 月 28 日
收款人：	深圳长丰投资
金额：	¥9810.00
用途：	房租
单位主管 张莉	会计 李峰

业务 29

深圳职业技术学院模拟银行 利息贷方(收入)凭证

20×× 年 12 月 28 日

付款单位	全称	深圳市佳视达实业有限公司	收款单位	全称	深圳职业技术学院模拟银行
	账号或地址	20030021087		账号或地址	
	开户银行	模拟银行		开户银行	
金额	人民币（大写）	陆万元整		亿千百十万千百十元角分	￥6000000
转账原因	由 × 年 1 月 1 日起至 × 年 12 月 31 日止 你单位 长期 借款总积数 1000000.00元 按放款利率 60‰ 计利息 60000.00元 加收 ‰计利息 元			科目（贷）________ 对方科目（借）________	

深职模拟银行 转讫章

第三联：给付款单位作付款通知

业务 30-1

差 旅 费 报 销 单

报销部门：行政管理部　　填报日期：20××年12月29日

姓名	季群	职别	职员	出差事由	参加行业峰会						
出差起止日期自 20×× 年 12 月 22 日起至 20×× 年 12 月 28 日止共 7 天附单据 2 张											
日期 月	日	起讫地点	天数	机票费	车船费	市内交通费	住宿费	出差补助	住宿节约补助	其他	小计
12	22	深圳—上海	7	1200		40×7 =280	400×6 =2400	50×7 =350			
12	28	上海—深圳		1080							
				2280		280	2400	350			￥5310.00
总计金额(大写)：零万伍仟叁佰壹拾零元零角零分　预支 5000 元　补助 310 元											

现金付讫

负责人 张莉 12.29　会计 陈卫　出纳 李洁莉　审核　部门主管 陈芳 12.29　出差人 季群

深圳市统一会计凭证账簿系列 深财监制立信印刷厂

业务30-2

航空运输电子客票行程单

ITINERARY/RECEIPT OF E-TICKET FOR AIR TRANSPORTATION

（印章：全国统一发票监制章 广东省深圳市 国家税务局监制）

印刷序号：NO 7005890768 2
SERIAL NUMBER

旅客姓名 PASSENGER NAME 季群	有效身份证号码 ID.NO. 440301197202286551					签注 ENDORSEMENTS/RESTRICTIONS(CARBON)			
DSSQD	承运人 CARRIER	航班号 FIIGHT	座位等级 CLASS	日期 DATE	时间 TIME	客票级别/客票类别 FARE BASIS	客票生效日期 NOT VALID BEFORE	有效截止日期 NOT VALID AFTER	免费行李 ALLOW
自 FROM 深圳	深航	ZH3937	K	20××-12-22	0835	K			20K
至 TO 上海		VOID							
至 TO									
至 TO									
至 TO VOID	票价 FARE 1 030.0CN		机场建设费 AIRPORT TAX 50.00		燃油附加费 FUEL SURCHARGE 120.00		合计 TOTAL CNY 1200.00		
电子客票号码 E-TICKET NO 78459001175015	验证码 CK 0768		连续客票 CONJUNCTION TKT					保险费 INSURANCE	
销售单位代号 AGENT CODE ZX379	填开单位（盖章）ISSUED BY 深圳市美周科技公司						填开日期 ISSUED DATE 20×× -12-18		

（印章：中国民航电子客票行程单 发票专用章）

查询网址：WWW.TRAVEL8KY.COM

请旅客乘机前认真阅读《旅客须知》及承运人的运输总条件内容
The conditions of the carrier must be read before traveling

业务30-3

航空运输电子客票行程单

ITINERARY/RECEIPT OF E-TICKET FOR AIR TRANSPORTATION

(印章：全国统一发票监制章 广东省深圳市 地方税务局监制)

印刷序号：NO 7005890769 2
SERIAL NUMBER

旅客姓名 PASSENGER NAME 季群	有效身份证号码 ID.NO. 440301197202286551					签注 ENDORSEMENTS/RESTRICTIONS(CARBON)			
DSSQD	承运人 CARRIER	航班号 FIIGHT	座位等级 CLASS	日期 DATE	时间 TIME	客票级别/客票类别 FARE BASIS	客票生效日期 NOT VALID BEFORE	有效截止日期 NOT VALID AFTER	免费行李 ALLOW
自 FROM 上海	南航	ZH3937	K	20××-12-22	1245	K			20K
至 TO 深圳		VOID							
至 TO									
至 TO									
至 TO VOID	票价 FARE 910.0CN		机场建设费 AIRPORT TAX 50.00		燃油附加费 FUEL SURCHARGE 120.00		合计 TOTAL CNY 1080.00		
电子客票号码 E-TICKET NO 78459001175015		验证码 CK 0768		连续客票 CONJUNCTION TKT				保险费 INSURANCE	
销售单位代号 AGENT CODE ZX379		填开单位（盖章）ISSUED BY		深圳市美周科技公司			填开日期 ISSUED DATE	20××-12-18	

(印章：中国民航电子客票行程单 发票专用章)

查询网址：WWW.TRAVEL8KY.COM

请旅客乘机前认真阅读《旅客须知》及承运人的运输总条件内容
The conditions of the carrier must be read before traveling

期末 1

工资费用分配表

20××年 12 月

部　门	应发工资
制造部	96000.00
其中:A 产品生产工人	50000.00
B 产品生产工人	40000.00
车间技术及管理	6000.00
销售部	2000.00
行政管理部门	20000.00
合　计	118000.00

会计　陈卫　　　　审核　张莉

期末 2

折旧费用计算表

20××年 12 月

使用部门	上月折旧额	上月增加固定资产		上月减少固定资产		本月折旧额
		原值	折旧额	原值	折旧额	
制造部	9000.00					9000.00
销售部	170.00	20000.00	200.00			370.00
行政管理部门	3000.00			50000.00	248.8	2751.2
合　计	12170.00					12121.2

会计　陈卫　　　　审核　张莉

实训三

业务1

中国工商银行　支票存根

2310400168

科目：

对方科目：

出票日期　年　月　日

收款人：

金额：

用途：

单位主管　会计

本支票付款期限十天

中国银行　**支票**　深圳　2310400168

出票日期（大写）　年　月　日　　付款行名称：中国银行福田支行

收款人：　　出票人账号：200066838324

人民币（大写）	亿	千	百	十	万	千	百	十	元	角	分

用途

上列款项请从

我账户内支付

出票人签章

科目（借）

对方科目（贷）

复核　记账

业务 2

借 款 单

年 月 日

部门		姓名	
借款事由			
借款金额	（大写） 拾 万 仟 佰 拾 元		
预计还款报销日期		¥	
审批意见		借款人签收	年 月 日

会计主管 出纳

深圳市统一会计凭证账簿系列 深财监制立信印刷厂

业务 3-1

增值税专用发票

国统一发票监制 国家税务局监制

记账联

No:00920021

开票日期： 年 月 日

购货单位	名 称： 纳税人识别号： 地 址 、电 话： 开户行及账号：				密码区		
货物或应税劳务名称	规格型号	单位	数量	单价	金额	税率	税额
合 计							
价税合计（大写）					（小写）		
销货单位	名 称： 纳税人识别号： 地 址 、电 话： 开户行及账号：				备注		

第三联：记账

收款人： 复核： 开票人： 销货单位：（章）

业务3-2

银　行　进账单

（回单或收账通知）

年　月　日　　3

收款人	全　称										
	账　号										
	开户银行										
人民币		千	百	十	万	千	百	十	元	角	分
付款人	全　称										
	账　号										
	开户银行										
款项来源											
收款人开户行盖章											

深圳职业技术学院模拟 银　行　进账单（贷方凭证）

年　月　日　　2

收款人	全　称										
	开户银行		账号								
款项来源											
合计金额		千	百	十	万	千	百	十	元	角	分

付款人名称或账号	金额									付款人名称或账号	金额									
	百	十	万	千	百	十	元	角	分		百	十	万	千	百	十	元	角	分	对方科目：
																				复核　　记账

业务 4

差旅费报销单

报销部门：　　　　填报日期：　年　月　日

深圳市统一会计凭证账簿系列　深财监制立信印刷厂

姓名		职别		出差事由	
出差起止日期自　年　月　日起至　年　月　日止共　天附单据　张					

日期		起讫地点	天数	机票费	车船费	市内交通费	住宿费	出差补助	住宿节约补助	其他	小计
月	日										
总计金额(大写)：　万　仟　佰　拾　元　角　分　预支______元　补助______元											

负责人　　会计　　出纳　　审核　　部门主管　　出差人

业务 5

收款收据

№ 0068768

20××年　月　日

今收到	
交　来：	
金额人民币	（大写）　仟　佰　拾　万　仟　佰　拾　元　角　分
备注	￥______

第二联：交财务

单位盖章　　会计　　出纳　　经手人

业务 6-1

领　料　单

0002011

领料部门________________　　　　年　　月　　日

编号	品名	规格	单位	请领数量	实发数量	单价	金额								备注
							十	万	千	百	十	元	角	分	
附注：				张	合计										

第二联：交财务

主管　　　　会计　　　　发料　　　　领料

业务 6-2

领　料　单

0002012

领料部门________________　　　　年　　月　　日

编号	品名	规格	单位	请领数量	实发数量	单价	金额								备注
							十	万	千	百	十	元	角	分	
附注：				张	合计										

第二联：交财务

主管　　　　会计　　　　发料　　　　领料

业务 6-3

领 料 单

0002013

领料部门________________　　　　年　　月　　日

编号	品名	规格	单位	请领数量	实发数量	单价	金额								备注
							十	万	千	百	十	元	角	分	
附注：				张	合计										

第二联：交财务

主管　　　　会计　　　　发料　　　　领料

业务 7

机器编号：256384520

深圳增值税电子专用发票

发票代码：044056223214
发票号码：365412521
开票日期：20××年9月25日
校验码：52413 58641 25514 78210

购货单位		密码区	
名　　称：	深圳市开原实业有限公司		2534>12<45\256421--》23656+1
纳税人识别号：	440301873618456		235+22451\12/2>1<2658/2256+4
地址　、电话：	深圳彩田路190号(0755)81372483		*25+1>352<254\56》*3584-235/
开户行及账号：	工商银行蛇口支行468924561		325\125+221-5>336<52*2\2541\

货物或应税劳务名称	规格型号	单位	数量	单价	金额	税率	税额
办公用品（附清单）		批	1	600.00	600.00	13%	78.00
合　　计					600.00		78.00
价税合计（大写）	⊕陆佰柒拾捌元整				（小写）	¥678.00	

销货单位		备注
名　　称：	深圳市水田商场	
纳税人识别号：	4403011300847534	
地址　、电话：	深圳市福田区福强路21号23965241	
开户行及账号：	招行福田支行4432016259683211	

收款人：　　　　复核：　　　　开票人：李响　　　　销货单位：（章）

业务 8

26512210 深圳增值税专用发票 No: 00079372

发票联

开票日期： 20×× 年 09 月 28 日

购货单位	名称：深圳市开原实业有限公司 纳税人识别号：440301873618456 地址、电话：深圳彩田路190号(0755)81372483 开户行及账号：工商银行蛇口支行468924561				密码区	6>5-5738<6*5954/4/1 加密版本01 9758<-54/-,,2940*8+0 4403021140 >58-<95*22485>7711332 -1824>8>>2431</+5>>+/		
货物或应税劳务名称	规格型号	单位	数量	单价	金额	税率	税额	
放大器		个	5000	2.00	10000.00	13%	1300.00	
合计					10000.00		1300.00	
价税合计（大写）	⊕壹万壹仟叁佰元整				（小写）	¥11,300.00		
销货单位	名称：深圳市中值贸易公司 纳税人识别号：440301232240670 地址、电话：深圳南山区华海路98号(0755)66785384 开户行及账号：工商银行南山支行300034667635				备注	深圳市中职贸易有限公司 440301232240670 发票专用章		

第三联：发票联 购货

收款人： 复核： 开票人：陈锐 销货单位：（章）